中国
社会科学
博士论文
文库

理解经济周期：
西方理论和中国事实

Understanding Business Cycle

Western Theory and Chinese Facts

汤铎铎　著

导师　王诚

中国社会科学出版社

图书在版编目（CIP）数据

理解经济周期：西方理论和中国事实/汤铎铎著. —北京：中国社会科学出版社，2016.8（2018.4 重印）

ISBN 978 - 7 - 5161 - 7420 - 3

Ⅰ.①理… Ⅱ.①汤… Ⅲ.①经济周期分析 Ⅳ.①F037.1

中国版本图书馆 CIP 数据核字（2015）第 309482 号

出 版 人	赵剑英
责任编辑	王　曦
责任校对	周晓东
责任印制	王　超

出　　版	中国社会科学出版社
社　　址	北京鼓楼西大街甲 158 号
邮　　编	100720
网　　址	http://www.csspw.cn
发 行 部	010 - 84083685
门 市 部	010 - 84029450
经　　销	新华书店及其他书店

印刷装订	北京明恒达印务有限公司
版　　次	2016 年 8 月第 1 版
印　　次	2018 年 4 月第 2 次印刷

开　　本	710 × 1000　1/16
印　　张	13.5
插　　页	2
字　　数	220 千字
定　　价	59.00 元

凡购买中国社会科学出版社图书，如有质量问题请与本社营销中心联系调换
电话：010 - 84083683

总　序

在胡绳同志倡导和主持下，中国社会科学院组成编委会，从全国每年毕业并通过答辩的社会科学博士论文中遴选优秀者纳入《中国社会科学博士论文文库》，由中国社会科学出版社正式出版，这项工作已持续了 12 年。这 12 年所出版的论文，代表了这一时期中国社会科学各学科博士学位论文水平，较好地实现了本文库编辑出版的初衷。

编辑出版博士文库，既是培养社会科学各学科学术带头人的有效举措，又是一种重要的文化积累，很有意义。在到中国社会科学院之前，我就曾饶有兴趣地看过文库中的部分论文，到社科院以后，也一直关注和支持文库的出版。新旧世纪之交，原编委会主任胡绳同志仙逝，社科院希望我主持文库编委会的工作，我同意了。社会科学博士都是青年社会科学研究人员，青年是国家的未来，青年社科学者是我们社会科学的未来，我们有责任支持他们更快地成长。

每一个时代总有属于它们自己的问题，"问题就是时代的声音"（马克思语）。坚持理论联系实际，注意研究带全局性的战略问题，是我们党的优良传统。我希望包括博士在内的青年社会科学工作者继承和发扬这一优良传统，密切关注、深入研究 21 世纪初中国面临的重大时代问题。离开了时代性，脱离了社会潮流，社会科学研究的价值就要受到影响。我是鼓励青年人成名成家的，这是党的需要，国家的需要，人民的需要。但问题在于，什么是名呢？名，就是他的价值得到了社会的承认。如果没有得到社会、人民的承认，他的价值又表现在哪里呢？所以说，价值就在于对社会重大问题的回答和解决。一旦回答了时代性的重大问题，就必然会对社会产生巨大而深刻的影响，你也因此而实现了你的价值。在这方面年轻的博士有很大的优势：精力旺盛，思想敏捷，勤于学习，勇于创新。但青年学者要多向老一辈学者学习，博士尤其要很好地向导师学习，在导师的指导下，发挥自己的优势，研究重大问题，就有可能出好的成果，实现自己的价值。过去12年入选文库的论文，也说明了这一点。

什么是当前时代的重大问题呢？纵观当今世界，无外乎两种社会制度，一种是资本主义制度，一种是社会主义制度。所有的世界观问题、政治问题、理论问题都离不开对这两大制度的基本看法。对于社会主义，马克思主义者和资本主义世界的学者都有很多的研究和论述；对于资本主义，马克思主义者和资本主义世界的学者也有过很多研究和论述。面对这些众说纷纭的思潮和学说，我们应该如何认识？从基本倾向看，资本主义国家的学者、政治家论证的是资本主义的合理性和长期存在的"必然性"；中国的马克思主义者，中国的社会科学工作者，当然要向世界、向社会讲清楚，中国坚持走自己的路一定能实现现代化，中华民族一定能通过社会主义来实现全面的振兴。中国的问题只能由中国人用自己的理论来解决，让外国人来解决中国的问题，是行不通的。也许有的同志会说，马克思主义也是外来的。但是，要知道，马克思主义只是在中国化了以后才解决中国的问题的。如果没有马克思主义的普遍原理与中国革命和建设的实际相结合而形成的毛泽东思想、邓小平理论，马克思主义同样不能解决中国的问题。教条主义是不行的，东教条不行，西教条也不行，什么教条都不行。把学问、理论当教条，本身就是反科学的。

在21世纪，人类所面对的最重大的问题仍然是两大制度问题：这两大制度的前途、命运如何？资本主义会如何变化？社会主义怎么发展？中国特色的社会主义怎么发展？中国学者无论是研究资本主义，还是研究社会主义，最终总是要落脚到解决中国的现实与未来问题。我看中国的未来就是如何保持长期的稳定和发展。只要能长期稳定，就能长期发展；只要能长期发展，中国的社会主义现代化就能实现。

什么是21世纪的重大理论问题？我看还是马克思主义的发展问

题。我们的理论是为中国的发展服务的，绝不是相反。解决中国问题的关键，取决于我们能否更好地坚持和发展马克思主义，特别是发展马克思主义。不能发展马克思主义也就不能坚持马克思主义。一切不发展的、僵化的东西都是坚持不住的，也不可能坚持住。坚持马克思主义，就是要随着实践，随着社会、经济各方面的发展，不断地发展马克思主义。马克思主义没有穷尽真理，也没有包揽一切答案。它所提供给我们的，更多的是认识世界、改造世界的世界观、方法论、价值观，是立场，是方法。我们必须学会运用科学的世界观来认识社会的发展，在实践中不断地丰富和发展马克思主义，只有发展马克思主义才能真正坚持马克思主义。我们年轻的社会科学博士们要以坚持和发展马克思主义为己任，在这方面多出精品力作。我们将优先出版这种成果。

2001 年 8 月 8 日于北戴河

自　序

　　乐观是可贵的精神。在乐观精神的指引下，人类似乎在不停地理解世界，然后征服世界。然而，就经济周期而言，人类的乐观毫无例外地被证明是狂妄的。理论家以为发现了市场的秩序和经济运行的规律，然而，其理论往往在被广为接受后不久，即为无情的事实所拒斥。在持续的繁荣中，执政者自信地以为驯服了经济周期，殊不知严重的经济危机早就一触即发。这正是经济周期令人着迷的地方。周期的背后是人类行为，理解经济周期其实就是理解人类自身，而这丝毫不比理解世界更容易。

　　广义而言，经济周期现象应该和人类起源同样久远。因为有人就必有经济活动，有经济活动就必有周期波动。无论农耕还是游牧，无论产量还是价格，不变是偶然，波动才是常态。现代意义上的经济周期，伴随着资本主义生产方式和工业文明而出现。现代经济周期理论研究，最早可以追溯到 19 世纪初的西斯蒙第和马尔萨斯。200 年来，理论家层出不穷、各领风骚，不同的观点、方法和流派争奇斗艳、蔚为大观。

　　2008 年，突如其来的金融危机席卷全球，同时遭遇危机的是经济周期理论。理论家和执政者再次从乐观的迷梦中惊醒，开始反思此前的理论共识和政策方略。这不禁让人想起同在 20 世纪 70 年代提出的古德哈特法则（Goodhart's Law）和卢卡斯批判（Lucas Critique）。前者是说，一旦某个经济变量成为政策目标，它很快就会失效。后者是说，当时的主流宏观经济模型对经济主体最优决策规则的设定是不恰当的，政策变化会使经济主体改变决策规则，而这会改变模型结构从而导致模型失效。两者的核心含义都是说，任何对经济周期的确定性理解和针对性政策，都会导致经济主体系统性地改变行为规则，最终难免遭遇刻舟求剑的尴尬。卢卡斯批判以来的近 40 年里，理论家和执政者都在小心翼翼地寻求规避这一困境，可现实似乎是又一次入其彀中。理解经济周期，不可能一劳永逸。目前，又到了理论创新和突破的"十字路口"。

经济学是西学，经济周期理论也不例外。我国的经济体制改革以西方市场经济为目标，我国的经济周期理论研究也自然以西方理论为基础。实际上，如何用西方理论、西方话语来理解和解说我国的现实，是改革开放以来众多学科共同面临的问题。在亦步亦趋之后，如何突出自身特点，甚至做出独特贡献，值得认真思考。就经济周期而言，如何理解中国事实，至少有三方面需要特别关注：第一，我国是一个发展中国家，工业化和城市化是一项长期任务；第二，我国是一个转型国家，正逐步从单一公有制计划经济向社会主义市场经济过渡；第三，我国是一个开放大国，外部冲击对我国的影响越来越大，而我国政策的外部性也越来越大。

本书从我的博士论文更新扩展而来。论文开题时题目为《真实经济周期理论和中国的经济周期》，原计划写三部分。第一部分是理论综述，梳理国内外有关 RBC 理论的研究成果；第二部分是经验研究，探讨中国经济周期波动的特征事实，相当于现在第五章的内容；第三部分是理论研究，构建 RBC 理论模型来解释中国经济周期波动的特征事实。由于硕士学习期间比较关注 RBC 理论，硕士论文即为 RBC 理论的综述，因此，第一部分的内容相对容易，重点和难点集中在后面两部分。在论文写作的准备阶段，觉得同时完成后两部分有很大困难，于是决定只做经验研究，理论研究留待日后再做。

这样，整个论文的写作重心就发生了转移，从"用 RBC 理论解释中国的经济周期波动"，转变为考察"中国的经济周期波动到底是什么样子的"。按照原计划，理论建模的关键在于，在动态随机一般均衡（DSGE）框架中引入经济发展和体制转轨因素，后来才逐步认识到这是一项艰巨的任务，很难在短期内完成。除了理论研究的难度之外，在这个转变过程中米契尔（Wesley C. Mitchell）的著作也起了一定的推动作用。米契尔一生的研究主要集中于经济周期，前期主要是经验研究，后期才开始理论研究，试图从理论上阐释自己早期的发现。从影响力上来看，他的理论研究显然不像经验研究那么成功。在一篇博士论文中解决米契尔一生都没有解决好的问题，无疑显得过于雄心勃勃和自不量力了。

在论文写作完成之后，发现即使只做了经验研究，有些地方仍然显得比较粗糙。由于长期以来对国内相关文献关注不够，论文的主体部分多少显得有些干瘪，没有周汝昌讲宋词时所说的那种"左右逢源、勾勾连连"的博大和从容。在写作本书第四章的时候，深感自己对我国经济发展的历史和现实的了解相当贫乏，尤其是新中国成立后到改革开放前这个时期。这也进一步坚定了全书以经验研究为中心的研究思路。如果连到底发生了什么事情都没有弄清楚，又怎能奢望做出什么高明的理论解释呢？全书耗费时间和精力最多的是第五章，从数据收集到处理，再到绘图、制表、分析结果，每一步都有许多枯燥的重复劳作，这就是正文中称经验研究更多的是"体力活"的原因。

　　本次的扩展修改主要体现在三个方面。首先，扩展显得有些单薄的第三章，新增"理解经济周期的三个维度"和"新开放经济宏观经济学：理论和问题"两节；其次，更新第四章的内容，新增"全球金融危机和我国经济的新常态（2007—2014 年）"一节；最后，将"RBC 理论的方法论评介"从第二章移到第三章。因为理论部分的篇幅有所增加，相应地也把题目从《中国经济周期波动的经验研究：描述性事实和特征事实（1949—2006）》改为《理解经济周期：西方理论和中国事实》。另外，在行文和细节方面也有一些小的修改。

　　在论文开题时，中国社会科学院经济研究所的杨春学老师、裴小革老师、仲继银老师和常欣老师为论文的写作提出了中肯的意见和建议，在此向他们表示衷心的感谢！

　　在学校的匿名评审抽签中，自己的论文有幸被抽中。三位匿名评审老师为论文提出了中肯的评点和修改意见，在此向他们表示衷心的感谢！

　　在论文答辩过程中，中国人民大学的吴汉洪老师，北京师范大学的赖德胜老师，中国社会科学院经济研究所的赵人伟老师、张平老师和刘霞辉老师对论文进行了认真而专业的审阅和评论，在此向他们表示衷心的感谢！

　　最后，衷心感谢我的导师王诚研究员！他的精心指导令本书增色不少。王老师也是我硕士期间的导师，六年来他在学习和生活上给予我很多帮助，他的治学和为人永远都是我学习的榜样，堪称"言为士则、行为世范"。

　　是为序。

汤铎铎

2015 年 12 月 7 日

摘　　要

　　理解经济周期有两个层面，一是厘清事实，二是构建理论。经济学是西学。现代自由市场经济发轫和成熟于西方，经济周期理论也随之产生和发展。中国经济在改革开放后经历了史无前例的快速增长，经济周期波动的特征也发生了明显变化。如何在西方经济周期理论的传统和框架下，厘清并且解释中国的经济周期事实，进而丰富和发展西方理论，这是本书致力于探讨的主题。

　　在西方，经济周期理论从产生至今至少已经有两百年历史，经历了三次重大范式转换。第一次是初步的数学化和形式化，第二次是大型宏观计量经济模型，第三次则是由 RBC 理论发展而来的 DSGE 框架。2008 年全球金融危机爆发后，对主流宏观经济学的反思和批评不绝于耳，DSGE 框架首当其冲。正如大萧条催生了凯恩斯主义，滞胀成全了新古典宏观经济学一样，当下的所谓大衰退可能也为宏观经济学新范式的出现创造了条件。

　　考察经济周期波动的事实可以从经济史和时间序列分析两个层面入手，我们称前者为描述性事实，称后者为特征事实。描述性事实围绕特定事件展开，主要用语言文字对经济周期波动现象进行描述。虽然也会使用一些统计数据，但其结论主要是定性的，关注具体事件和细节。特征事实主要是指利用特定的方法和技巧对宏观经济时间序列进行转换和对比，从而发现的具有一定普遍性的经验规律。它的结果是定量的，关注经济周期波动在一个较长时段内的整体性质。

　　从描述性事实的角度来看，我国的经济周期波动表现出十分明显的阶段性，各阶段都有其鲜明特征。造成这种状况的原因主要有两个：第一，新中国成立前后我国基本上是一个封闭的农业经济，现代化和工业化是一项长期任务，经济发展过程的阶段性导致了经济周期波动的阶段性；第二，新中国成立后我国迅速建立了单一公有制集中计划经济体制，这种体制的弊端很快就显现出来，此后，对经济体制进行修正和改革的各种尝试不断进行，尤其是在 1978 年以后进行的市场导向的经济体制改革，使经济结构和经济运行方式发生了根本变化，因此，体制转轨的阶段性造成了经济周期波动的阶段性。

从特征事实的角度来看，改革开放前后我国宏观经济时间序列的行为差异很大，我们一共总结出十三条重要变化。这些变化中的大多数大体符合基本的经济学常识和直觉，体现了我国经济市场化、货币化和工业化程度的提高，比如：实体经济和价格的波幅变化、国家财政收支的周期性质的变化、货币供给的周期性质的变化、与英美经济的同步性的变化等，而这些情况又都和经济发展和体制转轨这两大因素密切相关。反之，有些变化却显得比较怪异和反常，比如：价格和通货膨胀周期性质的变化、总就业的周期性质的变化、实际利率周期行为的变化等，这类变化很难用一般原理简单进行解释，需要进行更深入细致的分析。

Abstract

There are two dimensions for understanding business cycle: one is clarifying facts, and another is constructing theory. Economics is a western learning. Modern free market economy has originated and matured in western world, along with the initiation and development of business cycle theory. China's economy has experienced an unprecedented rapid growth after the reform and open – up, while the feature of its business cycle fluctuations has also changed evidently. How to clarify and explain China's business cycle facts and even to enrich and develop western theory following the tradition and framework of western business cycle theory? This is the theme this book tries to discuss.

In western world, the history of business cycle theory lasts at least two hundred years, which includes three times of paradigm shifting. The first time is preliminary mathematization and formalization; the second one is the large scale macroeconomic econometric model; and the last one is the DSGE framework which was evolved from the RBC theory. After the global financial crisis in 2008, the mainstream macroeconomics has been rethought and criticized continually, and the DSGE framework has been the first to bear the brunt of it. The so called Great Recession may prepare the condition for new macroeconomic paradigm, just like the Great Depression bringing the Keynesianism and the Stagflation helping the New Classical Macroeconomics.

The facts of business cycle can be studied by two ways. One is economic history, another is time series analysis. We call the former descriptive facts, and the latter stylized facts. The descriptive facts mostly describe the business cycle phenomenon in language. Their conclusion is qualitative and based on the events and details which had really happened, although data are quoted sometimes. The stylized facts are the empirical laws which are found by transforming and comparing macroeconomic time series. Their conclusion is quantitative and paying more attention to the uniform characters of business cycle in long run.

From the point of view of the descriptive facts, China's business cycle can be divided into a few obvious stages, and each stage has its sharp – cut peculiarity. There are two good reasons why this condition exists. First, China's economy had been a closed and agricultural economy when the PRC was founded in 1949. Modernization and industrialization are two long – range goals, and then the different stage of economic development results in the different feature of business cycle. Second, after the foundation of the PRC, the centralized planned economic system was established rapidly, which was based on unitary public ownership. Some modifications and reforms have been carried on continuously because the disadvantage of this system appeared soon. After the market – oriented economic reform started in 1978, the economic structure and operation had changed hugely. Therefore the stage of institutional change shaped the stage of business cycle.

From the point of view of the stylized facts, the behavior of Chinese macroeconomic time series is very different between pre and post reform and open – up. We summarize thirteen important changes in all. Most of them exhibit the promotion of the degrees of marketization, monetization and industrialization of our national economy, which is consistent with the economics common sense and intuition. For example, the change of real economy and price's amplitudes, the changes of the fiscal revenue and expenditure's business cycle features, the changes of the money supply's business cycle features and the change of the co – movement with UK and US etc. Furthermore, these changes are all correlated with economic development and institutional change. On the contrary, some changes seem to be relatively erratic and abnormal. For example, the changes of price and inflation's business cycle features, the change of aggregate employment's business cycle features and the change of real interest rate's business cycle features etc. It is not so easy to explain such changes in general economic theories simply, and some profounder and more prudent research must be carried on.

目　　录

Contents

第一章

导　　论

　　本书致力于回答这样一个问题：中国的经济周期波动到底是什么样子的？答案分两部分。首先是对经济周期理论全方位、多角度的系统梳理，包括方法论、思想史和最新的理论进展等。这是问题得以探讨和回答的理论框架和知识背景。其次，从描述性事实和特征事实两个角度，对我国的经济周期波动进行了刻画和分析。经济学是西学。经济周期理论在西方已经有数百年的发展史，其中包含着大量的经验和智慧。如何从西方理论中汲取精华、获得灵感，从而更好地研究我国的经济周期波动事实，是本书的主旨所在。

　　经济学有两类研究：经验研究和理论研究。经验研究关注事实，其目的是澄清事实并为理论研究提供证据。它主要回答现实经济是什么样子的，到底发生了什么事情这类问题。理论研究关注解释，其目的主要是为人们理解现实经济提供合理的框架和原理。它主要回答现实经济为什么是那样的，为什么会发生那些事情这类问题。经验研究和理论研究是相互渗透、相互促进的。经验研究往往要借助于一定的理论来组织材料，因此，没有纯粹的经验研究；理论研究总要以一定的经验内容为基础，因此，也没有纯粹的理论研究。经验研究的结果成为检验各色理论的基础，并为后续研究指明方向；理论研究的进展会对经验研究提出新的要求，指导经验研究如何组织材料，以及应该在哪些方面做出更多努力。一般说来，经验研究更多的是考验经济学家的耐心和细致，可以说是"体力活"；理论研究更多的是考验经济学家的想象力和创造性，需要更多的灵感和悟性。

　　本书侧重于经验研究。我们从两个层面全面考察中国经济周期波动的事实，以此来回答前面提出的问题。第一个层面是经济史的层面。以经济体制的创立和变迁为框架，以重大事件为主线，本书考察了新中国成立至今中国的经济周期波动，力图提供一个简明的中国经济周期波动史，全面展现与经济周期波动相关的历史事实。我们称这个层面的研究结果为描述性事实，因为它主要利用语言文字描述的方式，并且对重大事件给予特别的重视。第二个层面是统计和计量方法的层面。本书选取了与中国经济周期波动相关的 47 个宏观经济时间序列，利用滤波方法消除了长期增长趋势以后，考察各序列自身的变动程度、各序列前后项之间的相关性以及各序列与总产出序列的相关性。我们称这个层面的研究结果为特征事实。

虽然也会使用一些统计数据，但描述性事实的结论仍主要是定性的，它关注具体事件和细节。特征事实的结果可以称为经验规律，它是定量的，关注经济周期波动在一个较长时段内的整体性质。从理论发展的历史和逻辑上看，特征事实处于比描述性事实更高的阶段，具有一定的优越性。但是，二者的关系主要是相互补充，而不是相互替代。只有从描述性事实和特征事实两个层面进行考察，才能对中国的经济周期波动有一个更深刻和更全面的认识。单从描述性事实方面入手，随后的理论研究很难走向深入，也不能很好地利用当前西方主流宏观经济学的理论成果；单从特征事实方面入手，由于缺乏对具体事件和细节的把握，容易导致盲目的和误导性的研究结果。我国当前的经济周期理论研究中出现了将二者割裂开来的状况。一类研究主要以描述性事实为基础，利用简单的因果分析和定性分析讨论问题；另一类研究则基本照搬西方主流宏观经济学的框架，然后利用中国的数据进行分析。熊彼特（1991b）曾经调侃说："人们有时会得到这样一种印象：只有两种类型的经济学家，一类经济学家不知差分方程为何物；一类经济学家除了差分方程外，一无所知。"中国的经济周期波动研究多少也面临这样的问题，一类经济学家很少借鉴西方主流宏观经济学的研究成果，其研究不够系统、不够深入；另一类经济学家则不注意考察历史，缺乏对中国经济周期波动现象的全面而细致的把握。本书的研究从两个层面入手，就是力图避免这种割裂，从而为今后进一步的理论研究提供一些基础性的指导。

本书第二章是一个方法论的探讨。在简单回顾科学哲学理论的发展历史和澄清几个重要概念的基础上，本章定义了经济周期波动研究中的三种事实，本书的研究即是从其中的描述性事实和特征事实入手的。

第三章对西方经济周期理论进行了多角度、多层次的梳理。先从理解经济周期的三个维度（事实、理论、政策）开始，接着提供了一个简明经济周期理论史，然后是当下的主流理论——实际经济周期（Real Business Cycle，RBC）——的方法论评介，最后是对新开放经济宏观经济学（New Open Economy Macroeconomics，NOEM）的综述。本章的内容佐证了关于三种事实划分的合理性，而且，通过回顾经济周期理论的发展历程，也为我们后面的经验研究提供借鉴。

第四章是一个经济周期波动史的探讨，即我们所说的描述性事实。本章把新中国成立至今中国经济的发展历程分成五个阶段。1949—1957 年是初始条件形成阶段，至此传统的单一公有制集中计划体制完全确立，此后 50 年经济周期波动的形态都要受到这一体制的制约和影响。1958—1978 年是传统体制下的 20 年，这一时期的经济周期波动呈现出明显的大起大落特征，频繁的政治运动是造成这种状况的主要冲击源，传统体制则提供了相应的传导机制。1979—1991 年是经济体制改革的初步探索阶段，通货膨胀和失业问题在这一时期凸显出来，出现了三次比较严重的通货膨胀和两次失业高峰，实际产出的波动幅度仍然相当大。1992—2006 年是改革的全面推进阶段，随着市场化进程的不断加快和政府宏观调控能力的不断增强，我国的经济周期波动逐渐步入一个相对平稳的阶段，实际产出的波幅越来越小，通货膨胀也得到一定程度的控制，但是一些潜在的危机也需要注意。2007—2014 年是应对全球金融危机和我国经济步入新常态阶段。这一时期的宏观调控又可以分为两个阶段。一是应对金融危机的迅速出招和缓慢退出，可以看作是对外部冲击做出的应激反应。二是配合去产能、调结构而坚持"不刺激"和"微刺激"，中间有一些体制突破和政策创新，可以看作是为了解决内部问题而主动求变。

为了组织材料和叙述的方便，第四章在论述中使用了简单的因果分析。我们发现，纯粹的事实堆砌面临两大困难：一是难以决定事实的取舍，即哪些事实应该包括到我们的经济周期波动史当中，而哪些应该舍弃，提及所有事实既不可能，也无必要；二是难以形成一个完整而清晰的论述，我们必须用因果链条把那些我们认为重要的事实联系起来叙述，这样才能有实质的内容，否则就仅仅是一个经济事件年表。这些因果分析和所得结论都是定性的，具有一定的理论化倾向，严格地说都只是假说和猜测。可见，在经验研究中研究者的价值取向和理论偏好会轻而易举地被带入研究结果当中，不存在纯粹客观的经验研究。但是也不能因此而走入另一个极端，彻底否定经验研究的客观性和参考价值。面对同样的事实材料，不同的研究者很可能得到不同的经验结论。然而，只要严格以事实材料为基础，分析时条理清晰、逻辑关系缜密，这些研究结果都会有参考价值，都具有一定程度的客观性。任何历史都包含了叙述者的理解，本章的内容也不例外。

　　第五章是对中国经济周期波动的特征事实的探讨，也是本书的核心。本章的主要信息都包含在图表当中。数字和图表彰显了统计方法和时间序列分析方法的力量，我们可以用极其凝练的方式抽象和表现现实经济，并从中挖掘出那些比较显著的数量关系，进而形成经验规律。但是，从另一个方面来看，这些方法的运用也面临很大风险。如果不能很好地理解方法本身的基本原理，或者对现实经济的事件和细节缺乏理解和把握，那么研究者很容易在数字和图表中迷失，从而得出盲目的误导性的结论。

　　通过第四章和第五章的论述，本书给开篇的问题提供了一个回答。在回答了一个问题的同时，我们又提出了另一个问题，即中国的经济周期波动为什么是这样的？从理论上给这些事实寻求一个解释，是我们下一步研究的方向。

第二章

经济周期波动研究的方法论

著名的经济学方法论作家马克·布劳格曾说:"我认为,几乎每本经济学理论教科书的第一章都写下标准经济学方法论这一做法并无多大错误;错误的倒是经济学家没有实践自己所鼓吹的见解。"(马克·布劳格,1992)现在的经济学教科书似乎很少在第一章写下方法论了①,而经济学家们在所谓"标准经济学方法论"方面的共识也很凌乱。博伊兰和奥戈尔曼在他们的方法论著作中引用过的一段话倒是很有教益:

> "方法论就像是药品,我们之所以能容忍它是因为假定它对我们是有益的,但是却要悄悄地藐视它。我们宁愿为别人开出处方而并不乐意让自己服用。对方法论的学习发生在虚幻的另一个世界,涉足其中的极少参与者被作为怪癖的人而接受。我们的哲学信念与日常实践只是偶尔才迎头相撞。在很大程度上我们因为忙于成批地生产前沿理论而无暇顾及质疑这些前沿理论是否具有任何意义"。(托马斯·A. 博伊兰和帕斯卡尔·F. 奥戈尔曼,2002)

这是经济学方法论所遭遇状况的真实写照。大多数经济学家确实能够容忍经济学方法论家的大声疾呼和小声絮聒,不过他们似乎很少理睬,只是埋头前进,"成批地生产前沿理论",也许偶尔会停下来,那也是悄悄

---

① 即使是在萨缪尔森的经典教科书中,对于方法论问题也是浅尝辄止、草草了事。

地藐视这些经济学方法论者。①

　　我们无意成为"怪癖的人"而被藐视。但是，由于本书后续内容的关系，我们在此必须澄清一些概念，也顺便表明我们的方法论立场。当然，我们希望这个立场能够成为所谓"标准经济学方法论"的组成部分。另外，正如哈耶克所说："……观念史就变成了一个重要性十分突出的题目。它有助于我们搞清楚许多支配我们思想但不被我们所确知的东西。"（弗里德里希·A. 哈耶克，2003）在此，我们或多或少也试图"搞清楚许多支配我们思想但不被我们所确知的东西"。

　　本章的论述分为三节。第一节简单梳理科学哲学的一些理论资源，这构成后面讨论的理论背景。第二节讨论几个重要概念，为我们后面所要进行的分析做一些准备。第三节我们讨论经济周期理论研究中的三种事实，并阐明我们在研究中所采取的方法论立场。

第一节　科学哲学理论简述

一　理性主义与经验主义

　　人们很早就认识到，严格的逻辑演绎只能推导或者传递真理，却不能发现和确立真理。比如，从 A 可以严格地推导出 B，如果 A 是正确的，那么 B 也是正确的。但是，这种推导并不能发现和确立新的真理，B 所包含的真理成分绝不会多于 A。也就是说，B 最多只能包含和 A 一样多的信息。为了发现和确立真实命题，也就是确定上面例子中 A 的正确性，在西方传统中出现了两种倾向。一种被称为理性主义（rationalism，也译作唯理主义），另一种被称为经验主义。

　　理性主义者认为，真实命题的发现和确立是超逻辑的和先验的，主要基于理性直觉和启示，并且不需要经验的检验。这里我们引用米塞斯的一段论述作为对理性主义者的注解。他认为，"先验的定理并不是来自经验；它们在逻辑上先于经验，而且，既不能由确定的经验证明，也不能由

---

① 这种藐视是有原因的，看看马克·布劳格对一般均衡理论和博弈论的批评（马克·布劳格：《为何我不是一个建构主义者——一个不悔悟的波普尔主义者的自白》，载罗杰·E. 巴克豪斯编《经济学方法论的新趋势》，经济科学出版社 2000 年版），就很容易猜测一个致力于这方面研究的经济学家会抱有的态度了。

经验反过来证明为正好相反。我们只能借助于先验的定理来理解行动。没有什么比经验主义的这一论点更清楚地与真理相反了：根据对'事实'做没有先决条件的观察而归纳出理论的命题"。（路德维希·冯·米塞斯，2001）

与此相反，经验主义者则拒斥任何先验的"自明之理"，他们只接受那些从"确凿的事实"中得来的经验命题。与理性主义者的演绎逻辑相比，经验主义者需要更强有力的"归纳逻辑"，即从经验事实中归纳出那些关于世界的新知识。不幸的是，从经验主义的集大成者休谟开始，人们就深刻认识到了归纳推理只是一个神话，它不但无效，而且实际上也是不可能的。[①]

归纳问题虽然构成经验主义的一个缺陷，但经验主义并没有因此而屈从于理性主义，它对哲学和科学发展的影响至今丝毫不逊于理性主义。20世纪20年代兴起的逻辑实证主义可以说是经验主义的现代代表。他们以反对形而上学的决绝态度出现，利用逻辑和语言分析否定了形而上学命题的意义，面对不能否定理论实体存在的境况，他们坚持要对理论和假说进行经验检验和证实。同时，为了在一定程度上缓解归纳问题，他们主张用概率和或然性修正理论。我们引用卡尔纳普的一段话作为逻辑实证主义者的写照。他认为，"逻辑的规律和纯数学的规律，由于它们自身的本性，是不能被用作科学解释的基础的，因为它们并不告诉我们使现实世界从其他可能世界中区别开来的任何东西。当我们问及事实的解释，一个现实世界中的特定观察的解释，我们必须用到经验的规律，它们不具备逻辑规律或数学规律的必然性，但它们告诉关于世界的结构的某些东西"。[②]（R.卡尔纳普，1987）

---

① 在所谓归纳问题上，马克·布劳格提供了一个精彩的表述。他强调，归纳是一种"肯定后件"的逻辑谬误，而且，没有"无理论的事实"。为了避免误解，他还特意区分了归纳的双重含义（马克·布劳格，1992）。

② 为了更好地理解卡尔纳普的这段话，最好能参照维特根斯坦关于没有真正哲学问题的论述："一切所谓哲学问题都可以分为四类：（1）那些纯粹逻辑或数学的问题，由逻辑或数学命题来回答，因而不是哲学的；（2）那些事实的问题，由属于经验科学的某些陈述来回答，因而也不是哲学的；（3）那些由（1）和（2）结合的问题，因而也不是哲学的；（4）无意义的假问题，如'所有的猫等于173吗？'。"（卡尔·波普尔，1986）在此，我们多少可以窥见维特根斯坦对逻辑实证主义者的影响。同时，我们谨慎地提醒读者注意，这段论述来自波普尔的著作，可以说是波普尔对维特根斯坦的诠释，而波普尔本人是反对维特根斯坦的这种见解的。

　　总之，理性主义和经验主义构成西方哲学和科学发展的两大传统，而在经济学的发展历程中，我们也可以清晰洞悉二者的不同影响。①

二　怀疑论、本质主义和工具主义

　　从上面对理性主义和经验主义的简单讨论中，我们已经可以隐约窥见怀疑论的影子了。作为经验论者的休谟，在否认了"归纳逻辑"的合法性以后，提出了他的怀疑论观点，即否认我们能够通过逻辑推理从知觉经验得到关于外部世界的任何真实的知识。英国科学哲学家沃特金斯用三个命题的合取来表达休谟的怀疑论：（1）不存在关于外部世界的先验综合的真理；（2）我们所拥有的关于外部世界的任何真实的知识，终究都是从知觉经验中得来的；（3）只有演绎推导才是正确的（约翰·沃特金斯，1991）。第一个命题是反对理性主义的先验论点；第二个命题是经验主义论点；第三个命题是演绎主义论点，取消了"归纳逻辑"。显然，最终的结论必然是我们关于外部世界的任何知识都是不存在的。

　　归纳问题和怀疑论很早就成为哲学家们关注的课题，到目前为止，似乎还没有一个令人满意的解答。其实，正如波普尔看到的，这种问题是不可能真正解决的。② 然而，这个问题似乎只是困扰了少数哲学家和科学家，很长时间以来，和经济学家对待经济学方法论的态度一样，科学家们也只是埋头前进，也许偶尔还会停下来悄悄藐视一下归纳问题和怀疑论。目前来看，科学获得了巨大的发展，而人类关于外部世界的知识也有了空前的增长，否认有真正的科学知识存在，对大多数人来说是绝对不能接受的。因此，真正重要的问题并不是是否存在科学知识，而是什么是科学知识以及科学知识如何增长的问题。

　　在波普尔看来，传统的科学理论观中有两个代表性论点，即本质主义观点和工具主义观点。本质主义者认为，科学知识是对现象后面的实在和事物本质的描述和解释，科学家能够成功地最终确立其理论的真实性而克

---

　　① 　马歇尔（1964）在他的《经济学原理》中曾提及两种具有不同才能和不同抱负的学者，一种致力于事实的研究，另一种致力于科学的分析，马歇尔分别称之为历史派和分析派，并且认为二者都有存在的必要，而且应该相互交流和影响。从马歇尔的论述来看，历史派近于经验主义，而分析派则近于理性主义。

　　② 　波普尔倾向于认为自己解决了归纳问题，不过，他也清醒地认识到会有不同意见（卡尔·波普尔，1986）。

服一切合理的怀疑。这样，知识的增长就必然表现为我们对世界的实在和本质进行了更广泛和更深刻的描述和解释。工具主义者认为，一个科学理论既不能解释世界也不能描述世界，它只是计算和预言的方便工具，而知识的增长不过是工具的改善而已。除了一些深刻的基本原因以外①，牛顿体系的崩溃最终给本质主义者以致命打击。本质主义虽然披着纯粹客观的外衣，但是它本身却必然导致蒙昧主义，相信本质和永恒真理容易压制新思想的产生和发展。工具主义比本质主义更具迷惑性，因而批判起来也更加困难。波普尔对工具主义的批判集中在对理论的检验上，即"纯粹的"理论由企图驳斥它们的尝试加以检验，而作为计算技术或演算规则的理论就缺乏相应的检验。作为工具的理论是无法拒斥的，在其概念适用的地方，这些理论既是可以应用的，也是正确的，但是这种"正确"和真理与谬误无关。②

另外，本质主义和工具主义都无法合理解释科学知识的淘汰。在本质主义者那里，真正的科学知识是对实在和本质的描述和解释，一旦那些获得广泛肯定和巨大成功的理论受到挑战，本质主义就动摇了。在工具主义者看来，科学知识的增加不过是多了一些应用范围更广和更强有力的工具而已，那些陈旧的工具不是因为错误而被抛弃，而是因为不好用而被放置。在工具主义者眼里，"日心说"并不比"地心说"更正确，只是更好用而已。

在批判了本质主义和工具主义的观点后，波普尔提出了自己的第三种观点。

三　证伪主义和新异端

卡尔·波普尔是科学哲学发展过程中的一个里程碑，在他之后，需要提及的人物有三个：托马斯·库恩、伊姆雷·拉卡托斯和保罗·法伊尔阿本德。③　在科学哲学研究中，规范的规定和实证的描述之间、科学的方法论和科学史之间的紧张关系由来已久。④　波普尔倾向于前者，库恩倾向于

---

①　本质主义意味着一种终极解释的观念，即那些已经被证实了的科学知识是最终的真理，不需要也不可能再做进一步的解释了。可是，这种终极真理是不可能存在的。

②　对本质主义和工具主义更详细的批判参见波普尔的论述（卡尔·波普尔，1986）。

③　也译作"费耶拉本德"。

④　这也正好体现了理性主义和经验主义的对垒。

后者，拉卡托斯试图在波普尔和库恩之间寻求某种妥协，而法伊尔阿本德则比库恩走得更远。

波普尔的科学知识观可以看作是本质主义和工具主义之间的一个折中。他保留了本质主义的部分原则，即科学工作的目的在于真实地描述世界，在于真实地解释可观察事实；同时，他又充分注意到了工具主义和怀疑论对本质主义的批判，认为科学家绝不可能确凿地知道他的发现究竟是不是真实的，虽然有时他可能有一定的把握确定他的理论是虚假的。"这样，科学就以其系统阐述和检验诸命题的方法为特征，而不以其论题或其自称的知识确定性为特征；无论科学提供什么样的确定性，都是代替愚昧的确定性"。（马克·布劳格，1992）据此，波普尔为科学和形而上学提供了新的划界标准：理论系统的可反驳性或可证伪性，他的观点因此被贴上了证伪主义的标签。在波普尔看来，科学发展的历史是一部不断猜测和不断反驳的历史，我们所有的科学知识都包含在那些尚未被证伪的理论中。科学理论的特征在于规定了可能反驳它的事实，一旦这些事实被发现，科学家就应该果断放弃他的理论。科学的进步体现在新理论没有被那些证伪了旧理论的事实所证伪，而新理论同时又能解释旧理论所能解释的事实。

波普尔的理论对科学哲学和方法论研究产生了巨大影响并获得了广泛支持，马克·布劳格就声称自己是一个不悔悟的波普尔主义者。但是，波普尔的证伪主义基本上是规范性的，它规定了"好"的科学应该是怎么样的而忽视了对科学史的审慎研究，即科学家到底做了什么并且是怎么做的。在拉卡托斯看来，所谓"判决性实验"基本上是虚幻的——"科学史充满了理论如何被所谓判决性实验所扼杀的说法。但这些说法是理论被放弃之后很久才杜撰出来的"（伊姆雷·拉卡托斯，2005），因为波普尔忽视了科学理论的坚韧性。[①]

库恩的研究有时被称为历史主义的，因为他充分重视科学史在科学哲

---

① 在萨缪尔森的著名教科书中，有一个对科学理论的坚韧性的有趣说明。他引用了普朗克的一个论述："在他的《科学自传》中，普朗克报道了他在物理学发展中所观察到的事情：这一经历也使我知道了一件事实——在我看来还是一件不平凡的事实：一项新的科学真理取得了胜利，并不是通过说服它的对手从而使他们认识到了这一真理，而是由于它的对手最后都死了，而熟悉这一真理的一代新人成长起来了。"（保罗·A. 萨缪尔森、威廉·D. 诺德豪斯，1992）

学研究中的作用。① 库恩科学哲学的关键词是"范式"（paradigm），它是一定时期内科学工作者普遍承认的成就，为科学研究提供典型的问题和解答。在共同的范式下进行的研究称为"常规科学"，它的目的是扩充和细化当下的范式，并为当下范式寻求更多的事实支撑。当常规科学研究无法解决的难题逐渐增多，发生了严重的"智力危机"时，科学革命就出现了。科学革命表现为新旧范式之间的转换，新范式往往能更好地处理危机中的那些难题。随着新范式的确立，新一代的常规科学研究就又开始了。库恩认为在范式转换期间，新老范式的支持者之间是很难沟通的，从而给他的理论注入了一定的非理性主义色彩。

拉卡托斯试图调和波普尔主义和库恩主义之间的尖锐对立，从而解决某些二者没有解决的问题。拉卡托斯认为，科学评价的合适单位并不是单个理论，而是科学研究纲领（scientific research program）。科学研究纲领的主体由两类方法论规则构成：一类规则告诉我们要避免哪些研究道路（反面启发法），另一类则告诉我们要寻求哪些道路（正面启发法）。这两类方法论规则也被称为纲领的"硬核"，它基本上是一些形而上学的信念，不受否定后件式的反驳和证伪。纲领的"硬核"和一些辅助假设结合起来形成完整的理论解释和预测，反驳和证伪只能针对这些辅助假设或初始条件发生作用，这形成了理论的"保护带"。在"保护带"不断经受反常事实冲击的过程中，理论的"硬核"可以得到不断硬化。当然，科学研究纲领也有优劣之分。一个进步的科学研究纲领在理论上必然预言了更多的经验事实，而在经验上这些事实也得到了一定的验证；一个退化的科学研究纲领则正好相反，其理论发展已经停滞，科学家的精力只是集中到那些反常事实上。总的来说，拉卡托斯的调和毁誉参半，在获得一部分肯定和同情的同时，也遭到来自对垒双方的批评。坚定地站在波普尔一方的马克·布劳格认为拉卡托斯的努力是"一种辉煌灿烂的失败"，而比库恩走得更远的法伊尔阿本德则是在和拉卡托斯的论战中发展自己的理论。

在科学哲学领域里，法伊尔阿本德绝对是一个异端。他认为，科学在本质上是无政府主义的事业，比起强调理论上的法则和秩序的理性主

---

① 正如库恩在其著作开篇所说："我们如果把历史不仅仅看成是一堆轶事和年表，就会根本改变今天仍然支配我们头脑的关于科学的形象。"（托马斯·库恩，2003）

义①，无政府主义更符合人本主义，也更能鼓励进步。他为科学研究推荐的方法论原则是"怎么都行"（anything goes），"一个冷酷的机会主义者不墨守任何特定的哲学。不管什么方法，只要看起来合适，他都采用"（保罗·法伊尔阿本德，1992）。法伊尔阿本德获得的批评肯定比赞赏多，可是，他以前所未有的方式把怀疑论和非理性主义推到了前台，他的贡献是独特的。"科学是最新、最富有侵略性、最教条的宗教机构"（保罗·法伊尔阿本德，1992），这句话为那些轻狂的科学主义者敲响了警钟。从我国当下科学界和知识界的状况来看，法伊尔阿本德的著作是大有教益的。从这个意义上说，他也许是最雄辩、最深刻的科学哲学家。

四　方法论个人主义与方法论整体主义

个人主义和集体主义是政治哲学讨论中的关键概念，但是在这里我们不涉及这些讨论，虽然在有些学者看来，哈耶克和波普尔在讨论方法论个人主义的时候都受到他们自身在政治上的个人主义立场的影响（马克·布劳格，1992）。

邓正来（2002）引用的两段话准确刻画了方法论个人主义的含义：（1）方法论个人主义的原则在于这样一种信念，即个人构成了人之科学中分析的终极单位。根据这项原则，所有的社会现象，在不考虑有目的行动者个人的计划和决策的情况下，是不可能得到理解的。方法论个人主义的倡导者论辩道，根据超个人构成物（superindividual constructs）去分析社会现象，如果不是一种十足谬误的话，那也是极具误导性的。（2）方法论个人主义概括为下述三项基本命题：第一，人之个体乃是社会、政治和经济生活中唯一积极主动的参与者；第二，个人在进行决策的时候将为了自己的利益行事，除非受到强制；第三，没有人能够像利益者个人那样了解他自身的利益。②

哈耶克（2003）如此描述方法论整体主义："把社会或经济、资本主义（作为一个既定历史'阶段'）或特定产业、阶级和国家这类整体，视为一个有着严格规定性的客体，我们通过观察其整体运行，能够发现各种

---

① 这里的理性主义是广义上的，和非理性主义相对。在前面讨论中与经验主义相对的理性主义是狭义上的，也称为唯理主义。

② 这两段话原文的出处请参阅邓正来的论文《哈耶克方法论个人主义的研究》，《浙江学刊》2002 年第 4 期。

规律。"方法论整体主义大致可以归结为下述几个要点：第一，确实存在着不能被化约至个人层面的社会事实；第二，社会整体，尤其是制度，虽说不是独立于个人而存在的，但是它们仍有着自身的生命，代表了独立于个人的力量；第三，从理论上假设一个超个人的实体以解释社会现象的做法，仅从工具的或实用的角度来考量应该是可以接受的。

方法论个人主义和方法论整体主义的争论是在整个社会科学研究的广泛领域内进行的，如果从其源头来考察，这种争论至少可以追溯到一个世纪以前。在此，我们无法厘清各种观点的准确含义和发展脉络。单从宏观经济学和经济周期理论的研究来看，近 30 年来最重大的方法论转向就是所谓寻求微观基础的努力，这往往被看成是一种方法论个人主义的诉求。不过，在我们看来，这更多的只是一种建模策略层面上的转换，因为，即使是凯恩斯本人的著作本质上也是方法论个人主义的。

第二节　几个重要概念

一　事实

什么是事实？在逻辑实证主义者[①]那里，事实是特定的事件，以单称陈述的形式出现。全称陈述则称为规律，规律又有经验规律和理论规律。事实是可以直接观察的，而经验规律则是通过许多事实的相互比较而被发现的。例如，中国 2005 年的通货膨胀率是 1.8%，这是一个事实；中国1979—2005 年的通货膨胀是顺周期的，这是一个规律，并且是一个经验规律，是通过比较 1979—2005 年的许多事实而发现的。正如卡尔纳普（1987）所指出的，科学家往往将经验规律称为事实，例如，物理学家会称热膨胀定律是一个基本的物理学事实。其实，经济学家也一样，他们称通货膨胀是顺周期的为经济周期波动的一个特征事实（stylized facts）。

二　理论

卡尔纳普区分了经验规律和理论规律，前者被认为是可以由经验观察

---

① 这里指卡尔纳普，后面讨论中涉及的他的观点都引自他的著作《科学哲学导论》。

直接确证的规律①，后者被认为是抽象的假说，并且不涉及可以观察的东西。② 理论规律与经验规律发生关系的方式有点类似于经验规律与个别事实发生关系的方式。经验规律有助于解释已经观察到的事实并预言尚未观察到的事实；理论规律则用以解释已经形成的经验规律并可以推导出新的经验规律。同时，卡尔纳普也注意到了这种关系中不对称的一面，即经验规律是由大量个别事实归纳概括得来的，而理论规律却不能由许多经验规律归纳概括得出。例如，热膨胀定律可以通过许多个别事实归纳概括得出，但是，有关这个过程的分子运动理论却是完全不同的东西，不管有多少类似热膨胀定律的经验规律，我们也无法合理归纳出一个分子运动理论来。那么，理论规律到底来自哪里呢？或者说，理论规律到底怎样才能被发现呢？

卡尔纳普并没有真正回答这个问题，逻辑实证主义者都倾向于回避这个问题。③ 因为，理论更多包含的是我们前面提到的理性主义的元素，而逻辑实证主义肯定是经验主义的。可以肯定的一点是，不管是在自然科学领域还是在社会科学领域，真正可以称为理论的东西往往可以看作是先验的，基于理性直觉和启示，它们也许需要通过经验的证实或者具有可证伪性，但肯定不是通过直接或者间接的观察，然后借助于归纳就可以得到的。

在熊彼特（1991b）看来，经济理论有两个含义。一是"解释性的假说"，这个含义在他看来并不重要；二是"经济理论是一个工具箱"。④ 经

---

① 卡尔纳普当然知道归纳问题，逻辑实证主义者采用一种被称为概率主义的策略来解决归纳问题。他们区分了"全称规律"和"统计规律"，前者在所有场合都成立，而后者则规定某种规律性只在一定的概率下成立。例如，正文提到的通货膨胀是顺周期的就是一个"统计规律"。虽然概率主义的归纳策略面临严厉的批评（可以参见波普尔和沃特金斯的著作），但是，它仍然获得了广泛的承认和应用。难怪拉卡托斯会惊诧地说："今天，人们可以很容易地证明，从任何有限数量的事实中不可能合法地推出一条自然定律；但我们仍然不断地获悉由事实证明的科学理论。为什么对基本逻辑的抵抗会这样顽强呢？"（伊姆雷·拉卡托斯，2005）

② 卡尔纳普对这个表述并不满意，他认为对于理论规律没有普遍接受的定义。

③ 逻辑实证主义者是以激烈地反对形而上学的面目出现的，但是，理论实体的形而上学倾向使他们陷入了困境。正如卡尔纳普所说："在19世纪，某些德国物理学家，如古斯塔夫·基尔霍夫与恩斯特·马赫，说科学不应去问'为什么？'而问'怎么样？'……他们反对为什么问题，因为这些问题通常是形而上学问题。"（R.卡尔纳普，1987）理论的主要目的是解释，而解释就是一个"为什么"的问题。"为什么"的问题"通常是形而上学问题"，这并不能归罪于某些哲学家的不良嗜好；相反，它恰恰说明了理论本身具有的形而上学倾向。

④ 工具箱的说法最早来自罗宾逊夫人，直到现在还被广泛引用。

济现实是复杂的，任何分析都要基于一些合理简化和特殊假定①，在熊彼特看来，这些简化和假定，包括"概念、概念之间的关系以及处理这些关系的方法"等，都是经济理论工具箱中的工具，所有这些工具构成经济理论的完整外延。与第一种含义相比，第二种含义中的所谓理论并不包含任何实质性的内容和结果，它们只是"器械或工具"。我们这里所说的理论指的是第一种含义，即"解释性的假说"，它是为了解释一个"为什么"的问题而产生的，它应该包含实质性的内容。

三　事实和理论

沃特金斯（1991）把包括事实在内的各种类型的知识划分为以下五个层次：

0 级：第一人称的此时此地这种类型的知觉描述（例如，"现在我的视野内，有一弯银色的新月悬挂在深蓝的天空上"）；

1 级：关于可观察事物或事件的单称陈述（例如，"今夜有一弯新月"）；

2 级：关于由可观察事物或事件所展示的一些规律的经验概括（例如，"春潮伴随新月而来"）；

3 级：关于可测量的物理量的精确实验定律（例如，斯涅尔折射定律或查尔斯和盖·吕萨克气体定律）；

4 级：假定存在不可观察实体的普遍而精确的科学理论（例如，法拉第—麦克斯韦力场定律）。

很明显，上述划分是以物理学为考察对象的。0 级和 1 级相当于卡尔纳普所说的事实，2 级和 3 级是经验规律，4 级是理论规律。对经济学研究来说，这种划分也很有参考价值。在经济学研究中，这种划分可能只需要四个层次，即 3 级可以取消，或者说 2 级和 3 级可以合并。因为，经济学中似乎没有像折射定律或者气体定律那么精确的实验定律，而只有 2 级所说的那种经验概括。② 因此，和经济有关的各种类型的知识可以划分为四个层次：

① 在熊彼特看来，这些简化和假定是"分析家武断的产物"，虽然"它们是根据实际观察得来的"；他在脚注中用了一个比喻来形象地说明：裁缝可以随心所欲地裁衣服，但他们当然要力图按照顾客的身材来剪裁。

② 正如萨缪尔森所说："经济学的规律只是在平均的意义上才是对的，它们并不表现为准确的关系。"（保罗·A. 萨缪尔森、威廉·D. 诺德豪斯，1992）

　　ⅰ级：第一人称此时此地的知觉描述（例如，"在我接触的范围内，中国2005年的物价比较稳定"）；

　　ⅱ级：关于可观察事物或事件的单称陈述（例如，"中国2005年的通货膨胀率是1.8%"）；

　　ⅲ级：关于由可观察事物或事件所展示的一些规律的经验概括（例如，"中国1979—2005年的通货膨胀是顺周期的"）；

　　ⅳ级：用理论工具表达的解释性假说，主要基于理性直觉和启示，多少有些先验意味（例如，RBC理论模型）。

　　本书把ⅰ级、ⅱ级和ⅲ级都称为事实，不过是不同层次的事实，事实的任务是描述现实，进而作为理论研究的证据来证实或者证伪理论，这方面的研究可以称为经验研究。我们把ⅳ级称为理论，理论的任务是解释已知事实和预测未知事实。

　　在讨论事实和理论时，有一个论断必须加以注意，即没有无理论的事实，也没有无事实的理论。论断的后半句是相对清晰的，首先，任何理论都要包含事实内容，不管是解释已知事实，还是预测未知事实；其次，虽然我们很难拒斥理论的形而上学倾向，但是任何理论的创建都是基于对现实世界中各种事实的直觉和理解，一个与世隔绝的经济学家是无论如何也不能提出像样的经济理论来的。论断的前半句强调，没有那种纯粹的客观事实，任何事实都是经过拣选的、被理论不同程度"污染"了的事实。[1]萨缪尔森在他的著名教科书中提到了类似的问题，他说："理论是组织事实的基本工具。但是，即使在所谓精确的自然科学中，我们如何领悟观察到的事实也取决于我们所戴的理论眼镜。……当你采用一套新的经济原理时，你就以新的和不同的方式去理解现实。"（保罗·A. 萨缪尔森、威廉·D. 诺德豪斯，1992）

四　解释

　　本书认为，理论的任务就是解释已知事实和预测未知事实。[2] 那么，

---

　　① 对这个问题我们不深入讨论，但需要注意这样一个悖论：事实是检验理论的材料，事实本身又充满了理论、不同程度地被理论"污染"。马克·布劳格（1992）对这个悖论表现出了乐观的态度，但在我们看来这种乐观多少有些盲目。

　　② 这完全是卡尔纳普对规律的要求——"这样的规律有什么用处？……回答是双重的：它们用于解释已经知道的事实以及预言尚未知道的事实"。（R. 卡尔纳普，1987）

什么是解释呢？在此，我们区分两种解释，一种是逻辑实证主义意义上的，另一种是我们希望经济学理论所能达致的。

逻辑实证主义的解释理论被称为科学解释的"覆盖律模型"，最早由卡尔·亨普尔和彼得·奥本海姆发展起来，这里我们引用卡尔纳普的表述。[①] 首先，如果不涉及至少是一个规律，就不可能做出解释；其次，事实不能解释事实，事实解释其实只是伪装了的规律解释；最后，包含于一切演绎类型的解释中的一般图式可以用符号表述如下：

（1）$(x)(Px \supset Qx)$

（2）Pa

（3）Qa

第一个陈述是运用于任何客体 x 的全称陈述，即如果 x 具有性质 P，那么 x 就具有性质 Q；第二个陈述断言一个特殊客体 a 具有性质 P；这两个陈述结合在一起就使我们能够逻辑地推导出第三个陈述：客体 a 具有性质 Q（R. 卡尔纳普，1987）。1 式是一个普遍定律，2 式是一个经验条件，利用 1 式和 2 式可以逻辑地推出 3 式，这样，3 式就得到了解释。

从上面的演绎图式可以很容易看出，解释和预测在逻辑上完全对称。如果 3 式是已知的，那它就是一个解释；如果 3 式是未知的，那它就是一个预测。这种"对称论点"遭到了尖锐批评，因为解释和预测是完全不同的东西。有的解释根本不能用于预测，而有些预测根本和解释无关。例如，本书下面马上要讨论的 RBC 理论，它确实提供了一个解释，但是却很难用于预测；一个 ARMA 模型基本上什么都没有解释，但是它往往能做很好的预测。

本书希望经济学理论达致的解释与逻辑实证主义的解释有所不同。首先，解释必须涉及一个理论，也就是我们前面提到的经济知识类型划分中的 iv 级。其次，事实确实不能解释事实，但是我们对事实的定义要比逻辑实证主义者宽，它包含经济知识类型划分中的 i 级、ii 级和 iii 级。最重要的是我们认为，经验规律不能提供任何解释，而它本身却需要解释。例如，中国 1979—2005 年的通货膨胀是顺周期的这个陈述，它不能解释任何东西，而它本身却需要一个解释，即回答一个为什么的问题。最后，解释是某种洞见，它透过现象抓住了某种内在的机理，这些机理是那些为什

---

① 参考马克·布劳格（1992）的相关论述。

么问题的答案。这些洞见的获得主要依靠经济学家的创造性和想象力①，多少有些先验命题的意味。

第三节　经济周期波动研究中的三种事实

一　经济周期波动研究的目的和任务

经济学研究的目的和任务是一个复杂的问题，对于经济周期波动研究来说，也是如此。争论大致集中在解释世界还是改造世界上，"哲学家只是用不同的方式解释世界，而问题在于改变世界"，马克思的名句经常被"改造派"引用，可是"解释派"的支持者也不乏其人，而且往往占据上风。从前面的讨论可知，经济学的研究大致可以分为两类：经验研究和理论研究。经验研究的任务是描述现实，并为理论的证实或者证伪提供证据；而理论研究的任务则是解释已知事实和预测未知事实。为了避免遭受"对称论点"所遇到的批评，在这里有三点要提请注意：第一，经验研究的结果也可以用来预测，但是这种预测是应用性的，与理论的进步和解释现实无关；第二，从预测的内容来说，理论预测的主要内容是经验规律，而经验研究的预测内容则一般是表现为单称陈述形式的事实；第三，从预测结构上来说，理论预测的结构更为复杂、多变，经验研究的预测结构主要是一般定律和经验条件结合的简单逻辑推理。

在目的和任务问题上，本书倾向于"解释派"的观点，即经济学研究的主要目的和任务，就是澄清经济现实并提供理论解释。然而，经验研究和理论研究的结论一旦为某些经济主体认可和接受，这些经济主体必然会在某种程度上改变自身行为，从这个意义上说，经济学研究就达到了改造世界的目的。另外，利用经验研究进行的应用性预测往往会成为某些机构的决策依据，这也可以看作经济学研究改造世界的例子。不过，在澄清现实和解释世界方面，经济学处于积极主动的地位，经济学家可以不断改进和修正他的理论，甚至放弃他认为错误的理论；而在改造世界方面，经

---

① 马歇尔（1964）认为："经济学家需要有三种重大的智力：就是知觉、想象和推理，其中他最需要的是想象力，使他可以探索可见的事件之不显著即处于表面之下的那些原因，与可见的原因之不显著即处于表面之下的那些结果。"

济学则完全处于消极被动的地位，一旦某个理论被接受并产生影响或者付诸实施，其后果就很难操控和预测了。因此，经济学家真正能做的其实就是解释世界，其在改造世界方面的影响和效果往往要比想象得小，即使产生了很大的影响和效果，其结果也往往有悖于初衷。

总的来说，经济周期波动研究可以从三个层面来讨论。第一个层面是经验研究，主要目的是确认经济周期波动的事实，即我们要研究的被称为"经济周期"的这一现象到底是什么样子的？这个问题非常复杂，想要客观地回答并归纳出一般规律存在诸多困难。首先，不同国家和地区的经济周期波动事实是不同的，同一国家或地区在不同时间段的经济周期波动事实也是不同的；其次，观察者的角度不同其所描述的经济周期波动事实也不同，比如，政府、厂商、居民以及经济学家，他们对经济周期波动的感受是不同的，这肯定会影响其对经济周期波动的认识和描述；最后，表现经济周期波动事实的方式也很关键，事实是已经发生了和正在发生的事件，如果能够正确客观地认识这些事件，那么人们应该如何表达自己的认识呢？第二个层面是理论研究，主要目的是解释经济周期波动发生的原因和机理。任何理论都以对现实的认识为基础，而新事实的发现和确认又督促经济学家去完善旧的理论或者发展新的理论。理论其实并没有对错之分，在最严格的意义上，所有理论都是错的。评价理论优劣的关键是解释能力，解释能力越强的理论生命力就越强。第三个层面就是理论研究改造世界的问题，即经济主体对经济理论的认识和接受改变了其自身的行为，从而使理论对现实造成了实质性的影响。不过，这种影响是消极的、有限的。

二 经济周期波动研究中的三种事实

我们回到前面提出过的一个问题：如果能正确客观地认识经济周期波动的事实，那么应该如何表达这些认识？无论从历史的角度还是从逻辑的角度考察，经济周期波动事实的表达都可以归于三种方式，本书分别称为：描述性事实（description facts）、统计事实（statistic facts）和特征事实（stylized facts）。这种划分方法与前面提出的经济知识的四个层次划分大致相对应：描述性事实对应于 i 级、统计事实对应于 ii 级、特征事实对应于 iii 级、理论则对应于 iv 级。不过，通过下面的讨论我们会知道，这种对应并不完备，中间会有一些交叉地带，比如描述性事实的外延比 i 级知识的要大一些，而统计事实的外延则肯定比 ii 级知识要小一些。

1. 描述性事实

经济周期波动研究中的描述性事实，是指围绕特定事件展开的主要用语言文字对经济周期波动现象进行的描述；这些描述往往是零散的，以各种方式存在，有些甚至仅仅反映了描述者的直觉和感受。描述性事实的确立更多利用的是历史的方法，而不是经济的方法。描述性事实并不排斥数字，但这些数字一般都是零散的，而且一般都是容易获得的，不需要进行进一步的加工和精炼。在某些方面，描述性事实是不可替代的，因为经济周期波动的变化除了数量特征以外，还有其他一些重要特征，这些特征必须用语言进行表述。本书第四章提供了一个中国经济周期波动的描述性事实的陈述。

2. 统计事实

经济周期波动研究中的统计事实，是指利用统计方法记录的有关经济周期波动方面的数据。统计事实大致可以分为两类，一是初级的原始数据，即可以直接从现实经济中观察到的数据，比如利率、商品和劳务的价格、财政收支等；二是经过特定的统计方法加工和汇总的数据，比如GDP、价格指数、工资水平和失业率等，这些数据一般由专门机构统计并发布。统计事实的一个重要特征是频率，即记录数据的时间间隔。一般说来，相邻数据时间间隔越短则包含的信息就越多，同一时期的月度数据比季度数据包含更多的信息，而季度数据又比年度数据包含更多的信息。①但是，数据频率越高统计成本就越高，因此，我们就面临着在统计成本和数据信息量之间进行权衡。在经济周期波动研究中，大量应用的是季度数据和年度数据。统计事实需要以一定的理论为指导，在不同的理论体系下，统计指标的设定是不相同的。比如，我国的国民经济核算体系，在1992 年之前实行在集中计划体制国家通行的物质产品平衡表体系（MPS），此后逐步过渡为在市场经济国家通行的国民账户体系（SNA）。由于理论基础不同，二者在某些方面存在巨大差异。可见，有时候理论会以难以察觉的方式渗透到事实中间来，事实其实是通过一定的理论来组

---

① 这里隐含的假定是这些数据是按相同的统计方法和程序获得的。在我国，年度 GDP 核算和季度 GDP 核算在方法和程序上不太相同，这样，年度 GDP 就可能包含了季度 GDP 所没有的信息。

织的。

3. 特征事实

经济周期波动研究中的特征事实，是指利用特定技术对经济周期波动的统计事实进行提炼和对比，从而发现的具有一定普遍性的经验规律。具体来说，这些结果主要包括相关时间序列波动成分的方差、自相关系数和交叉相关系数等。20 世纪 50—60 年代，经济学家研究了经济增长的特征事实，库兹涅茨因此获得了 1971 年的诺贝尔经济学奖。此后，索洛用增长模型成功地解释了这些事实，从而获得了 1987 年的诺贝尔经济学奖。这是经济学研究方法论上的经典案例，即先从现实世界中抽象出统计事实，再从统计事实中提炼出特征事实，最后用理论模型解释特征事实，从而也就意味着最终解释了现实世界。从统计事实提炼特征事实的一个关键是，要把该过程和计量经济学的方法和模型区分开来。也就是说，不能有目的地在此过程中引入经济理论。并非经济学研究不允许这么做，而是这种做法是计量经济学的做法，它和特征事实无关。二者最大的区别在于，特征事实只是事实，是经验研究的最终产品，它不提供关于这些经验规律的任何解释；而计量经济模型一般是对某个猜测或者某种理论的检验，这种猜测或者理论往往构成对经济周期波动现象的一个解释。另外，计量经济模型根据要检验的理论之不同使用各种方法；而特征事实的研究目的比较单一，只是归纳经验规律，其方法一般也有一套标准的程序。

三 认识事实的角度

1. 历史的角度①

从经济周期波动研究发展的历史来看，越早期的研究者越注重于描述性事实，而后，随着社会发展和理论进步统计事实才逐渐丰富起来，而越到后来，研究者就越注重提炼经济周期的特征事实。在西方，对经济周期波动的研究拥有久远的历史，直到 20 世纪 30 年代，经济学家们的研究大多都以描述性事实为基础。正如米契尔所说："早期作家谈到'商业危机'时，可以假定他们自己和他们的读者对于所说明的现象和所使用的方法都是很熟悉的。他们认为，收集统计资料，编写商业年鉴，比较不同活动中循环变动的幅度和时间，揭示技术概念并且明确这些概念的意义，

---

① 本书第三章专门讨论经济周期理论的发展历史，在那里也提到了这个问题。

等等，都是不必要的。在作了极简单的论述以后，他们就转入危机原因的讨论，而且在论述中引证实例。因此，他们的讨论进行得相当坦率，这种做法我们只能羡慕，却是无法聪明地仿效的。"（米契尔，1962）米契尔的论断完全适用于同时代的两位大经济学家：熊彼特和凯恩斯。在其名著《经济发展理论》中，熊彼特用专门的一章来讨论经济周期问题，可是在全部的论述中，他没有提供任何一个长时段的时间序列。同样，凯恩斯的《通论》也以描述性事实为基础构建理论。他们显然假定"他们自己和他们的读者对于所说明的现象和所使用的方法都是很熟悉的"。

对于经济周期波动研究来说，国民经济核算体系的发展和完善是一个"分水岭"。该体系在一定的理论基础上，用大量指标框定经济现实，通过定期核算和记录这些指标，宏观经济运行被抽象成一系列的时间序列数据。这些时间序列数据构成了经济周期理论研究中的统计事实。其实，统计事实出现的历史也相当久远，最早至少可以追溯到威廉·配第。可是，直到 20 世纪 30 年代前后，经济学家才开始大量使用统计事实来研究经济周期现象（米契尔，1962）。第一个对经济周期做系统的时间序列研究的是美国国民经济研究局（NBER）的伯恩斯和米契尔，他们 1946 年的著作《度量经济周期》（*Measuring Business Cycle*）成为现代经济周期理论研究的开山之作。此后，"宏观经济学家竟然像患了精神病一样热衷于使用时间序列方法"。（布兰查德、费希尔，1998）统计事实一经大量进入理论研究，特征事实的出现也就顺理成章了。卢卡斯在前人研究的基础上，对经济周期的特征事实做了总结（Lucas，1977）。此后，随着 RBC 理论大行其道，有关经济周期波动的特征事实研究的文献越来越多。[①]

　2. 逻辑的角度

从经济周期波动研究的逻辑来看，描述性事实是对经济周期波动现象的初步认识，一般不注重数量而注重事件，这些描述对现实的反映相当坦率，有些则反映了描述者的感受和直觉。使用描述性事实来发展理论，早期的经济学家们也许可以接受，但是随着理论的发展，严谨的后来者越来越不满于它的粗糙和模棱两可。主要问题在于，在这种直截了当的研究方式下产生了很多理论，这些理论都有自己的例证和逻辑，很难辨明哪种理论更正确，或者说哪种理论提出的原因和机理更重要。于是，以定量和精

---

　① 例如：Kydland 和 Prescott，1990；Stock 和 Watson，2000。

确为特征的统计事实便引起了很大重视，用数字描摹经济周期波动现象使经济学家比较某些因素的大小成为可能。统计事实是对现实经济的一种抽象，数量特征使它披上了精确和客观的外衣。复杂的经济周期波动被一系列按时间排序的数列所代替，比起毫无头绪的现实世界，人们应付数列更得心应手。有了统计事实，特征事实就呼之欲出了。特征事实建立在统计事实的基础之上，通过特殊的方法揭示统计事实中那些不明显的特征。因此，统计事实中其实包含了特征事实所要揭示的一切信息，特征事实只是对统计事实的一种精炼。

四　事实的客观性

一个令人多少有些迷惑的问题是，即使大家同样严谨，宏观经济学家们在事实方面的认识也是不一致的。本书把经济周期波动的事实划分为三个层次，宏观经济学家在这三个层次上都会产生分歧。在描述性事实方面出现分歧不难理解，由于眼界、观察角度甚至利益关系的不同，每个作家笔下的世界都是他自己的世界。在许多人看来，统计事实似乎显得更"客观"一些，数字往往代表了科学和真理。但是，我们也不能指望在这方面绝对没有分歧。GDP、物价水平、失业率……整个宏观经济被抽象为一系列的数字，不同的统计人员、不同的统计方法、不同的数据来源甚至各种不同的其他目的，都会导致最后出现不同的统计结果。① 那么，如果从同样的统计数据出发，宏观经济学家是否会得到同样的特征事实呢？答案也是否定的。在处理统计事实时，一个重要的过程是"滤波"，即从宏观时间序列中分离出经济周期波动成分，不同的滤波方法会得到不同的波动成分，这样，最后的特征事实也就有可能不同。本书第五章介绍并使用了三种不同的滤波方法。

虽然如此，我们也不应该对经济周期波动的经验研究持悲观的态度。这三个层次的事实实际上是一个递进的抽象过程，直接的语言描述是对现实经济的初步抽象，统计数据是对现实经济更进一步的抽象，而特征事实则是对统计数据的抽象。每一次抽象都要舍弃一些被研究者认为是"冗余"的信息，从而利于找出那些本质的和规律性的联系。因而，在任何一次抽象过程中产生分歧都应该是可以被理解的。其实，宏观经济学家在

---

① 最近的例子是一些经济学家对中国官方经济增长率数据的质疑。

事实认定方面也有很多一致的地方，比如投资的波动要大于产出和消费的波动，就业和货币总量是顺周期的，等等。[①] 好的理论研究首先应该能解释这些一致的地方，而好的经验研究就是要揭示更多能被广为接受的规律，以促进更有解释力的理论出现。任何事实都能触发研究者的灵感，从而帮助研究者提出新的理论。但是，任何对事实的研究都不能直接归纳出理论，不能代替理论思考。总的来说，经验研究解决"……是什么样子的?"这类问题，理论研究则解决"……为什么是这样的?"这类问题，二者相互渗透、相互促进，这是经济理论发展的一般逻辑。

米契尔曾说："我们越钻研下去，我们越感到商业循环[②]这一个名词是想象的产物（这一个产物的发展过程是我们的学习方法的特征）。我们的前辈遇到了一系列从前没有遇到过的经验，就抓住一个广泛的概念，给它一个名称，并且开始想出各种说明，好像说得头头是道。但在说明的过程中，却表现出来了他们的知识是多么不够。从他们所做的，我们可以吸取很多的教训，第一个教训是，在我们对旧的说明能加以选择或是有所改进以前，我们必须找出更多的事实。"（米契尔，1962）在这段论述中，我们能够窥见经济周期波动研究中的理论研究和经验研究的相互影响，在理论进步之前，发现更多的事实，找出更多的经验规律是非常重要的；而理论的发展和进步又会对经验研究提出新的要求，指明有希望的方向。经济学家在事实方面的分歧最终落脚于他们在理论方面的论争，不同的事实支撑不同的理论。本书第五章还会提及这一问题，讨论不同理论倾向的宏观经济学家在经济周期波动的特征事实方面的分歧。

五　描述性事实的重要性

在对经济周期波动事实的表达中，描述性事实占有不可替代的重要地位。事实是已经发生和正在发生的事件。在经济周期波动研究中，即使对正在发生的事件来说，研究者能够有亲历亲见的机会也不容易，而已经发生的事件更是无法"回放"。在绝大多数时候，研究者面对的其实并不是事件本身，而是对事件的各种语言描述，即描述性事实。事件本身在发生

---

① 本书第五章的研究发现，我国的经济周期波动有一些和这些共识相左的方面，比如就业的周期性质。

② 即"business cycle"，这是此前的一种翻译，也有译为"商业周期"的，目前标准的翻译是"经济周期"。

以后即刻消逝，剩下的是亲历者的记忆和各种记录材料。这些记忆和记录材料以非常零散的方式存在，中间有些是有目的进行的统计资料，即统计事实，可是绝大部分却是语言描述。数字固然精确，可是它的缺点是有些信息无法用数字全面描述，比如中国经济体制转轨的事实。因此，描述性事实是研究者最常面对的事实，它数量最多，包含了最大的信息量，而且，许多信息只能以描述性事实的方式存在。

　　总的来说，现实经济是纷繁复杂的，用数量来描绘现实，只能概括有限的特征。统计事实和特征事实只是从数量角度对现实经济的刻画，因此，它们不可避免地会遗漏一些重要信息。如果不参考描述性事实，任何从统计事实和特征事实出发的研究都有可能导致荒谬的结论。如果不能深入理解经济本身的运行，统计数字以及对它的各种精炼都是异常危险的。本书特别反对这种研究方法：不仔细研究经济周期波动的历史事件的逻辑，只是单纯从统计事实出发，利用计量方法从统计事实中得出结论。因此，本书的研究从描述性事实和特征事实两方面入手，全面刻画中国的经济周期波动。

第三章

经济周期理论概述

在做了比较详尽的方法论铺垫之后，本章开始探讨经济周期理论。现代经济学是西学，起源于西方，也发展成熟于西方。自市场经济和资本主义发轫以来，西方社会就频频遭遇经济波动的困扰。人们很早就注意到这些波动具有某种周期性，对这种周期运动形态的刻画，及其性质和原因的思考和解释，形成了早期的经济周期理论。此后，随着经济发展和人类社会的不断进步，经济周期并没有消失，而是以各种形态反复出现，为经济周期理论家提供了丰富的研究素材，而经济周期理论也逐渐发展成为现代经济学中最璀璨夺目的部分。

理解经济周期，需要从事实、理论和政策三个维度入手，这是本章第一节的内容。第二节从研究范式转换的角度出发，提供一个简明的经济周期理论史。第三节是对真实经济周期（Real Business Cycle，RBC）理论的方法论评介，该理论的主要方法即动态随机一般均衡（Dynamic Stochastic General Equilibrium，DSGE），最为当前的主流宏观经济学所倚重，而本书第五章的内容也是在 RBC 理论的框架下进行的。第四节是对新开放经济宏观经济学（New Open Economy Macroeconomics，NOEM）的述评。在经济全球化的今天，该理论是用当下最主流的理论方法（DSGE），来思考和解释当前最重要的全球经济问题，可以说是当前经济周期研究的最前沿。

第一节　理解经济周期的三个维度

正如上一章的方法论探讨所揭示的，经济周期研究很大程度上是要把事实和理论联系起来。理论是用来解释事实的，或者说，理论要接受事实的检验。很多宏观经济学教科书都会以宏观经济事实开篇，然后再展开理论。然而，理论的作用也并不限于解释事实，更重要的是，它会影响宏观经济政策制定。很多经济学家都认为，宏观经济政策是遏制或者熨平经济周期的有效手段。因此，事实、理论和政策相互交织、相互影响，是理解经济周期的三个重要维度。

一 经济周期事实

1. 轶闻、数据和特征事实

一个世纪前，人们了解经济状况大体只能借助于偶然观察。比如，购物时了解物价的涨落，找工作时了解就业状况，甚至街谈巷议、道听途说，等等。当然，这也是现代人了解经济状况的一个途径，可以统称为轶闻。不过，在现代社会，人们还有另外一个途径，即统计数据，比如，GDP、CPI、失业率和国际收支差额，等等。轶闻的缺点是零散不成系统，而且往往互相矛盾，对人们的经济决策而言价值不高。统计数据很大程度上是对轶闻的加总和平均，可以比较准确地反映总体经济状况。Mankiw（2007）对二者关系的总结非常形象："诚如一个古老的俏皮话所言，'轶闻'的复数是'数据'。"

图 3 - 1 和图 3 - 2 提供了两个宏观经济数据的例子。图 3 - 1 是以2010 年不变价表示的我国 1952—2013 年人均 GDP。我国 1952 年的人均 GDP 只有 730 元，到 1979 年增加到 2165 元，大致增长了 2 倍，年均复合增长率为 4.11%；到 2013 年已经达到 37476 元，相较于 1952 年增长了约50 倍，年均复合增长率为 6.67%；2013 年相较于 1979 年则增长了约 16 倍，年均复合增长率高达 8.75%。图3 - 2 是用消费价格指数（CPI）表示的我国 1978—2013 年的通货膨胀率。改革开放以来我国一共发生过 6 次通货膨胀，分别在 1980 年（7.5%）、1985 年（9.3%）、1988 年（18.8%）、1994 年（24.1%）、2008 年（5.9%）和 2011 年（5.4%）。1997年之后，我国的通货膨胀一直处在相对温和的水平。显然，如果没有系统完备的时间序列数据，只用语言和少量数字很难精准传达同样的信息。这是数据相较于轶闻的突出优点。

数据是现代宏观经济分析的基本素材和起点。翻开任何一份宏观报告，一般都会包含大量图表和数字，它们已经成为最重要的宏观经济事实。另外一个现象是，重要宏观经济数据的发布会对经济运行产生影响。

也就是说，经济主体的行为和决策会依据这些数据的变化而变化。根据收集到的外界信息调整自身行为，这是生物体的基本生存模式，也是市场经济的题中应有之义。但是，宏观经济数据要比一般的外界信息复杂，经济主体对宏观数据做出反应，意味着其行为模式是以某种经验规律甚至经济理论为支撑的。这一点相当重要，因为它指明了经济研究的意义和力量之所在。

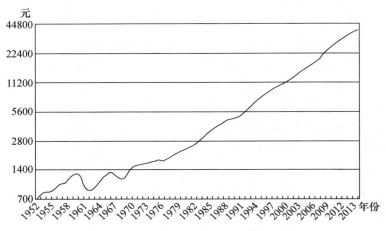

图 3 - 1　我国的人均 GDP（1952—2013 年）

（2010 年价格，对数刻度）

资料来源：国家统计局。

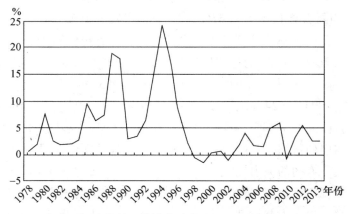

图 3 - 2　我国的通货膨胀（CPI）（1978—2013 年）

资料来源：国家统计局。

在经济研究中，经验规律和理论是有区别的。前者是从经济事实中归纳而来，后者则更多来自理性直觉和启示，具有形而上的色彩。经济学家将某些经验规律也称作事实，即特征事实（stylized facts）。特征事实是指利用特定技术对统计数据进行提炼和对比，从而发现的具有一定普遍性的经验规律。比如，Kaldor（1961）提出的关于经济增长的"卡尔多事实"，对经济增长理论产生了深远影响。同时，他也是"特征事实"一词的首创者。此后，宏观经济有关特征事实的研究不胜枚举。特征事实的一个重要特点是，它只是事实，并不提供关于现实的任何解释；相反，它本身需要经济理论来解释。因此，特征事实的获取一般都有标准程序，并且不能有目的地在此过程中引入任何经济理论。正如 Kydland 和 Prescott（1990）所强调的，"这些事实不是任何东西的估计和度量；其获取不能事先假设时间序列是由某种特殊的概率模型所产生"。

Stock 和 Watson（1999）关于美国经济周期波动特征事实的研究被广为引用，下面从中撷取几个例子。他们研究发现，美国的价格水平是领先的逆周期变量，通货膨胀率则是滞后的顺周期变量；美国的货币供给（M2）是温和的顺周期变量，不过，这一顺周期有阶段性，即在 1959—1979 年 M2 和实际 GDP 波动成分的相关系数高达 0.6，而在 1980—1996 年则只有 -0.1；主要发达国家和美国的经济周期密切关联，加拿大尤甚。汤铎铎（2007）和本书第五章全面研究了新中国成立以来我国经济周期波动的特征事实，并对传统体制下和改革开放后做了比较。研究发现，在传统体制下我国价格水平和通货膨胀均为逆周期，改革开放后则均变为顺周期；在传统体制下货币供给是非周期变量，改革开放后则变为顺周期变量；传统体制下我国的经济周期与欧美无关，改革开放后则开始有部分同步。

第二章将经济周期波动事实分为三个层次：描述性事实、统计事实和特征事实。显然，描述性事实对应于轶闻，统计事实则对应于数据。无论从历史还是逻辑的角度看，这三个层次的事实都有递进关系。后者是对前者的综合和精炼，具有更高的科学性，反映了经济思想和经济理论的发展和进步。然而，这三个层次的事实又是互相补充、不可或缺的。现实经济纷繁复杂，零散的逸闻中往往蕴含着有价值的非量化信息。数据和特征事实的关系有点像原材料和制成品，原材料本身是有各种可能性的。因此，数据并不能代替轶闻，特征事实也不能代替数据。

最后，不管是轶闻、数据还是特征事实，其客观性都会遭受质疑。由于个体性和偶然性，轶闻遭受质疑并不奇怪。在我国，宏观经济数据遭受质疑的例子也并不鲜见。至于特征事实，首先，不同时期不同经济体的特征事实可能会不同，这就影响了其一般性；其次，有时不同的方法会导致不同的特征事实。

2. 趋势复归和随机游走

在分析问题时区分长期因素和短期因素，是宏观经济研究的传统智慧。把宏观经济变量分解为长期经济增长和短期经济周期波动，是宏观经济学家的一个惯常方法。长期成分被纳入经济增长理论的范畴，主要由资本积累、劳动力和人口增长以及技术进步等因素决定。短期波动则属于经济周期理论的范畴，其历史要更加久远，争议似乎也更多。在数据频度较高的情况下（比如季度数据或月度数据），这种分解可以更加细化，除了长期趋势和周期波动，还会包括季节性成分和不规则扰动。理论上，一个时间序列的任何频段（比如 6—32 季度、8—30 年）都可以用频率选择滤波器分解出来（Baxter and King，1999）。

图 3 - 3 是利用最常用的 HP 滤波方法对我国实际 GDP 序列进行分解的结果。从长期趋势看，1952 年至 2013 年，我国经济在 61 年间增长了约 123 倍，年均复合增长率为 8.21%。其中，1952 年至 1979 年增长了约 5 倍，年均复合增长率为 6.2%；1979 年至 2013 年增长了约 24 倍，年均复合增长率高达 9.83%。从周期波动看，首先，我国改革开放前后经济周期波动的波幅变化很大，具体而言，1979 年前该序列的方差是其后的 4 倍；其次，改革开放前后波动成分的持续性也有变化，1979 年后该序列具有更高的自相关系数，即具有更高的持续性；最后，改革开放后 GDP 和其他序列的协动关系也发生了很大变化，当然，这一点在图 3 - 3 无法显示。总之，诚如汤铎铎（2007）所指出的，"新中国成立以来中国经济周期波动的最大'特征事实'就是特征事实的几乎所有方面在改革开放后都发生了重大变化"。

对宏观经济时间序列表现出的周期波动特征，存在两种截然不同的理解（Blanchard and Fischer，1987）。传统观点认为，长期潜在增长水平的变化平滑而稳定，主要受永久性冲击的影响，比如技术进步和劳动力供给变化。周期波动是对这一长期趋势的扰动，主要原因是暂时性冲击，比如政府支出的暂时增加和货币政策变化。因此，宏观经济时间序列可以表示为一个确定性（deterministic）时间趋势和一个余项之和，前者是非平稳的（non - stationary），后者则是平稳的（stationary）。由于作为周期波动成分的余项是暂时的和平稳的，所以整个序列有向长期趋势复归的倾向。

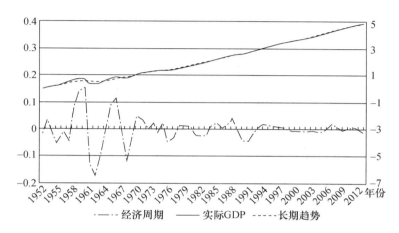

图 3 - 3　我国实际 GDP 的趋势和周期

分解（HP 滤波，Lambda = 6.25）（1952—2013 年）

资料来源：国家统计局。

　　Nelson 和 Plosser（1982）的研究向传统观点发起挑战。他们发现，美国宏观经济的历史数据无法拒绝这一假设，即这些时间序列是非平稳的随机过程，并没有向某个时间趋势复归的倾向。用现代时间序列分析的术语来说，这些序列可以用带漂移项的随机游走进行刻画，是一个单位根（unit root）过程。对这一过程而言，任何冲击都会有持久的效应，序列的行为像醉汉的脚步，不会向任何趋势线复归。如此，观察到的周期波动应该更多来自生产率等持久冲击，长期潜在增长水平本身并不平滑，实际增长很多时候就在潜在水平上。

　　这一分歧对宏观经济理论和政策影响深远。如果宏观时间序列是趋势平稳的，那么宏观经济理论应该将波动的原因放在短期因素上，而宏观经济政策在熨平周期上也可以有所作为。相反，如果宏观时间序列是差分平稳的，那么理论更应该关注长期因素，此时周期波动很大程度上是潜在增长水平本身的调整，宏观政策的空间将非常有限。同许多争论一样，真理应该在中间的某个地方。我们所观察到的所谓经济周期波动，既有长期潜在产出的变化，也有围绕潜在产出的短期扰动。这也是让政策制定者最头疼的问题，无论面对扩张还是衰退，都需要先搞清楚其原因是长期因素还是短期扰动。

3. 存量和流量

宏观经济数据大致可以分为两类：一类有关数量，如资本、货币、产量等；另一类有关价格，如物价、利率、汇率等。数量指标又可以分为两类，即存量和流量。简言之，存量是某个时点上的数量，而流量则是某个时段内的数量。最经典的例子是向浴盆里放水。某个时点浴盆里的水是存量，而某段时间内水龙头放出的水则是流量。

宏观经济研究中最重要的流量指标无疑是 GDP，它衡量一个经济体在某段时间内生产的商品和劳务的总和。宏观经济中最重要的存量指标应该是资本和财富。作为重要的生产要素，资本在现代宏观经济研究中举足轻重。无论是在增长理论中还是经济周期理论中均是如此。资本是存量，与资本相对应的流量是投资。具体而言，本期资本等于上期资本加上投资再减去折旧。用公式可表示为：$K_{t+1} = K_t (1 - \delta) + I_t$，其中 K 是资本，I 是投资，δ 是折旧率。同样作为存量指标，财富（这里指财富总量）在宏观经济理论中出现的频率要小得多。与财富相对应的流量是储蓄。在国民经济核算框架下，储蓄等于投资加经常账户盈余（$S = I + CA$）。因此，一个国家增加财富有两个途径：一是增加投资，二是增加净出口和从外国获得的净收入（Williamson，2008）。

如果资本对应投资，财富对应储蓄，那么，把资本和财富等同起来就非常自然。Piketty（2014）在其畅销书中就把资本和财富当作同义词。不过，这一处理遭到了诸多误解和批评，其中包括宏观经济学泰斗 Solow（2014）。人们普遍认为，财富是比资本涵盖更广的范畴。所有资本都是财富，但是并不是所有财富都是资本，因为并不是所有财富都投入生产。如果回到一个多世纪前，我们就会惊奇地发现，人们关于财富和资本的普遍观念竟然如此相似，而且，同样也有经济学家在进行着将财富等同于资本的努力（Fisher，1896）。

现代宏观经济研究一定程度上存在重流量轻存量的倾向。首先，在国民经济核算中，GDP 及其组成部分占据着核心地位，其统计方法越来越完善，发布程序也越来越正式和规范。与此同时，资本和财富则处在非常边缘的位置。很少有官方机构的常规统计和正式发布，很多时候只是研究机构和学者的估算。所以，现代宏观统计主要是国民收入核算，缺少国民财富核算。其次，在宏观理论研究中，资本之所以重要，只是因为它是生产 GDP 的主要要素。资本在价值储藏和收入分配等方面的含义，以及其自身的构成和形态变化，并没有被充分研究和揭示，甚至连资本和财富的关系至今都是一本糊涂账。诚如 Prescott（1986）所言，理论是先于经济度量的。2007 年全球金融危机爆发后，已经有经济学家开始关注存量视角。比如利用资产负债表方法，全面考察一个经济体总体的资产、负债和财富。这是一个有希望的方向，相信随着理论的进展，国民财富核算也会有长足的进步。

二　经济周期理论

理解经济周期的第二个维度是经济周期理论，这当然也是最重要的一个维度。理论体现了研究者的灵感和创造力，是人类智慧的结晶。

1. 从凯恩斯革命到新新古典综合

现代经济周期理论的起点是 20 世纪 30 年代开始的凯恩斯革命（Keynes，1936），其核心要义是市场无法通过自我调整摆脱萧条，需要政府采取扩张性的财政政策。这是对此前自由放任气氛浓厚的传统经济学的一次革命，当然，1929 年到 1933 年的大萧条对革命的成功至关重要。在经过精巧的形式化（Hicks，1937）和一些经验研究的补充（如 Phillips，1958）之后，凯恩斯主义迅速占据了宏观经济学的主流。然而，传统理论中的很多资源是无法摒弃的，比如边际分析和一般均衡。于是，在凯恩斯主义的全盛期出现了所谓新古典综合（neoclassical synthesis）（Samuelson，1955）。这是一个内在联系相对薄弱的拼盘。简言之，传统理论和凯恩斯经济学分工如下：一般均衡等理论资源用来解释长期和微观问题，凯恩斯理论用来解释短期和宏观问题。

凯恩斯主义经济学在 20 世纪 50—70 年代遭遇了两场革命，即货币主义革命和理性预期革命。凯恩斯主义宏观经济学很大程度上忽视了货币的作用，货币主义者在强调货币重要性（Friedman and Swartz，1963）的同时，也小心翼翼地划定了货币政策的界限（Friedman，1968）。货币主义革命对政府稳定政策提出了质疑，但却并未真正挑战凯恩斯主义宏观经济学的基本理论框架，这一任务最终由理性预期革命完成。理性预期革命以及此后形成的新古典宏观经济学，要求建立拥有选择性微观基础和市场迅速出清的均衡经济周期理论，并且批评凯恩斯主义的总量计量模型设定是不恰当的（Lucas，1976；Lucas and Sargent，1978）。这两场革命和 20 世纪 70 年代的滞胀让凯恩斯主义宏观经济学走下前台，自由放任重占上风。

80 年代出现的是真实经济周期（Real Business Cycle，RBC）理论和新凯恩斯主义宏观经济学的对垒。RBC 理论家是新古典宏观经济学建模策略的忠实践行者，其理论框架被称为动态随机一般均衡（Dynamic Stochastic General Equilibrium，DSGE）模型，其结论也具有更强的颠覆性（Kydland and Prescott，1982；King and Plosser，1984）。比如，该理论的最早版本认为，经济周期波动是理性经济主体行为最大化的结果，代表市场均衡和帕累托最优，失业是人们自愿选择的结果。因此，政府稳定政策只能是新的扰动之源，完全没有必要。新凯恩斯主义宏观经济学承认传统凯恩斯主义的理论缺陷，但是也并不完全接受新古典宏观经济学和 RBC 理论的理想世界。新凯恩斯主义者将价格和工资刚性、不完全竞争和协调失败等因素引入宏观经济模型，指出市场并非完美，政府稳定政策也确实有用武之地（Mankiw and Romer，1991）。20 世纪末，RBC 理论和新凯恩斯主义宏观经济学出现融合，形成所谓新新古典综合（New Neoclassical Synthesis，NNS）框架（Goodfriend and King，1997）。新新古典综合以 RBC 的基本方法（即 DSGE）为基础，引入不完全竞争和名义刚性等更贴近现实的凯恩斯主义元素，而这些元素在新凯恩斯主义者的工作中已经获得了很好的理解和技术处理。

上面的理论简史可以总结为三点：首先，现代宏观经济理论有些像是由革命和综合串联起来的主义和学派链条；其次，其发展的内在张力来自经济思想中的最基本对立：自由放任和政府干预；最后，每次关键转折都有重大经济历史事件的背景和影响。

任何宏观经济理论发展简史都难逃 Hoover（2012）的嘲讽。因为简史必定要去掉很多枝蔓，而这往往就意味着误导和错误。在充满争议的宏观经济学领域更是如此。因此，毫不夸张地说，上面的论述几乎每一处都有可能存在争议。好在可以参考的版本极多，Woodford（1999）的处理体现了大家风范，Snowdon 和 Vane（2004）的论述很详细，适合初学者。

2. 三次重大范式转换

从凯恩斯革命算起，宏观经济学只有不到 80 年的历史。可是，如果追溯到经济周期理论的源头，宏观经济学至少已经经历了 200 年的发展。
19 世纪的百年是思想的时代，所有重要思想几乎都出现了。20 世纪则是
方法的时代，发生了三次重大的范式转换：第一次是初步的数学化和形式
化，第二次是大型宏观计量经济模型，第三次则是 RBC 理论发展出来的
DSGE 模型（汤铎铎，2008）。

　　第一次范式转换和凯恩斯革命几乎同时发生，不过，凯恩斯对此并没
有多少贡献。理论研究方面值得一提的是 Frisch（1933）和 Samuelson
（1939）。前者刻画了一个宏观总量层面上的经济循环流转图，并清晰区
分了经济周期的传导机制和冲击机制。后者的乘数—加速数模型是一个简
单而精致的内生动态经济周期模型。在经验研究方面需要提及的是 Mitch-
ell（1913，1927）和 Slutzky（1937）。前者有关经济周期的卓越经验研究
无人能及，后者则被看作是随机过程和时间序列分析的创始人之一。总
之，这一时期"在理论研究方面，动态分析得到应用，在有些经济学家
看来，理论分析就是建立数学模型；在经验研究方面，统计资料更加丰富
和翔实，时间序列分析技术也有了长足发展"（汤铎铎，2008）。

　　第二次范式转换的标志是大型宏观经济计量模型的出现。这一转向的
最后完成得益于两方面的发展：一是新古典综合派对凯恩斯《通论》的
主流解释，二是计量经济学的发展。Klein 和 Goldberger（1955）的模型很
有代表性。Adelman 和 Adelman（1959）给该模型加入随机外部冲击，然
后用计算机进行了模拟，发现模拟数据在经济周期波动特征方面与美国现
实数据基本一致。这就为理论研究设立了一个新的标准，即理论应该提供
清晰设定的完备模型经济，模型经济的模拟结果在各重要方面要与现实经
济相一致。虽然在新古典主义者看来，凯恩斯革命是一段并不愉快的插
曲，但是，他们也不得不承认宏观经济计量模型在很大程度上改变了
"理论"一词的含义（Lucas，1977）。

　　最近的一次范式转换肇始于 20 世纪 70 年代的理性预期革命，完成于
20 世纪 80 年代的 RBC 理论。RBC 理论起初的那些颠覆性见解最终几乎
全部被颠覆，但是其建立的 DSGE 方法却完全控制了大学的宏观经济学课
堂。正如 Prescott（2004）所强调的，"实际上，'宏观经济学'一词的含
义已经变为指称所用的研究工具，而不是仅仅指经济周期波动研究本
身"。理论家从恼人的理解现实和指导政策中抽身而出，专心致力于提供
分析工具。这一趋向大家始料未及，也许为下一次的革命和转向埋下了伏

笔。Lucas（1980）的理想是："理论经济学的功能之一，就是提供一个完全清晰设定的人工经济体系，该体系可以作为一个实验室，在非常低的成本下检验各种经济政策的效果，由于代价过高，这种实验无法在现实经济中实施。"DSGE 模型显然就是按照 Lucas 的要求量身定做的，其倡导者最为得意的事情也许就是，"作为现代宏观经济分析赖以进行的实验室，DSGE 方法牢固地建立了其地位"（King and Rebelo，2000）。在和新凯恩斯主义达成某种程度的和解，最终形成新新古典综合框架后，其统治力和影响力达到空前的高度。这一时期在经验研究方面需要提及的时间序列分析技术的长足进展，Sims（1980）的向量自回归（Vector Autoregression，VAR）模型和 Engel 与 Granger（1987）的协整和误差修正（co - integration and error correction）模型最有代表性。

3. 新的革命和范式转换？

长期占据宏观经济学主流的位置，DSGE 方法（包括新新古典综合）一直面临各种批评。2008 年全球金融危机爆发后，批评更是出现井喷的趋势。一方面，此前的批评者开始了新一轮的攻击；另一方面，以前的中立者和沉默者也都有了充分的理由加入声讨者队伍。确实，此次经济危机也是经济理论的危机（Kirman，2010）。危机不但在经济领域蔓延，它也进入了经济学领域，宏观经济学受害尤甚。

Colander 等（2008）呼吁超越 DSGE 模型，建立基于经验主义的宏观经济学。他们是 DSGE 模型的坚定批评者，火力一直集中在其最薄弱的环节——典型经济主体（representative agent）假设和加总问题。DSGE 采用典型经济主体假设，即所有家庭可以用一个典型家庭代表（效用函数），所有厂商可以用一个典型厂商代表（生产函数）。这样就可以在一个简化模型中处理优化问题，而优化的最终结果可以直接推广为总量结果。现实世界中的家庭和厂商明显存在很大差异，无视这些差异在直觉上多少令人不安。不过，这还不是主要问题。经济生活的一个最重要特征是个体之间的相互作用，这种处理实际上是简单规定了作用模式，完全取消了这些相互作用的复杂性。因此，DSGE 所谓坚实的微观基础并不牢靠，充其量只是微观经济学基础。

Buiter（2009）从金融角度指出主流宏观经济学有三大缺陷：第一，完全市场范式将拖欠、破产和无力偿还（illiquidity）等情况排除在研究之外；第二，有效市场假设假定存在一个全能的最后拍卖人，从而将数学规划的练习结果和分散市场的竞争均衡混为一谈；第三，对模型进行线性化操作抹杀了经济的不确定性和复杂性。他认为，目前的宏观经济研究主要为主流范式的内在逻辑和审美难题所推动，而不是为理解现实经济如何运行的强烈愿望所推动，整个研究把人们最感兴趣的许多事情都排除在外了。主流宏观经济学不但不能回答诸如无力偿还和非流动性之类的问题，而且无法正确地提出此类问题。

Caballero（2010）坦言，他并不在意宏观经济学未能预测本次危机，因为危机本质上是不可预测的。他真正在意的是忝居主流的 DSGE 方法越来越陷入自身逻辑，混淆了模型经济和现实经济。宏观经济学的基本困境在于，现实经济无比复杂而经济学家却向往量化和精确。于是，当 DSGE 理论家离理想目标越来越近的时候，却离理解现实越来越远。这就导致学院派宏观经济学家在自己的小圈子内自说自话，而把现实问题留给财经评论员和所谓政策讨论。在 Caballero 看来，主流宏观经济学的中心（即DSGE 模型和新新古典综合）已经无力整合其外围（如流动性消失、担保短缺、泡沫、危机、恐慌、火灾拍卖、风险转移、传染等），宏观经济学家需要抛开幻想，直面现实经济的复杂性。

就宏观经济学研究而言，目前的局面和 20 世纪 70 年代有些相似。首先，位居主流的都是一个综合框架，当时是新古典综合，目前是新新古典综合；其次，两个框架都统治日久，受到越来越多的批评；最后，都有重大经济事件发生，当时是滞胀（又称大通胀），目前是金融和经济危机（又称大衰退）。那么，宏观经济学是否已经到了革命和范式转换的关键时期？如果是，那么新的研究纲领将以何种面目出现？

对第一个问题，我们的回答是肯定的。经过 30 多年的发展，主流框架的创新和活力显然已经耗尽，变得封闭而僵化，无法提出新的问题、满足新的需要。正如大萧条催生了凯恩斯主义，大通胀成全了新古典宏观经济学一样，当下所谓大衰退为新范式的出现和被接纳创造了条件。前已述及，20 世纪宏观经济学有三次重大的范式转换，从时间上看，每次大致相隔 30 年，这一"周期性"似乎也要求出现新的研究纲领。

目前虽然还无法准确预见新的研究纲领将以何种面目出现，但是，我们可以根据已有发展做出几个简单判断。首先，既然是革命和范式转换，那就肯定不是简单的修修补补，而是另起炉灶；其次，鉴于近 30 年自由放任占据优势，新范式在思想倾向上会偏向于政府干预；再次，新范式不会凭空出现，而是会在以前的反对派和异端中孕育；最后，新范式应该更加贴近现实，直面宏观经济的复杂性，致力于解决最重要的现实宏观经济问题。

最后需要强调的是，绝非人人都在翘首企盼新的宏观经济学革命的到来，主流宏观经济学的拥趸仍大有人在。Woodford（2009）对宏观经济学的现状相对满意，认为大家在新新古典综合框架下形成很多共识，也对宏观经济政策产生了积极影响。Taylor（2010）则认为，大衰退的主要原因是政府偏离了宏观经济政策规则，主流宏观经济学不应该成为替罪羊。宏观经济的迷人之处在于未来的不确定性，宏观经济学也是。

三　宏观经济政策

研究表明，在西方社会宏观经济状况会影响选举结果（Snowden and Vane，2004）。1992 年，克林顿和在职总统老布什对决，"笨蛋，问题是经济"成为其最著名的选举口号，而刚刚赢得海湾战争的老布什最终败在了糟糕的经济表现上。其实，在任何国家，宏观经济不稳定都会是政府下台的重要原因。政府的宏观经济政策会对宏观经济产生巨大影响，政府应该为宏观经济稳定负责，这已经成为常识。

Romer 和 Romer（2002）研究表明，由于政策制定者对经济如何运行和政策如何发挥作用的信念发生了变化，美国的宏观经济政策在过去 50 年发生了很大变化。也就是说，虽然政策制定者的最终目标一致，但是如果其对经济运行方式的理解不同，就会导致不同的政策选择和不同的经济后果。那么，政策制定者的信念和理解来自何处？合理的回答当然应该是宏观经济理论。不过，关于理论研究究竟如何影响政策制定，即使是职业经济学家也意见不一。比如，Mankiw（2006）的理解更接近 Romer 和 Romer（2002），可能也更加符合普遍的期望，即理论的影响应该体现在政策制定者思考和分析问题的方法上。Chari 和 Kehoe（2006）则强调这一影响会以更加长期和迂回的方式体现，比如规则和制度的改变。

从思想和理论倾向看宏观经济政策，通常有两个问题需要关注（Mankiw，2007）。第一个问题是宏观经济政策应该积极还是消极。所谓积极政策，是指宏观经济政策要对外部冲击做出积极反应；而所谓消极政策，是指政府政策要相对保持稳定，不能随着外部冲击而轻易改变。政策制定者通常会遭到两方面的攻击。比如，论及 20 世纪 70 年代的滞胀，有人认为主要原因是此前的积极扩张政策；而论及最近的经济危机，有人认为主要原因是美联储对待资产价格上涨的态度过于消极，没有采取有效的抑制和应对。这两类批评源自对经济运行的不同理解。积极政策的倡导者通常认为经济本身是不稳定的，需要政府政策来熨平波动，让经济增长处于其潜在水平。消极政策的倡导者通常认为经济本身相对稳定，应该把政府政策限定在特定范围内，积极政策往往是扰动之源。这一争论没有简单的答案。政策制定者需要在二者之间找到某种平衡，过于偏向任何一方都有可能导致经济灾难。

第二个问题是宏观经济政策的实施应该依靠规则还是相机抉择（discretion）。政策规则是事先宣布的行为准则，经济遭遇冲击时政策制定者只需据此进行操作。政策规则通常来自经济理论或经验法则。相机抉择是指政策制定者有自由裁量权，经济遭遇冲击时可以一事一议，不受约束。规则并不一定与消极政策对应，相机抉择也不一定与积极政策对应。因为可以设计积极的政策规则，即规则会对外部冲击做出反应。当然，也有消极的相机抉择，即每次都选择不干预。

关于规则和相机抉择，最著名的讨论来自 Kydland 和 Prescott（1977）。他们的研究指出，政策制定者的信用要受制于时间不一致性。例如，政策制定者选择了一个能够最大化居民福利的"一揽子"政策清单，并宣布据此实施。如果居民相信政策制定者，并且政策制定者确实按承诺行事，则经济达到最优。然而，当政策制定者看到居民相信自己并按照自己的期望行事后，就会有激励去违背承诺而采取相机抉择的策略。也就是说，如果政策制定者获得了长期政策信用，就会有激励在短期采取机会主义行为以避免付出政策成本。这就是时间不一致性。可是，如果政策制定者在短期存在采取机会主义行为的可能，那么预见到这一切的理性居民在一开始就不会相信其承诺，即政策制定者无法获得长期信用。这就会导致两败俱伤的结果。所以，规则优于相机抉择，长期的政策信用也要比短期的相机抉择自由更重要。同时，这一研究也使得政策讨论从控制论领域转入博弈论领域。

本轮经济危机在引发宏观经济学危机的同时，也对宏观经济政策提出了新的挑战。Blanchard 等（2010）指出，在危机前西方国家的宏观经济政策实践形成了一些简单共识：货币政策是最重要的宏观政策工具，财政政策和金融监管不是效果有限就是无关紧要；货币政策的主要工具是利率，主要目标是通货膨胀。然而，危机后人们却发现：通胀只是必要条件，而并非充分条件；而且，由于存在零名义利率约束，低通胀会限制货币政策在衰退中的使用；反周期的财政政策和金融监管都是重要的宏观经济政策工具。这一政策反思过程仍在继续，虽然已经有了一些简单共识，但是未来的总体政策轮廓并不清晰。

本轮经济危机再次提醒我们，我们拥有的宏观经济学知识是多么有限。在讨论宏观经济时，人们经常会使用很多隐喻。Hoover（2012）甚至以两个主要隐喻为线索梳理了宏观经济学发展史。比如，政策药方的说法是把宏观经济比作有机体，踩刹车的说法是把宏观经济比作汽车或机械。比喻是为了简化，让听众更加容易理解。宏观经济要比有机体和机械复杂得多，而我们的宏观经济知识也要比另外两个领域的知识少得多。所以，宏观经济的决策的实施是在有关知识非常有限的条件下进行的，所有聪明的政策制定者必须牢记这一点。

第二节　经济周期理论发展简史

本节将提供一个经济周期理论[①]的发展简史。真正意义上的经济周期理论研究肇始于19世纪。虽然经济周期波动现象的出现要早得多，但是此前的研究多是关注于具体事件的描述，而没有进行一般化的理论探索。对此，米契尔和熊彼特都有明确论述。米契尔（1962）认为，"人们认真地说明商业危机和不景气现象，开始于拿破仑战争[②]以后继续发生的商业大变动中"，虽然此前一百多年也多次出现商业危机和不景气，"但是，18世纪作家们，大抵只说到引人注目的事件，而对于这种事件的基本原

---

①　"理论"一词的含义有三个层次。在上一章中，我们所说的理论是狭义的，它和经验研究的结果相对。经验研究的结果可以称为规律，理论可以看作是对经验规律的解释。例如，在这个意义上，菲利普斯曲线和奥肯定律都不是理论，只是经验规律，而IS－LM模型和AD－AS模型则是理论。从本节的研究中可以看到，这个含义上的理论的标准也不是绝对的，而是不断发展变化的。广义上的理论则包含了狭义上的理论和经验规律，本节所讨论的"经济周期理论发展简史"所说的理论就是广义上的，像菲利普斯曲线和奥肯定律这样的经验规律也在讨论范围内。在日常生活中，人们所说的理论的含义则更加宽泛，有时是很不严格的，可以看作"理论"一词的第三个层次的含义。在本书的论述中我们有时在狭义上使用"理论"一词，有时则是在广义上，由于对照上下文其含义比较清楚，我们没有一一注明。

②　拿破仑战争开始于1799年，结束于1815年。

因，却没有做出深刻的说明"。熊彼特（1991b）也持大致相同的观点，他认为，虽然在 18 世纪也发生了同样具有规则性的崩溃，但是并没有获得深入研究——"没有人将其同战争或其他外部扰乱的影响清楚地区分开来，没有人从其看出有比偶然的灾祸或狂乱、错误或失策所造的结果更多的东西"。

一　19 世纪的百年：历史性和因果性的说明

在经济周期理论研究产生至今的两个世纪中，第一个百年可以说是一个思想繁杂的时代。由于问题刚被真正认识到，还处于"原初"状态，大多数研究的努力方向都是用一个或几个原因解释经济周期波动现象，并简单阐明其内在的传导机制。这些研究大多是用文字叙述的形式进行的，偶尔会涉及一些粗糙的统计数据和简单的计量技巧。这些研究的数量庞大，内容和思想繁杂，以至于令 20 世纪初的研究者多少有些手足无措。哈伯勒的名著《繁荣与萧条》总结的大致就是这一时期的研究成果，从其目录和开篇就可以清晰窥见这一时期研究的特点。哈伯勒（1963）的总结是以周期的原因分类的，各章的标题被冠以"纯货币理论"、"投资过度论"、"消费不足论"、"心理理论"、"收获论"等，在各章之下又有一些细小的分类，可以说是面面俱到。米契尔（1962）在其著作《商业循环问题及其调整》①的第一章也综述了大致是这一时期的研究成果，也基本按照原因进行分类，他又把各种原因归为三大类：自然现象方面、情绪方面和制度方面。虽然米契尔的讨论要简短得多，但是，他的讨论却比哈伯勒更富有洞见，在各种问题上有着更精准的把握和更深刻的认识。

第一个百年的成果肯定够不上精致和完满，但是却异常丰富，以至于熊彼特（1991b）可以很有把握地说，与经济周期有关的重要思想在 1914

---

① 这个译名不能令人满意。英文原文是 Business Cycle：The Problem and Its Setting，Setting 译为"背景"或者"框架"或许更为贴切。Business Cycle 现在都译为"经济周期"，但我们在引文中还是忠于原译，仍作"商业循环"，不做改动。另外，虽然有不能令人满意之处，整个译本的质量当属上乘。

年之前都已经出现了，后来的 30 年只是统计资料的堆砌和研究技术的改进。① 这种情况在一定程度上困扰了米契尔，他深谙理论和事实的关系，主张在研究事实之前要先考察理论成果，以理论来指导经验研究。在详细总结了前人理论后，米契尔发现，"可是，我们这样做似乎不是很成功的，因为，我们发现了商业循环牵涉到那么多的问题而且收集了那么多关于商业循环的说明，以致所得到的材料，不能说明问题，反而把问题弄得更复杂"。能充分认识到经济周期波动现象的复杂性和各种理论的复杂性，并最终在经验研究中抱着小心翼翼的态度，这是米契尔的可贵之处之一。另外，米契尔还充分认识到了统计资料和计量技术的重要性，并深刻讨论了历史和理论②、因果性说明和分析性说明③的关系。19 世纪的研究大体可以说成是历史性和因果性的说明，而此后则逐步转向理论性和分析性的研究。

从哈伯勒和米契尔的综述可以看出，这一时期的研究虽然非常繁杂，但在研究方法上却极其相似，大都是"在作了极简单的论述以后，他们就转入危机原因的讨论，而且在论述中引证实例。因此，他们的讨论进行得相当坦率，这种做法我们只能羡慕，却是无法聪明地仿效的"（米契尔，1962）。20 世纪初的经济周期理论家们已经无法停留在这种层面的讨论中，也已经不能满足于这种层面的讨论了，他们开始从理论研究和经验研究两个方面寻求突破。

另外需要提及的是，在整个 19 世纪，经济周期理论在经济理论研究中处于边缘地位，经济学家们把经济周期波动和经济危机看作是次要的问题，是对"正常状态"的一种偶然偏离。正如米契尔（1962）所说，把周期现象放在突出地位的"主要是批评家们，这些批评家，不但批评正统派经济学，而且批评现代社会"。

---

① 熊彼特（1991b）的原话是这样的，"所有关于商业循环分析的重要事实与思想，到 1914 年都已出现了：以后三十年固然产生了大批统计材料和历史材料，产生了许多新的统计技术和理论技术；它们澄清和详细阐述了一些问题，从而把这个题目发展成为经济学的一个分支，得到了大家的公认；但是，它们没有增添任何截至 1914 年人们所不知道的原理或事实"。

② 理论是一般的，要求有普适性；历史是特殊的，掺杂着偶然性。理论研究要求对历史有明晰的认识和把握，并力图从中抽象出那些一般的普适的规律。

③ "任何一个问题的理论，在内容上越来越完整，在形式上越来越数学化，那么它就会越少求助于因果关系。就商业循环学说来说，从因果关系的说明到分析性说明的转变，是由于大量地使用统计资料和统计方法而促成的"（米契尔，1962）。

二　20世纪初叶：动态分析和时间序列分析

与19世纪相比，20世纪初叶的经济周期波动研究在方法上有了很大突破。在理论研究方面，动态分析得到应用，在有些经济学家看来，理论分析就是建立数学模型；在经验研究方面，统计资料更加丰富和翔实，时间序列分析技术也有了长足发展。

这一时期理论研究方面比较有代表性的成果是 Ragnar Frisch 和 Paul A. Samuelson① 的研究。Samuelson（1939）的乘数—加速数模型通过教科书获得了广泛传播，他构造了一个简单而精致的动态内生经济周期模型，最后是讨论一个二阶差分方程问题。然而，对后来的研究影响较大的还是 Frisch 的研究。Frisch（1933）刻画了一个宏观总量层面上的经济循环流转图，并清晰区分了经济周期的传导机制②和冲击机制③，当然，他的讨论具有明显的比喻性质。这种理论上的数学化倾向引起了一些经济学家的

---

①　即萨缪尔森。本书根据参考文献种类选择人名的表述，如果是译著则使用中文译名，如果是英文文献则一般使用英文名。

②　经济周期的传导机制问题其实就是经济体系的动态演化问题，即经济体如何从一个状态演变为下一个状态。传统的瓦尔拉斯一般均衡模型是静态分析，只考虑同一时点上各个变量之间的关系；因此，它只能告诉人们在一定条件下经济体将会稳定于何种状态，而不能说明经济体如何到达该状态；进一步地，在条件改变的情况下，经济体又如何从当前状态调整到下一个状态。然而，经济周期波动的传导机制关心的正是这些问题。从数学上来看，动态经济问题把经济变量作为时间的函数，考察这些变量如何随着时间的变化而变化，最终其实是求解一个微分方程或者差分方程系统。在 Frisch 的时代，经济学对动态问题的处理还处于比较朦胧的阶段，而在这方面物理学已经发展出了相对比较成熟的方法。因此，在对经济体系做了大量讨论之后，Frisch 转而描述了一个钟摆的运动，通过将其与经济周期现象进行类比，试图说明经济体面对外部冲击时将产生人们观察到的波动形态。在物理学上，钟摆的运动可以用一个二阶微分方程来刻画，其解可以表示为一个自然对数底的指数函数和一个正弦函数的乘积。对于经济周期理论家来说，出现正弦函数是求之不得的事情。

③　经济周期的冲击机制问题就是关于外部冲击的问题：这些外部冲击是什么？它们以何种方式作用于经济？为此，Frisch 借鉴了熊彼特的创新理论，把外来冲击主要归于那些不断累积的新思想和新发明。然后，他精心构筑了一个钟摆系统。我们知道，在没有外力作用的情况下，由于系统本身的摩擦力和空气阻力，钟摆的振幅会越来越小，最后会静止于垂直位置，呈现为一种衰减振荡。因此，如何给这个系统提供动力，以克服摩擦力和空气阻力造成的衰减就是一个问题。Frisch 假设钟摆上方有一个盛水的容器，容器里的水通过导管流出，持续地为钟摆的运动提供动力。容器里的水永远不会流光，因为有一个持续的水流不断地往容器中加水。这样，水流不断地对系统产生冲击，导致系统做出有规律的持续运动。这里的钟摆系统当然就是经济系统，持续的水流就是熊彼特意义上的新思想和新发明。不断累积的新思想和新发明一旦进入经济体系，就会产生巨大影响，它不但是经济发展的动力，也是经济波动的能量源泉。

疑虑，熊彼特（1991b）就曾调侃道："人们有时会得到这样一种印象：只有两种类型的经济学家，一类经济学家不知差分方程为何物；另一类经济学家除了差分方程外，一无所知。"

经验研究方面除了米契尔的贡献而外，Eugen Slutzky 的一篇文章也有必要提及。米契尔在 20 世纪初叶经济周期理论研究中的地位，无论如何强调都不过分。他的贡献主要集中在两个方面：第一，他从方法论上无比清晰地阐明了经济周期理论研究的关键所在，在理性主义和经验主义的张力下寻找到了一个合适的切入点；第二，他在经济周期的经验研究方面做了大量卓越工作。《新帕尔格雷夫经济学大词典》关于米契尔的词条，有两段值得引用：他"对经济理论的主要贡献是间接的——在他的整个研究生涯中，他强调假设的发展同检验假设与事实是否一致这两者之间需有密切的相互作用，他就是通过这种强调做出贡献的"；"他的远大目标之一是，建立一个与他煞费苦心观察和记录的周期经验事实相一致的一般经济周期理论"。然而，米契尔在一般理论方面的尝试并不成功，也许是因为思想史和经验事实的研究耗尽了他的灵感。Slutzky（1937）的文章最早在 1927 年以俄文发表，现在更多地被看作是一篇有关时间序列分析技术的文章，而不是有关经济周期波动的文章。Slutzky 发现，随机原因的加总可以产生周期序列，而这种人造的周期序列和现实的经济周期波动序列多少有相似的性质。用现代时间序列分析的语言来说，Slutzky 考察的是白噪声过程的移动平均，而在现代的研究中，任何一国 GDP 的波动成分都可以用一个低阶的 ARMA 过程模拟。Slutzky 很大程度上是一个数学家和统计学家，他的成果代表了当时统计研究的高峰，他也被认为是随机过程和时间序列分析的创始人之一。

与 19 世纪的边缘地位相比，到了 20 世纪初叶，经济周期理论作为一个重要课题真正进入了主流经济学。在深受瓦尔拉斯一般均衡理论影响的信奉自由市场经济的经济学家们看来，经济周期现象已经不能再用偶然的偏离来搪塞了，必须在现有的框架中给它找到一个合适的位置。哈耶克的想法代表了当时的普遍观点："把周期现象引入经济均衡理论体系仍是经济周期理论的关键问题，此二者是明显冲突的。这里的'均衡理论'当然是指关于所有经济数量的普遍依赖关系的现代理论，它由理论经济学的洛桑学派很完美地表达出来了。"（Lucas，1977）

三 凯恩斯革命：两个 Adelman 的标准

在 18 世纪的经济学家当中，亚当·斯密是最有影响力的；在 19 世纪的经济学家当中，马克思是最有影响力的；而在 20 世纪的经济学家当中，最有影响力的则无疑是凯恩斯。除了对现实经济政策制定的影响外，所谓"凯恩斯革命"无疑是现代宏观经济学发展中的一个重要转折点，有人甚至断言是凯恩斯创立了现代宏观经济学。

然而，在许多新古典经济周期理论家看来，至少在经济周期理论研究的发展过程中，凯恩斯革命是一段并不愉快的插曲。凯恩斯革命的一个主要后果是导致了经济周期理论研究的转向：从我们前面提到的哈耶克式的问题转向明显更简单的在一个时点上的产出决定问题。[①] 这种转向的最后形式，就是 20 世纪 50—60 年代在宏观经济学领域得到广泛应用的框架，被卢卡斯（Robert E. Lucas Jr.）称为"经济政策的理论"（the theory of economic policy）。[②] 这种转向的最后完成得益于两个理论传统，一是新古典综合派对凯恩斯《通论》的"正统"解释[③]；二是主要由丁伯根（Jan Tinbergen）发展起来的计量经济模型。

转向后形成的这一框架在理论探索方面的发展空间其实相当有限，用方法论的语言表述，就是说作为一个研究纲领，其"硬核"很容易受到攻击。经济学家在模型设定上能做的变动相对较少，而这些变动又要受到数据的可获得性和计量技术的可行性两方面的限制，这显然不利于理论创

---

① 在我们的阅读范围内，这一断言最早是由 Lucas（1977）提出的，后来获得了广泛的传播和引用。

② 对这个框架 Lucas（1976）有一个简明的描述。假设 y_t 是描述经济在时刻 t 的情况的状态变量向量，x_t 是外生的强制变量向量，ε_t 是独立同分布的随机变量向量。经济的动态学由下式刻画：

$$y_{t+1} = f(y_t,\ x_t,\ \varepsilon_t)$$

ε_t 的分布和 x_t 的即时行为为已知，方程 f 的形式是固定的但并不直接给定。经济学家的任务就是估计方程 f。为了应用方便，经济学家一般会把问题简化，最后估计一个参数向量 θ，这通过下式实现：

$$f(y,\ x,\ \varepsilon) \equiv F(y,\ x,\ \theta,\ \varepsilon)$$

其中方程 F 的形式是给定的。这其实是一个联立方程模型（simultaneous equations model），方程 F 的设定由凯恩斯主义理论完成，在已知 y 和 x 历史数据的条件下，参数 θ 的估计是一个计量技术问题。估计完成后，就可以用模型来预测经济政策的效果了。

③ 这种解释的标准形式就是至今仍然很流行的 IS – LM 和 AS – AD 框架。

新。最后，经济学家只能或者以增加变量和方程的数目取胜，或者以改进和发展计量技术取胜。

这一框架的最后崩溃源于经验和理论两方面的挑战。在经验方面受到挑战的是所谓"菲利普斯曲线"（Phillips Curve）关系，也就是整个框架的总供给方面。Phelps（1967）和 Friedman（1968）最早对这一关系提出质疑，而美国 20 世纪 70 年代的宏观经济现实恰好支持了他们的论点。在理论方面最强有力的挑战来自卢卡斯，这一工作后来被称为"卢卡斯批判"（Lucas Critique）。Phelps 和 Friedman 的研究可以说是攻击了整个研究纲领的"保护带"，通过在模型中引入预期因素，这一质疑得到了比较满意的解释。在整个过程中，经济学家们对菲利普斯曲线关系有了新的更深入的认识，而整个框架的合理性并没有受到实质性伤害。但是，"卢卡斯批判"却直接攻击了整个研究纲领的"内核"，他从理论上论证了模型中需要估计的参数本身是不稳定的，从而使整个框架的合理性受到强烈质疑。在卢卡斯的一系列研究之后，理性预期和选择性微观基础成为宏观经济模型的"标准配置"，从方法论的角度来看，这标志着新的研究纲领的诞生。从这个意义上来说，卢卡斯确实引领了一场"革命"。

在此期间，Irma Adelman 和 Frank L. Adelman 的一个研究值得一提。他们给 Klein – Goldberger 模型①加入了一个合理的随机外部冲击后，用计算机进行了模拟。他们发现，模拟所得的数据在经济周期波动方面与美国现实数据基本一致。利用 NBER 的经验研究方法，从周期的平均期间、扩张和收缩期的平均长度、波峰和波谷的位置等几个方面来看，模型经济与现实经济非常吻合（Adelman and Adelman，1959）。这个研究结果意义重大：它挖掘出了 Klein – Goldberger 模型在经济周期波动研究方面的意义，从而为该模型和整个研究框架提供了理论支持；它为理论研究设立了一个新的标准，即理论应该提供一个清晰设定的完备模型经济，模型经济的模拟结果在各重要方面要与现实经济相一致。

因此，如果说凯恩斯革命后发展起来的"经济政策的理论"框架在经济周期理论研究上没有任何贡献，这肯定是不客观的。在此框架下，短期的宏观经济分析和预测发展到了一个较高的水平，对宏观经济政策的制

---

① Klein – Goldberger 模型是凯恩斯主义宏观经济学研究纲领下的理论典范，由 L. R. Klein 和 A. S. Goldberger 发展起来，是一个有 25 个方程和内生变量的方程组系统。

定和实施产生了很大影响。另外，从方法论的角度来衡量，这一框架下的模型第一次符合了两个 Adelman 所提出的标准，正如卢卡斯所说，凯恩斯主义宏观经济模型在如此大的程度上改变了"理论"一词的含义，以至于那些老的经济周期理论根本就不能被视为真正的"理论"了（Lucas，1977）。

四　经济周期理论研究的复兴：RBC 研究纲领

到 20 世纪 80 年代，面对各方面的质疑和攻击，凯恩斯主义宏观经济学逐步转入蛰伏状态，而以卢卡斯为主要代表的新古典主义宏观经济学则迅速占领了理论阵地。作为新古典研究纲领的重要组成部分，RBC 理论很快就成为经济周期波动研究的主流方法。RBC 理论框架承接了 20 世纪 30 年代经济周期波动研究的理论进路，在一般均衡理论框架下处理经济周期波动问题，这正是哈耶克意义上的"关键问题"，古典的经济周期理论研究复兴了。①

在理论初创阶段，作为"有影响的少数"，RBC 理论家们以一系列富有冲击性的思想向占统治地位的传统观点发起了挑战。该理论的倡导者认为，首先，经济波动的主要驱动力是随机的技术冲击，名义变量和其他的总需求因素并不是关键性的，尤其重要的是，货币政策不会影响实际变量，甚至在短期货币也是中性的；其次，波动并不造成资源浪费和效率损失，宏观经济变量在任何时点上都是理性的经济主体行为最大化的结果，都代表均衡和帕累托最优，因此，失业是人们自愿选择的结果；最后，波动和增长是可以综合考虑的现象，它们应该用同一个理论框架来解释，而不是各自拥有不同的理论。即使现在来看，这些思想仍然相当有颠覆性，难怪当初著名的新凯恩斯主义经济学家 Summers（1986）惊呼："如果这些理论是正确的，那就意味着从凯恩斯革命以来发展起来的宏观经济学最好被扔进历史的垃圾箱里去。"面对来自各方面的批评，RBC 理论的倡导者努力捍卫自己的阵地，到 20 世纪 80 年代末，他们赢得了应有的地位。但是，从另一个方面来看，当时该理论仍相当弱小，以至于写一个 RBC

---

① 大型的凯恩斯主义宏观经济计量模型充满了等式，但它们并不是均衡模型。最关键的是这些模型都包含了某种形式的直接设定的名义或者实际刚性，从而市场并没有完全出清（Lucas，1977）。

理论的综述很难找到足够的材料，所以研究者勉强满足于阐述一个基本模型并预测未来的发展（King，Plosser and Rebelo，1988），并且，一个个人的讨论会就可以包括大多数 RBC 理论研究的参与者（King and Rebelo，2000）。

在 20 世纪 90 年代，RBC 理论经历了疯狂的发展。最直接的证据是论文数量的急剧增加，Zimmermann（1996）提供了 634 篇关于 RBC 理论的参考文献，打印出来有 55 页，这些文献中的绝大部分是在 1990—1996 年期间发表的。如果要在 90 年代末写一篇 RBC 理论的综述，那么主要问题肯定不是没有足够的材料，而是材料太多如何取舍了。随着论文数量的增加，研究者队伍不可避免地壮大了，人们看到了许多陌生的名字，这时如果要召开一个包括大多数 RBC 理论研究者的讨论会，会场一定不会是在某个人的家里。

90 年代最重要的两篇综述来自 Stadler（1994）、King 和 Rebelo（2000）。Stadler 的论文对 RBC 理论进行了全面而深入的介绍，虽然发表于 1994 年，但即使在今天看来仍毫不过时。该论文集中讨论了 RBC 理论面临的批评和几个重要的扩展，1994 年以后的大多数理论进展其实都被该文囊括。从这个角度来说，甚至可以认为该文是这个领域最好的综述，而在 1994 年后 RBC 理论并没有大的突破性进展。虽然 Stadler 相当谨慎地赞扬了 RBC 理论的成功，但是他没能预料到的是，在 20 世纪末竟然出现了以"复活真实经济周期"（Resuscitating Real Business Cycles）为标题的综述，无论如何，这都有些耸人听闻。在他们论文的开头，King 和 Rebelo 似乎描述了和标题矛盾的现象：在整个 90 年代 RBC 理论获得了惊人的发展，已经成为研究生课程不可或缺的内容，而且其方法似乎已经被认为是当前的正统宏观经济学了；另外，该理论的方法在货币经济学、国际经济学、公共财政、劳动经济学和资产定价等领域获得了广泛应用，作为现代宏观经济分析赖以进行的实验室，DSGE 方法牢固地建立了其地位（King and Rebelo，2000）。难道这样的一个理论还需要复活吗？

要回答这个问题，有必要提及下一节我们对 RBC 理论所做的方法论评介。如果把 RBC 理论看作一个研究纲领的话，那么 DSGE 方法就是该研究纲领的"硬核"，一些辅助假设则构成"保护带"，那些颠覆性的见解则是由此推出的对相关问题的解释和预测。目前的情况是，DSGE 方法如日中天，把它说成是当前的正统宏观经济学并无不妥。但是，那些原初的重要辅助假设与一些解释和预言却面临巨大挑战，尤其是技术冲击是经济周期波动的主要驱动力这一标志性假设，已经有人开始宣布它的死亡了（Francis and Ramey，2003）。基本的 RBC 模型一直面临经验检验上的批评，为了改善模型在各方面的表现，RBC 理论家进行了多方面的扩展，其本质其实就是修正和添加辅助假设。这些扩展削弱了那些原初的辅助假设，尤其是在模型中引入其他冲击和工资、价格黏性的时候。不过，很长时间以来，这些扩展充其量是部分承认了其他因素的重要性，而并没有放弃技术冲击的主导地位。但是到 20 世纪末，经济学家开始对这个标志性的辅助假设进行强有力的攻击，即质疑技术冲击在经济周期波动中的地位（Gali，1999；Shea，1998；Basu，Fernald and Kimball，1998）。King 和 Rebelo 是要复活的，其实是关于技术冲击的标志性假设。他们认为，"'索洛剩余'作为技术冲击的度量是有问题的，它仍是真实经济周期文献的阿基里斯之踵（the Achilles heel）"，但是他们仍然坚持技术冲击的核心地位，为此他们进行了两项重大改进：首先，引入劳动不可分和生产力利用（capacity utilization）；其次，重新度量技术冲击，关键是从"索洛剩余"中分离出劳动储藏和生产力利用的因素。经过这两方面的改进，模型的表现大为改观（King and Rebelo，2000）。这方面的研究仍在继续，有大量文献支持挑战者，他们认为 Gali（1999）的文献是经济周期波动研究的一个转折点（例如 Gali，2003；Lenz and Walti，2004）；但也有许多文献支持 RBC 理论（Christiano，Eichenbaum，and Vigfusson，2003a，b；Fisher，2003）；还有一些文献充分认识到了问题的复杂性，这些研究得出了看起来比较中立的观点（Chang and Hong，2003；Pesavento and Rossi，2003）。显然，在这个问题上还远远没有达成共识，许多问题需要进一步的研究来予以澄清。

这些争论虽然对整个研究纲领造成了很大冲击，但是，它们攻击的只是"保护带"，作为"硬核"的 DSGE 方法并没有受到实质性的伤害。Zimmermann（1996）认为，"……当货币和名义影响被正式纳入模型时，RBC 现在已经超越了'真实'；同样，当对一个递归的动态经济进行校准和模拟的方法应用于其他论题时，RBC 也超越了'经济周期'"。那么，超越了"真实"和"经济周期"的 RBC 理论是否该换个名字了呢？Backus 最早提议通过投票来确定一个恰当的术语，一次网上投票的结果是：动态一般均衡模型（Dynamic General Equilibrium model，DGE）得到了最高的 75.9% 的票，而 RBC 理论只得到了可怜的 3.7% 的票。总之，RBC 框架的建模方法获得了成功，而作为经济周期理论本身，其成功是有限的和有争议的。索洛就认为，"在我看来，原初的真实经济周期理论计划——把观察到的波动理解为一个功能良好的，跨期替代竞争经济对不可预见的技术和偏好冲击的有效反应——在获得很少的成果之后已经逐渐枯竭了"（Solow，2000）。

然而，从产生至今，RBC 理论已经在很大程度上改变了人们对经济周期波动的认识。在忽视了价格黏性、信息不完全等因素之后，借助随机的技术冲击，其倡导者在"平滑"的新古典世界里为经济周期提供了全新的解释。这一结果的冲击力不言而喻，它让经济学家进一步去思考那些产生"摩擦"的因素和技术冲击的相对重要性，并且进一步去探讨所有这些因素的本质。RBC 理论能获得持久影响力的一个关键原因，是该研究纲领具有很大的灵活性和包容性。虽然一直面临各种各样的批评，但是通过引入各种相关因素，这些批评被一一化解，而理论也因此取得了新的进展。用方法论的语言来说，就是在"保护带"受到不断冲击的过程中，研究纲领的"硬核"得到了硬化。最具象征性的是在模型中引入垄断竞争和价格黏性等因素，这有点像是在 RBC 理论的瓶子里装上新凯恩斯主义的美酒，无论如何这种尝试都是鼓舞人心的。

无论是从经验研究方面还是理论研究方面来看，两百年来经济周期波动研究都取得了辉煌成果和重大进步。在经验研究方面，随着统计技术和计量方法的发展，大致经历了描述性事实、统计事实和特征事实三个阶段。在理论研究方面，先是从简单的因果分析到数学建模，而数学建模又大致有三个发展阶段：简单动态模型阶段、符合两个 Adelman 标准的凯恩斯主义计量模型阶段、RBC 模型（或者说 DSGE 模型）阶段。

然而，上面的划分只是提供一些模糊的界限，经济周期波动研究的发展是纷繁复杂、多姿多彩的。首先，经验研究和理论研究的界限并不清晰，许多研究都是同时在两方面做出了贡献；其次，经验研究的各阶段是交叉的，三种事实的历史阶段划分，大致是因为在某个阶段某种事实开始受到特别的重视；最后，理论研究的各个阶段也是交叉的，只不过在不同的历史时期有其主流的方法。

第三节　RBC 理论的方法论评介

RBC 理论的方法论评介成为本章内容的一部分有两个原因：第一，RBC 理论研究纲领是当前西方经济周期理论研究的主流方法，通过它可以大致窥见西方主流宏观经济学的研究方法和理论进路。第二，也是最主要的原因，本书的研究大致是在 RBC 理论研究纲领内进行的。

一　RBC 理论概述①

RBC 理论产生于 20 世纪 80 年代，Kydland 和 Prescott（1982）、Long 和 Plosser（1983）做出了开创性的贡献。此后，RBC 理论发展迅猛，很快就成为现代宏观经济学研究的主流，而 Kydland 和 Prescott 也主要借此获得了 2004 年的诺贝尔经济学奖。RBC 理论可以从基本思想和技术方法两个层面考察。目前来看，其基本思想——技术冲击是经济波动的主要原因——受到了巨大的挑战，但是其技术方法——动态随机一般均衡方法（Dynamic Stochastic General Equilibrium，DSGE）——却获得了巨大成功，在经济学研究的许多领域得到广泛应用（King and Rebelo，2000）。

如果把 RBC 理论作为一个研究纲领而从方法论的角度进行考察的话，那么，DSGE 方法无疑是考察的主要对象。该方法根据要探讨的问题在技术—偏好—禀赋框架下建立优化模型，求解模型并且对参数进行校准后，就可以用该模型模拟现实经济运行的某些方面。评价模型成功与否的主要标准，就是比较模型经济时间序列和现实经济时间序列的统计性质，主要是二阶矩；二者符合得越好，就说明模型越成功。RBC 理论家也称这种方法为计算实验（Computational Experiment）（Kydland and Prescott，1996）。

二　理性主义的典范

从方法论的角度来看，DSGE 方法或者说计算实验无疑是理性主义的典范。首先，虽然效用函数和生产函数可以说成是受到了经验观察的启

---

① 有关 RBC 理论的详细讨论，可以参考汤铎铎（2004）。另外，前面已经从思想史的角度对 RBC 理论进行了简单讨论。

发，可是其经验基础薄弱却是毋庸置疑的。至于其他的一些重要假设也可以说是相当武断的，有时甚至只是为了求解方便而不是为了符合现实。[①]总之，RBC 模型肯定不是经验归纳的结果，而是经济学家的创造性和想象力的体现。其次，模型的检验是为理论发展服务的。RBC 理论模型的检验相当别致，模型本身是自足的和完备的，它可以模拟经济运行并产生模拟数据。检验就是对模拟数据和现实数据进行某种比较的过程。最后，理论模型和经验检验形成了良好的互动关系。模型本身提供了大量预言，成为经验研究的素材；经验研究的结果又为筛选和发展模型提供了标准。如果经验研究结果是积极的，该模型就得到了一定程度的证实；如果经验研究结果是消极的，那就给该纲领内的经济学家指明了改进的方向。

三　"判决性实验"

RBC 理论的发展历程支持了拉卡托斯的判断，即所谓"判决性实验"基本上是虚幻的。如果证伪主义在经济学研究中得到彻底实施，那么所有的 RBC 模型都应该被抛弃。Prescott（1986）就曾坦言，"在这种理论框架下构建的模型必定是高度抽象的。因此，它们必定是错误的，统计的假设检验将拒绝它们。然而，这并不意味着从这种数量理论的演练中我们会一无所获。我认为我们已经学到了很多东西，并且我还自信地预言，当其他的外在环境特征被引入的时候我们将会学到更多的东西"。他是正确的，RBC 理论此后的发展基本证实了他的预言。

RBC 理论可以看作拉卡托斯意义上的科学研究纲领，其"硬核"是 DSGE 方法，而其"保护带"则是一系列的辅助假设，例如"建造时间"（time to build）、"劳动不可分"（indivisible labor）、"家庭生产"（home production）和"劳动储藏"（labor hoarding）等。[②] 该纲领内的经济学家基本不会考虑对 DSGE 方法的批评，面对经验检验，他们只是决定放弃哪些辅助假设，然后再引入哪些新的辅助假设，以使模型经济的表现更接近现实。

---

① 比如为了解决加总问题（aggregation problem）而采用的典型经济主体（representative agent）假设。Kirman（1992）曾经嘲讽地说，该假设就好像"一个人把钥匙掉在了暗处，却到路灯下面去找，因为那里更容易看清楚"。

② 对这些辅助假设的讨论可以参考汤铎铎（2004）。

　　许多经济学家倾向于对经济学理论持工具主义的观点。现实是复杂的，理论是简单的，理论只是帮助我们理解和解释现实的工具。只要对我们要处理的问题来说假设是适宜的，那么，相应的理论就是"正确"的。本质主义的立场是经济学家渴望能够坚持的，他们当然希望他们抓住了现象后面的某些永恒的本质和实在，不过，这种坚持是虚幻的。

四　建模策略

　　本书反对把近年来宏观经济学寻找微观基础的企图看作是一种方法论个人主义的诉求，它实质上只是一种建模策略的转换。凯恩斯的《通论》更应该看作是方法论个人主义的，其三大心理规律——边际消费倾向递减、流动性偏好和资本的边际效率递减——无不是从个人或企业的计划和决策入手，并没有引入超个人的实体来构建理论。此后的 IS – LM 和 AD – AS 框架虽然在数量关系上是整体的，但在论证模式上还是个人的，也没有引入超个人的实体。因此，凯恩斯主义经济学其实并不乏"微观基础"，只不过他们采取了不同的建模策略而已。

　　问题的关键在所谓"加总问题"上。凯恩斯主义的 IS – LM 和 AD – AS 框架也是从微观层面的讨论开始，但是在简单的定性讨论之后，他们即直接设定了总量关系。新古典宏观经济学的讨论则可以看作是直接在微观层面上进行的，效用函数、生产函数、外部环境以及信息结构的设定是完备的，据此可以进行优化从而得出经济运行的一些模拟结果，这些结果可以通过某些特殊假定上升到整体层面。传统的凯恩斯主义框架其实避开了"加总问题"，在技术手段有了很大提高之后，新古典传统下的经济学家开始勇敢面对这一问题，当然，他们的努力只是获得了有限的成功。

　　RBC 理论是新古典主义宏观经济学的最新代表，其建模策略无疑是当前宏观经济研究的典范。IS – LM 和 AD – AS 框架下的直接设定对经验材料的利用并不充分，而 RBC 纲领则对经验研究提出了新的要求。Prescott（1986）的抱怨其实很说明问题，"理论领先于经济周期度量"（theory ahead of business cycle measurement），其实就是理论对经验研究提出了新的要求。这是一个新兴研究纲领的主要特征，它预言了新的事实，这些事实的验证需要从新的角度、利用新的方法进行经验研究。

第四节　新开放经济宏观经济学：
理论和问题

一　引言

随着全球经济一体化进程的加快，各国的开放程度普遍提高，这对宏观经济政策和理论提出了新的要求。小国的经济学家们早就习惯了从国际视角来思考本国的宏观经济问题，而现在，在那些传统上认为本国大致可以看作是封闭经济的大国，经济学家们也逐渐改变了看法，开始承认外国对本国经济的重大影响。

从国际视角来考察宏观经济问题，最有影响力的研究成果是 20 世纪 60 年代发展起来的 Mundell－Fleming 模型。到目前为止，该模型仍是许多宏观经济学教科书的标准组成部分，而且，也仍是许多经济学家和政策制定者赖以进行政策分析的基本工具。Mundell－Fleming 模型利用传统凯恩斯主义的 IS－LM 框架，考察在资本完全流动情况下，不同汇率制度国家的财政和货币政策效果。在开放条件下，本国的稳定政策如何发挥作用，以及这些政策对汇率和经常账户的影响，是国际宏观经济学研究的重点。从 Mundell（1963）和 Fleming（1962）到 Dornbusch（1976），再到 Obstfeld 和 Rogoff（1995a），一直有大批经济学家持续关注这一主题。

20 世纪 60 年代至今，宏观经济学的研究方法发生了巨大变化。在整个转变过程中，最具革命性的事件也许就是真实经济周期（Real Business Cycle，RBC）理论的兴起。RBC 理论为宏观经济分析提供了坚实的微观基础。消费者和厂商的行为被清晰定义的函数所刻画，经济环境随着时间而改变，一些不确定因素也通过随机变量被引入模型。重要的宏观经济关系不再由研究者直接设定，而是消费者和厂商行为最大化的后果。RBC 理论的研究方法被称为动态随机一般均衡（Dynamic Stochastic General Equilibrium，DSGE），它很快就成为现代宏观经济学研究的主流方法，在各个领域获得广泛应用。

早期的 RBC 模型假设市场是完全竞争的，价格和工资可以灵活调整，以使产品市场和劳动力市场完全出清。在此假设下，经济周期波动的主要原因是随机的技术冲击，是经济主体面对经济环境变化调整其行为的结果。因此，失业是劳动者自愿选择的结果，而货币在对经济周期波动的解释中无足轻重。这些结论遭到新凯恩斯主义经济学家的猛烈抨击，通过引入不完全竞争、价格和工资刚性、协调失败等更现实的因素，他们提出了自己对经济周期波动的理解。

RBC 理论和新凯恩斯主义的对垒产生了一个戏剧化的后果，那就是双方出现一定程度的融合。新凯恩斯主义者发现，DSGE 方法确实具有很大的优越性；而 RBC 理论家也很快发现，加入不完全竞争、价格和工资刚性等因素，确实可以增强模型的解释力。这种融合可以用一个比喻来表述，即在 RBC 的瓶子中装入新凯恩斯主义的美酒。许多经济学家亲历了这一融合过程，并纷纷贴上自己喜爱的标签。Goodfriend 和 King（1997）提出"新新古典综合"（New Neoclassical Synthesis，NNS）一词，Kimball（1995）采用"新货币主义"（neomonetarist）这一表述，而 Woodford（2003）则在教科书中称自己的研究成果为"新维克塞尔主义"（neo – Wicksellian）货币经济学。确实，在当前的主流宏观经济学研究中，大家呼吸着同样的空气。

综上所述，首先，全球化进程的加速对宏观经济政策和理论提出了新的要求，开放条件下的宏观稳定问题变得越来越重要；其次，20 世纪 60 年代以来，有一批经济学家持续关注相关领域的问题，相继产生了一些很有影响的成果，形成了一个以开放宏观经济问题为导向的研究传统；最后，RBC 理论和新凯恩斯主义某种程度的融合，产生了一个极具包容性和吸引力的理论框架。在上述条件的共同作用下，20 世纪 90 年代，宏观经济学领域出现了一个新的发展，被称为新开放经济宏观经济学（New Open Economy Macroeconomics，NOEM）。NOEM 在动态一般均衡框架下引入不完全竞争和名义刚性，以此来重新审视真实冲击和货币冲击的国际传导机制，及其对汇率和经常账户的影响，从而为最优稳定政策设计和国际宏观经济政策协调提供理论基础。这类文献继承了 Mundell 和 Fleming 以来国际宏观分析的传统智慧和经验常识，对积极的政府政策持友善态度，同时，又注意利用宏观经济分析的最新方法，力图克服传统框架的局限性。因此，可以说，NOEM 是用当前最流行的理论框架来解决当前最重要的问题，同时，它又可以看作是这一领域已有研究传统的某种延续。

NOEM 的开山之作来自 Obstfeld 和 Rogoff（1995a）[①]，他们的 Redux 模型是这个领域此后研究赖以进行的一个基准。Redux 是一个包含垄断竞争和价格刚性的两国动态一般均衡模型。每个国家由既是生产者又是消费者的居民的连续统（continuum）构成，由于所生产产品的异质性，居民（同时也是企业）拥有一定程度的市场垄断力。在模型中一价律（the Law of One Price，LOOP）和购买力平价（Purchasing Power Parity，PPP）成立，因此，均衡实际汇率保持不变，名义汇率则由两国的相对物价水平决定。货币由政府发行，持有货币能给居民带来效用。居民在每期决定自己的消费量、货币持有量、劳动供给量和自己生产产品的价格，以此来最大化自身效用。产品价格要求提前一期设定，这就引入了价格刚性。模型的求解首先是求出模型的稳态，然后再在稳态附近进行对数线性化，以此来分析各种冲击的动态效应。在 Redux 模型中，扩张性的货币冲击会使国内的产出和消费增加，世界实际利率下降和本国贸易条件恶化同时导致国外消费增长，但是，货币冲击对国外产出的影响并不清楚，因为，消费增长和相对价格变化对产出的影响方向正好相反。其实，Redux 模型得出的结论和观点并不是最重要的，最重要的是，它提出了分析和理解相关问题的新方法。

和其他许多经济学基准模型一样，Redux 模型可以从很多方面进行拓展和丰富。由于不包含随机因素，Redux 模型只是一个 DGE（Dynamic General Equilibrium）模型，而不是 DSGE 模型。随机技术冲击的引入是 RBC 方法的精髓所在，因而此后有许多研究在 Redux 中引入随机因素，以此来丰富模型的内涵。Redux 模型是一个两国模型，每个国家都会对世界经济造成很大影响。但是现实中确实存在一些小国，它们对世界经济的影响可以忽略不计。据此，一些研究提供了 Redux 模型的小国版本。[②] 在 Redux 模型中，名义刚性是通过价格刚性引入的，而且引入的方式十分简单。此后，一些研究改变了价格刚性的引入方式，还有研究在模型中引入工资刚性。LOOP 和 PPP 的成立使得 Redux 模型中的实际汇率保持不变，这和相关的经验研究相左。因此，有许多研究在模型中引入了市场分割

---

① Svensson 和 van Wijnbergen（1989）的成果要早一些，现在被公认为是 NOEM 的先驱。但是，这篇文章发表之后好像很久都没有引起足够的关注，直到 Obstfeld 和 Rogoff（1995a）的 Redux 模型出现。

② Obstfeld 和 Rogoff（1995a）的附录中提供了一个含有不可交易商品的小国模型。

（market segmentation），使一些企业可以在不同国家间实施价格歧视，即因市定价（Pricing to Market，PTM）。总之，在 Redux 模型出现之后，有许多研究围绕着这个基准进行了多方面的拓展，而且，在有些研究中这些拓展是组合出现的。

从产生至今，NOEM 的发展大致可以划分为两个阶段。第一阶段就是上面提到的 Redux 的出现和围绕它的各种拓展。Lane（2001）和 Sarno（2001）很好地总结了这一时期的研究。在第二阶段，发生了两个比较重要的转向。一是关注的问题发生了变化，从原来的关注实际和名义冲击的传导机制和效果到关注最优宏观经济政策设计和国际宏观经济政策协调；二是求解方法方面的转变，从原来的对数线性近似方法到通过巧妙设定得出封闭解。在新阶段有两篇开创性文献，分别来自 Obstfeld 和 Rogoff（2000a）、Corsetti 和 Pesenti（2001），有时被简称为 CP – OR 框架。另外，在新阶段有经济学家针对 NOEM 的应用和普及做了一些工作，尝试挑战 Mundell – Fleming 框架在政策分析和初中级教科书中的地位。Laxton 和 Pesenti（2003）扩展了 IMF 的全球经济模型（Global Economic Model，GEM），并以此来评价泰勒规则（Taylor rules）和基于通货膨胀预测的规则（Inflation – Forecast – Based rules，IFB rules）之间的优劣，这是 NOEM 用于政策分析的一个突出例子。Corsetti 和 Pesenti（2005b）用图形和简单公式对 NOEM 的主要思想和方法做了重新表述，以使其适合作为初中级经济学教科书的内容而得到广泛传播和普及。Corsetti（2007）最近对 NOEM 做了一个凝练的概括，他是这个领域最有建树的学者之一。

本书的主要目的是全面而深入地介绍 NOEM。近年来，国内相继出现了一些对 NOEM 的综述，比如刘红忠、张卫东（2001），姜波克、陆前进（2003），王志伟、范幸丽（2004），王胜（2006），以及王胜、邹恒甫（2006）等，这些研究在向国内学界介绍和传播 NOEM 方面做出了自己的贡献。但是，从当下的视角来看，这些文献做得还远远不够。首先，由于在西方 NOEM 还处于十分活跃的研究状态，一些早期的综述不能涵盖最近的发展；其次，这些研究大致关注的是 NOEM 的理论进展，而很少把 NOEM 所关心的现实问题纳入视野，进行专门的分析；最后，有些研究仅仅是国外相关研究的简单翻译，没有进行系统化的梳理，也很少提出切中肯綮的评论。本书力图在这些方面能有些许改进，为国内相关领域的研究者提供一个比较全面的文献索引，同时，也提出自己的一些浅陋见解和评述。另外，值得欣喜的是，国内最近也出现了利用 NOEM 框架来处理我国宏观经济问题的研究，如姚斌（2006；2007）。这是一个很有希望的方向，相信不久就会有更多的学者加入其中。

以上我们大致描摹了 NOEM 的产生和发展脉络，并引出了一些重要文献。下面将从两个方面进行更深入的梳理和探讨。首先，我们讨论 NOEM 的理论框架和模型设定，并尽力厘清中间的一些技术细节，揭示出 NOEM 是新新古典综合（NNS）框架的一个成功范例。然后，我们把重点转向 NOEM 所关注的主要经济问题，探讨西方的经济学家如何利用 NNS 框架来处理自己感兴趣的问题，并且讨论相关研究得出的主要观点和结论。本节后面的内容安排如下：第二部分介绍 NOEM 的理论框架；第三部分回顾 NOEM 所关注的几个主要经济问题；最后是本节的总结和一些评论。

二　理论框架

（一）新新古典综合

20 世纪 50—60 年代，萨缪尔森倡导了主流经济学的"新古典综合"（neoclassical synthesis），将源自马歇尔和瓦尔拉斯的传统微观经济分析和凯恩斯主义宏观经济学综合在一起。在宏观经济学方面，新古典综合约定了有时可能显得有些冲突的三个基本原则：为宏观经济政策提供实用的建议；相信短期价格刚性是导致经济周期波动的根本原因；利用微观经济分析中常用的最优化方法来描摹宏观经济行为（Goodfriend and King，1997）。但是，由于框架本身的诸多缺陷，随着货币主义和新古典宏观经济学（New Classical Macroeconomics）的迅速崛起，新古典综合很快就成为遗迹。

新新古典综合（New Neoclassical Synthesis，NNS）继承了新古典综合的基本精神，即把古典主义和凯恩斯主义综合到一个框架内。由于建模技术上的巨大进步，新综合比"老综合"显得更为成功，也更有生命力。NNS 以 RBC 的基本方法（即 DSGE）为基础[①]，引入不完全竞争和名义刚性等更贴近现实的凯恩斯主义元素，这些元素在新凯恩斯主义者的工作中

---

① 关于 RBC 的基础讨论可以参考 Prescott（1986）、Plosser（1989）、Kydland 和 Prescott（1996）。

已经获得了很好的理解和技术处理。[1] 如果 NNS 是 RBC 和新凯恩斯主义的融合，那么，这种融合是从两个方向展开的。一方面，一些 RBC 理论家在对基准 RBC 模型进行扩展的时候，开始将凯恩斯主义元素引入讨论，这是 RBC 向新凯恩斯主义的靠拢；另一方面，一些新凯恩斯主义者开始对已有的新凯恩斯主义模型进行动态化和随机化，并利用校准和模拟进行经验检验，这是新凯恩斯主义向 RBC 的靠拢。两个方向的努力虽然看似已经汇聚到了一起，但是，从对模型的具体处理上，我们仍然大致能够判断一项研究来自哪个阵营，或者说，离哪个阵营更近一些。

NOEM 是 NNS 的一个成功范例。它在 DSGE 框架下引入了不完全竞争和名义刚性，从而使得模型获得了诸多优势。首先，经济主体在既定约束下最大化目标函数，这为经济政策评价和设计提供了天然的福利标准；其次，一般均衡分析改变了开放宏观和贸易理论之间的割裂局面[2]，使得许多问题可以在同一个框架下进行讨论；再次，不完全竞争假设将企业和雇员的定价行为纳入模型，在一定限度内产出是由需求决定的，这比新古典完全竞争假设下所有经济主体都是价格接受者更为现实；最后，名义刚性的引入使得货币冲击有了实际效应，正的货币冲击可以纠正不完全竞争导致的扭曲，从而提高居民的福利水平，并向各类货币中性命题提出挑战。

除了具有 NNS 模型的共性特征外，由于要处理国际宏观经济学领域的特殊问题，NOEM 在模型设定方面还有许多个性。下面，我们从偏好和技术等几个方面入手，详细介绍典型 NOEM 模型的设定。通过下面的讨论我们会发现，NOEM 模型中的新凯恩斯主义色彩相当浓厚，甚至可以看作是新凯恩斯主义宏观经济学向开放宏观领域的拓展。

（二）偏好

Redux 模型（Obstfeld and Rogoff，1995a）的效用函数如下：

$$U_t = \sum_{s=t}^{\infty} \beta^{s-t} \Big[\log C_s + \frac{\chi}{1-\varepsilon} \Big(\frac{M_s}{P_s}\Big)^{1-\varepsilon} - \frac{\kappa}{2} y_s(z)^2 \Big] \qquad (3-1)$$

其中，$0 < \beta < 1$ 是贴现因子，χ、ε、κ 是参数，C_s、M_s 分别代表典型

---

① Mankiw 和 Romer（1991）提供了新凯恩斯主义宏观经济学的许多代表性文献。

② 在标准的国际经济学教科书中［例如，Krugman and Obstfeld（2003）］，贸易理论和开放宏观是分开讲述的，前者主要使用微观经济学的方法，而后者则主要使用宏观经济学的方法。

经济主体（*representative agent*）在第 s 期的消费指数和名义货币持有量，P_s 是第 s 期一般价格水平，$y_s(z)$ 是第 s 期产品 z 的产量。全世界由无数个既是生产者又是消费者的经济主体组成，每个经济主体生产一种异质产品，单个经济主体和他(她)的产品都用 z 来表示，$z \in [0,1]$。世界由两个国家组成：本国和外国，本国的经济主体落在 $[0,n]$ 区间，外国的经济主体落在 $(n,1]$ 区间。消费指数 C 由下式刻画：

$$C = \left[\int_0^1 c(z)^{\frac{(\theta-1)}{\theta}} dz \right]^{\theta/(\theta-1)} \tag{3-2}$$

这是一个 CES 函数，替代弹性 $\theta > 1$，当 $\theta \to \infty$ 时，各种商品完全替代。相应的价格指数为：

$$P = \left[\int_0^1 p(z)^{1-\theta} dz \right]^{1/(1-\theta)} \tag{3-3}$$

对第 z 个经济主体所生产商品的需求为：

$$y(z) = c(z) = \left(\frac{p(z)}{P} \right)^{-\theta} C \tag{3-4}$$

式（3-1）至式（3-4）是 Redux 模型对经济主体偏好的全部刻画。式（3-1）的一个特点是，除了消费以外，货币和闲暇进入了效用函数。到目前为止，货币进入效用函数（Money In the Utility Function，MIU）（Sidrausiky，1967）和现金先行（Cash In Advance，CIA）（Clower，1967）仍是宏观经济模型引入货币的主要手段，Obstfeld 和 Rogoff（1996）讨论了利用 CIA 引入货币的情形。闲暇进入效用函数是 RBC 理论的精髓所在，经济主体的劳动就业决策被纳入模型，使得闲暇的跨期替代成为决定模型经济运行方式的主要机制之一。

式（3-3）和式（3-4）并不是任意设定的，而是从式（3-2）直接推导得来，具体方法是在式（3-2）的约束下最小化支出函数 $\int_0^1 p(z)c(z)dz$，P 实际上是消费价格指数（CPI）。Corsetti 和 Pesenti（2005b）在其论文的附录中提供了推导过程的全部细节，他们的表述甚至比 Obstfeld 和 Rogoff（1996）的教科书还要清晰和简明。这种设定是新凯恩斯主义不完全竞争理论的典型处理方法，最早至少可以追溯到 Dixit 和 Stiglitz（1977）、Blanchard 和 Kiyotaki（1987）。这种设定引入了产品异质性，从而使得企业具有了一定程度的市场垄断力量，企业面临向下倾斜的产品需求曲线，成为价格决定者，而不是价格接受者。

在 NOEM 的发展过程中，形如式（3－1）的效用函数获得了广泛应用，很多研究仅仅根据需要修改方括号内相加三项的具体形式。这种设定的一个主要问题是消费和闲暇是加性可分的，在此情况下，当国家变得越来越富裕时，劳动供给会持续下降，最后收敛于劳动供给为零的状态。当市场部门有技术进步的长期趋势时，这个结果与平衡增长路径相悖（Lane，2001；Sarno，2001）。在传统 RBC 分析中，稳态增长很受重视。如果生产函数包含技术进步的长期趋势项，那就存在一个平衡增长路径，该路径会对效用函数的设定产生很大限制。例如，King 等（1988；2002）在研究中就曾经提出过两类与平衡增长"兼容"的效用函数。作为 RBC 理论的中坚力量，Chari 等在一系列研究中的效用函数设定非常具有启发意义。在开放经济模型中，Chari 等（1997；2002）采用和式（3－1）类似的闲暇加性可分的效用函数。在封闭经济模型中，Chari 等（2000）采用的效用函数形式如下：

$$U(C,\ l,\ M/P) = \frac{\{[aC^{\nu}+(1-a)(M/P)^{\nu}]^{\gamma/\nu}(1-l)^{1-\gamma}\}^{1-\sigma}}{1-\sigma} \quad (3-5)$$

其中，消费和货币持有量以 CES 形式出现，它们的组合与闲暇则是 Cobb－Douglass 形式。使用闲暇可分的效用函数，消费的边际效用就不包含劳动项，这使得模型更易于处理。但是，最重要的是闲暇可分效用函数可以使模型经济中的实际汇率具有较大波动，这和现实经济中实际汇率的特征相一致（Chari et al.，2002）。因此，实际汇率的较大波动和平衡增长路径的存在，使得开放经济模型中的效用函数设定面临两难，大多数研究都是舍弃平衡增长路径以符合实际汇率波动。

在 Redux 模型中，本国商品和外国商品对称地进入效用函数，因此，所有商品之间的替代弹性都是 θ，消费者对国内外商品的偏好没有任何差别。这显然与现实不符，从而成为 Redux 模型效用函数设定的另外一个重要问题。Corsetti 和 Pesenti（2001）、Obstfeld 和 Rogoff（2000a）把国内外产品的差别引入了模型。假设式（3－1）仍然成立，但是其中消费指数 C 的构成发生了变化，即式（3－2）由下面三个式子替换。

$$C = C_H^{\gamma}C_F^{1-\gamma} \quad 0<\gamma<1 \quad (3-6)$$

$$C_H = \left[\int_0^1 c(h)^{(\theta-1)/\theta}dh\right]^{\theta/(\theta-1)} \quad (3-7)$$

$$C_F = \left[\int_0^1 c(f)^{(\theta-1)/\theta}df\right]^{\theta/(\theta-1)} \quad (3-8)$$

其中，C_H 表示由本国商品构成的商品束，C_F 表示由外国商品构成的商品束，式（3-6）意味着本国商品和外国商品之间具有单位替代弹性。式（3-7）、式（3-8）两式形式上与式（3-2）完全相同，式（3-7）是本国商品的消费指数，式（3-8）是外国商品的消费指数，显然，本国商品之间的替代弹性为 θ，外国商品之间的替代弹性也为 θ。同样，由式（3-6）至式（3-8）可以推导出相应的价格指数：

$$P = \frac{1}{\gamma^{\gamma}(1-\gamma)^{1-\gamma}}P_H^{\gamma}P_F^{1-\gamma} \tag{3-9}$$

$$P_H = \left[\int_0^1 p(h)^{1-\theta}dh\right]^{1/(1-\theta)} \tag{3-10}$$

$$P_F = \left[\int_0^1 p(f)^{1-\theta}df\right]^{1/(1-\theta)} \tag{3-11}$$

其中，P、P_H 和 P_F 分别为总消费价格指数、本国商品消费价格指数和外国商品消费价格指数。另外，假设 $\gamma = \frac{1}{2}$，由式（3-6）至式（3-8）可以推出国内外商品的需求函数：

$$c(h) = \left(\frac{p(h)}{P_H}\right)^{-\theta}\frac{1}{2}\left(\frac{P_H}{P}\right)^{-1}C \tag{3-12}$$

$$c(f) = \left(\frac{p(f)}{P_F}\right)^{-\theta}\frac{1}{2}\left(\frac{P_F}{P}\right)^{-1}C \tag{3-13}$$

形如式（3-1）和式（3-6）至式（3-13）的偏好设定在 NOEM 此后的研究中获得了广泛应用，成为该领域模型的"标准组件"。当然，有些研究可能会在上述框架的基础上做一些修正，引入一些其他因素，这在当前的宏观经济学研究中是司空见惯的。例如，Corsetti 和 Pesenti（2001）在效用函数中引入了政府提供的公共物品；Ganelli（2005）借用"Blanchard 模型"（Blanchard，1985）研究财政政策的作用，在模型中引入了居民死亡率，相关参数也就进入了效用函数；Obstfeld 和 Rogoff（2000a）、Cazoneri 等（2005）在模型中引入了非贸易品，从而使得消费指数和价格水平的构成更为复杂。

（三）技术

在 Redux 模型中，技术的设定非常简单，Obstfeld 和 Rogoff（1995a）甚至都没有给出生产函数的具体形式，第 z 种产品的产量 y（z）作为劳动负效用的度量直接进入效用函数。[①] 假定劳动 l 导致的效用损失为 $-\Phi i$，则式（3-1）中的 $-\dfrac{\kappa}{2} y\,(z)^2 = -\Phi l$，易得生产函数形如 $y = \left(\dfrac{2\Phi}{\kappa}\right)^{1/2} l^{1/2}$。可见，Redux 模型的生产函数中没有资本，技术进步由固定参数 κ 来刻画，κ 的减小意味着生产技术的进步。

在后续研究中，为了引入劳动市场的不完全竞争，一些作者改变了技术的设定。Corsetti 和 Pesenti（2001）、Obstfeld 和 Rogoff（2000a）采用了下面的生产函数：

$$Y(i) = \left[\int_0^1 L(i,j)^{(\phi-1)/\phi} dj \right]^{\phi/(\phi-1)} \tag{3-14}$$

其中，Y 和 L 分别是产出和劳动，i 代表产出的种类，j 代表劳动投入的种类。式（3-14）和式（3-2）完全同型，不过，含义却有很大区别。式（3-2）本质上是一个效用函数，式（3-14）则是一个生产函数。由 $j \in [0,1]$ 种劳动投入共同生产产品 i，劳动投入之间的替代弹性 $\phi > 1$，当 $\phi \to \infty$ 时，各种劳动投入完全替代。根据同样的原理，相应的劳动投入价格指数（工资指数）为：

$$W = \left[\int_0^1 W(z)^{1-\phi} di \right]^{1/(1-\phi)} \tag{3-15}$$

对第 j 种劳动投入的需求为：

$$L(i,\ j) = \left(\frac{W(i)}{W} \right)^{-\phi} Y(j) \tag{3-16}$$

式（3-14）至式（3-16）的设定引入了劳动异质性，使得劳动者具有了一定程度的市场垄断力量。

Redux 式的简单设定和形如式（3-14）至式（3-16）的设定是当前 NOEM 模型刻画技术的主要方法。当名义刚性通过价格引入时使用前者，当名义刚性通过工资引入时则使用后者。当然，在具体研究中会做适当的改进和修正。例如，因为在模型中引入了非贸易品，Obstfeld 和 Rogoff（2000a）的技术设定中有可贸易品和非贸易品两个生产函数；Corsetti 和 Pesenti（2005a）模型的生产函数形如 $y(h) = l(h)/\alpha$，其中，y 和 l 分别是产品 h 的产量和劳动投入，α 是技术冲击，在国内外有不同的取值；

---

① 在标准的 RBC 模型中，进入效用函数的是"闲暇"，闲暇时间和劳动时间之和等于常数。

Kollmann（2001）在研究中同时引入了价格刚性和工资刚性，因此模型中的偏好和技术设定更加复杂。另外，他还在模型中引入了随机的外部技术冲击。

因为模型包含垄断竞争和名义刚性，为了方便求解，上述技术设定中都不含资本，这成为 NOEM 模型面临的一个重大问题（Lane，2001；Sarno，2001）。在新凯恩斯主义关于不完全竞争的研究中，技术设定一般都没有资本。假设生产函数为 $y = zl$，其中 y 是产出，z 和 l 分别是技术进步和劳动投入。企业利润为 $\pi = py - wl = (p - MC)\left(\dfrac{p}{P}\right)^{-\theta}C$，其中 w 和 MC 分别是工资和劳动的边际成本，第二个等式利用了生产函数和式（3－4）。企业选择自己产品的价格 p 来最大化利润，一阶条件整理后可得 $p = \dfrac{\theta}{\theta-1}MC$，这就是成本加成定价。产品价格是边际成本和固定加成 $\dfrac{\theta}{\theta-1}$ 的乘积，θ 反映了企业的垄断力，$\theta \to \infty$ 时有 $p = MC$，这就回到了完全竞争的情况。

上述设定清晰简明，与垄断竞争结合以后有很好的经济学含义。与新凯恩斯主义相反，没有资本的生产函数并不是 RBC 理论的风格。在 RBC 理论传统中，技术的设定艰深繁复，技术冲击、资本积累和资本建造时间（time to build）等因素在模型中承担着重要角色。[①] 在开放经济研究中，缺失了资本的模型可能会漏掉许多重要机制。因此，如何在 NOEM 模型中引入资本，并使得模型具有良好的可处理性，是未来 NOEM 研究的一个重要方向。Chari 等（2002）研究汇率问题的开放宏观经济模型有资本项，这和他们的 RBC 理论背景有很大关系。另外，他们还在模型中引入了中间产品，中间产品市场是垄断竞争的，最终产品市场则是完全竞争的。在最近的一项研究中，Corsetti 等（2007）在模型经济中加入了上游企业和下游企业的互动，以此来分析最优货币政策和进口价格稳定性的问题。虽然模型经济的生产函数还是没有引入资本，但是，中间有另外一些值得关注的有趣设定。总的来说，NOEM 在技术设定方面还是显得有些单薄，在今后的发展中也许可以考虑更多利用 RBC 的理论资源。

[①]　可以参考 RBC 理论的两篇开创性文献：Kydland 和 Prescott（1982）、Long 和 Plosser（1983）。

（四）名义刚性

名义刚性是新凯恩斯主义宏观经济学的核心内容，也是 NOEM 模型的关键组件。下面从三个方面讨论名义刚性的设定问题。

1. 菜单成本和交错价格

在 NOEM 模型中，名义刚性一般以两种方式引入。Obstfeld 和 Rogoff（1995a）假设企业提前一期设定价格，一期以后完全调整到长期均衡状态。这种设定可以简单看作新凯恩斯主义"菜单成本"理论（Mankiw，1985）的一个应用，即企业不能连续无成本地调整价格。这种设定下模型的求解过程比较简单。模型经济有两个均衡，长期均衡其实就是弹性价格下的均衡，短期均衡需要舍弃企业边际成本等于边际收益的条件，产量由产品需求函数直接决定。此后，有许多研究采用这种设定，比如 Obstfeld 和 Rogoff（2000a）、Corsetti 和 Pesenti（2001；2005a）、Cazoneri 等（2005）等。对于这种设定，Corsetti 和 Pesenti（2001）强调，模型经济中的外来冲击不能过大。因为，如果价格刚性来自固定的菜单成本，当外来冲击足够大以致违反了企业的参与约束，即产品边际成本高于价格，此时企业就会立刻调整价格。所以，这种设定需要假定外来冲击在一个确定的范围以内。

引入名义刚性的另一种方法是交错价格（staggered prices）。企业的价格调整同时一步到位与现实不符，因为价格水平会有一个较大的跳跃。交错价格调整意味着每个企业进行产品定价时，会把其他企业过去和将来可能的定价决策考虑在内。这样，每个企业的价格调整就不是同时进行的，而是相互交错、相互影响的。从总量上看，价格水平的变化就是连续的、平滑的。交错价格模型有很多版本（Taylor，1999），NOEM 的作者大多选择使用 Calvo 模型（Calvo，1983）。该模型假设每个企业调价机会的到来是随机的，大量企业之间的相互依赖意味着每期会有固定比例的企业调整价格，因此，价格水平是平滑的。近期的 NOEM 文献大多倾向于使用交错价格设定，比如 Chari 等（2002）、Benigno 和 Benigno（2006）、Corsetti 等（2007）。

Kollman（2001）对一个动态开放经济模型进行校准和模拟，据此来判别前定价格和交错价格调整的优劣。他发现，Calvo 式的交错价格设定在两个方面与现实经济符合得很好：①名义汇率和实际汇率有很高的相关性；②价格水平的变化是平滑的、连续的。同时，在产出和其他宏观经济变量的相关关系方面，Calvo 式的设定与现实经济符合得并不好。不过，总的来说，交错价格要优于前定价格。

2. 价格刚性和工资刚性

在讨论 NOEM 模型的技术设定时，我们已经提及通过价格或者工资引入名义刚性时在技术设定方面的区别，即通过价格引入名义刚性时使用类似 Redux 的简单设定，通过工资引入名义刚性时使用形如式（3 – 14）至式（3 – 16）的设定。价格刚性和工资刚性看似有很大差别，但是许多作者都强调，在两种设定下模型的主要结论并没有重要变化（例如，Obstfeld and Rogoff，1996）。唯一重要的差别是由于劳动市场和产品市场双重扭曲，因此在工资刚性情况下均衡产量更低。在 NOEM 的研究中，价格刚性和工资刚性都有大量的支持者，也有作者在研究中同时引入两种刚性，目前还没有提出能够明确支持某一种设定的有效经验证据。[①]

3. 生产者通货定价和当地通货定价

与封闭经济模型相比，开放经济模型中名义刚性的设定面临更多选择，这可以用两个相互关联的问题来概括：第一，可贸易品以何种货币定价？第二，企业在不同国家是否可以实施价格歧视？[②] NOEM 文献在这两个问题上存有较大争议，可以称之为"生产者通货定价（Producers Currency Pricing，PCP）和当地通货定价（Local Currency Pricing，LCP）之争"。[③] Obstfeld 和 Rogoff（1995a；1996；2000a）继承了 Mundell – Fleming 模型以来的传统设定，在模型中使用 PCP。Betts 和 Devereux（1996；2000）较早在 NOEM 模型中引入 LCP，此后，有许多研究沿着这一思路进行。

假设 P 代表可贸易品的价格，下标 H 和 F 分别表示本国和外国产品，没有上标表示以本国货币计价，有上标 $*$ 表示以外国货币计价。据此，

---

① 虽然在 Redux 模型中使用了价格刚性，但是 Obstfeld 和 Rogoff（2000a）指出，工资刚性可能更贴近现实。

② 由于某些原因的存在，企业在本国和外国能够以不同价格销售同一产品，国际套利活动无法有效利用和消除这种价格差别。

③ PCP 是开放宏观经济学的传统设定，它假设价格以销售者国家的货币预先确定，此时，没有预期到的名义汇率变动会导致出口产品价格的同比例变动，LOOP 总是成立。相反，在 LCP 假设下，价格以购买者国家的货币预先确定，没有预期到的名义汇率变动不会影响出口物品价格，经济在短期内会偏离 LOOP。相关论述很多，Duarte（2001）、Obstfeld（2002）、Engel（2002）以及 Ganelli 和 Lane（2003）提供了比较详尽的专门讨论。

P_H 和 P_F 分别表示本国产品和外国产品的本币价格，P_H^* 和 P_F^* 分别表示本国产品和外国产品的外币价格。假设 ξ 代表汇率（单位外币的本币价格），则贸易条件 $TOT = P_F/\xi P_H^*$，表示出口产品的相对价格。当定价规则是 PCP 时，汇率 ξ 的变动会完全传递到产品价格上，导致 TOT 和 ξ 同向同比例变动。例如，当本币贬值时（ξ 上升），P_F 同比例上升（$P_F = \xi P_F^*$，外国产品以外币计价，短期价格刚性下 P_F^* 不变），P_H^* 同比例下降（$P_H^* = P_H/\xi$，本国产品以本币计价，短期价格刚性下 P_H 不变），最后结果是 TOT 同比例上升，本国贸易条件恶化。本币名义贬值使本国贸易条件恶化，本国出口产品的相对价格下降使世界总需求部分转向本国，有利于改善本国的经常账户，这就是通常所说的"支出转换效应"（expenditure – switching effects）。$P_F = \xi P_F^*$ 和 $P_H^* = P_H/\xi$ 成立意味着国际贸易没有摩擦，LOOP 成立。如果不考虑非贸易品，则购买力平价（purchasing power parity，PPP）也成立，均衡实际汇率保持不变。

因此，在 PCP 假设下，对 PPP 的偏离只能来自非贸易品和可贸易品的相对价格变化，而且，名义汇率变动会完全传递到产品价格上，即汇率传递率（exchange rate pass – through）$\partial p/\partial e = 1$。[①] 然而，这两个结论与经验研究的结果相悖。许多经验研究表明，对 PPP 的偏离主要来自对 LOOP 的偏离，而不是来自非贸易品方面。另外，许多经验研究还表明，汇率传递率远小于 1，甚至要小于 0.5（Betts and Devereux，2000）。面对 PCP 设定的诸多缺陷，经济学家们开始在模型中引入 LCP。在 LCP 下，名义汇率变动不会影响出口商品在销售地的本币价格，因此，贸易条件会反向变动。例如，当本币贬值时（ξ 上升），P_F 不变（外国产品以本币计价），P_H^* 也不变（本国产品以外币计价），最后结果是 $TOT = P_F/\xi P_H^*$ 同比例下降，本国贸易条件好转。这和传统结论完全相反，汇率贬值的支出转换效应不复存在。在 LCP 下，P_F 和 P_H^* 在短期内具有刚性，$P_F = \xi P_F^*$ 和 $P_H^* = P_H/\xi$ 不再成立，经济在短期内偏离了 LOOP。对 LOOP 的偏离意味着同一种产品在不同国家按不同价格出售，除了企业是垄断竞争的，还要求市场是分割的（market segmentation），以使企业能够因市定价（pricing to mar-

---

① 其中，p 表示购买者面对的进口产品的本币价格 P 的对数，即 $p = \log(P)$，e 表示名义汇率 ξ 的对数，即 $e = \log(\xi)$，则 $\frac{\partial p}{\partial e} = \lambda$ 表示汇率传递率。在 PCP 下，$\lambda = 1$；在 LCP 下，$\lambda = 0$（Ganelli and Lane，2003）。

ket，PTM）。PTM – LCP 在许多方面表现良好，例如，它可以解释国际真实经济周期（international real business cycle）研究中的跨国消费相关系数过大、产出相关系数过小的问题（Backus et al.，1992；Betts and Devereux，2000）。但是，也有许多不利的经验证据。Obstfeld 和 Rogoff（2000a）提出了反对 PTM – LCP 的四个保留意见，最重要的是，名义汇率和贸易条件反向变动的预言不能得到经验支持。

总之，在开放经济中引入名义黏性，有两个相互对立的设定可供选择，即 LOOP – PCP 和 PTM – LCP。从经验研究的证据来看，二者都获得了部分支持，同时也都遭受了部分反对。相关研究十分活跃（例如，Corsetti et al.，2007；Devereux and Engle，2007），真理很可能位于二者中间的某个地方。

三　关注的问题

目前，西方主流宏观经济学的标准研究路径是用理论框架来探讨论题（topic）、解决问题（issue）。如果研究结论和相关经验研究一致，那么理论框架就得到进一步的验证，人们对该问题的认识和理解也得以深化；如果研究结论和相关经验研究相悖，也并不一定意味着理论框架被驳倒，经济学家一般称这种情况为谜题（puzzle）或异例（anomaly），会寄望于后续的理论和经验研究进展能解决这些问题，达成理论和现实的和谐。

DSGE 模型和前述 NNS 方法是当前的主流理论框架，这种研究进路在方法论上的先导至少可以上溯到 Lucas（1977，1980）。在 2004 年诺贝尔经济学奖的获奖演说中，Kydland（2004）和 Prescott（2004）不约而同地提及 Lucas，Kydland 更是做了大段引用。如果说 Lucas 是整个理论框架的奠基人，那么他们就是主要的建设者和完成者。Prescott 在演说中展示了如何用 DSGE 模型解决问题，他列出的三个问题是：为什么日本失去了十年的增长？为什么在 TFP 恢复之后大萧条仍然持续？理论对股票市场价值做出了何种预测？他的演说很好地展示了现代主流宏观经济学的标准研究方法。因此，在讨论了 NOEM 的理论框架之后，这部分我们探讨在 NOEM 框架下，经济学家提出和解决了哪些重要问题。

开放经济宏观经济学研究的中心问题是各种实际和名义冲击的跨国传导机制，及其对经常账户、汇率和实体经济的影响。无论是以 Mundell – Fleming 模型为代表的传统凯恩斯主义刚性价格模型，还是假设完全竞争和弹性价格的新古典模型（包括 RBC 模型），都对上述问题进行过比较深入的分析和讨论。但是，由于传统凯恩斯主义模型缺乏坚实的微观基础，不能进行严格的福利分析，而平滑的新古典"理想世界"又抽象掉了过多的现实因素，这使得相关研究一直处在一个尴尬的状态（Obstfeld and Rogoff，1995a）。NOEM 的兴起使得上述状况有了彻底改观，经济学家们开始使用新的理论框架来考虑问题。

（一）货币政策的跨国传导及其福利效应

开放经济宏观经济学的一个中心问题是各种冲击的跨国传导，这些冲击包括货币政策、财政政策、技术冲击和价格加成（markup）等。货币政策在宏观经济研究中一直处在非常关键的地位[①]，因此，我们要讨论的第一个问题是货币政策的跨国传导，这是开放宏观最重要，也是最基本的问题。

1. 货币冲击的国际传导机制

开放经济条件下，一国的货币政策除了通过国内渠道产生影响外，还会通过各种国际渠道产生影响。理论家的一项根本任务就是厘清各渠道之间的关系，阐明跨国传导机制。半个多世纪以来，Mundell – Fleming 模型（Mundell，1963；Fleming，1962）和此后的汇率超调（overshooting）模型（Dornbusch，1976）一直是探讨这个问题的理论基准，这两个模型是正统凯恩斯主义 IS – LM 模型在开放领域的成功扩展。新兴的 NOEM 研究在这个问题上进行了更深入的探索，其中最具代表性的是 Obstfeld 和 Rogoff（1995a）（简称 Redux 模型）及 Corsetti 和 Pesenti（2001）（简称 Welfare 模型）的研究。下面分别考察这四个模型对货币政策国际传导机制的描述，以甄别 NOEM 在这个问题上的特殊之处。

（1）Mundell – Fleming 模型。货币供给出现在 LM 曲线方程的左端，扩张性货币政策向右移动曲线，因此它有两个初始效应[②]：降低本国利率，提高本国产出。低利率导致的资本外流使本币面临贬值压力。固定汇率下，为稳定汇率央行必须紧缩货币，LM 曲线移回原位，本国丧失货币政策独立性。浮动汇率下，本币贬值使得本国商品更具吸引力，IS 曲线

[①] Friedman（1968）总结了 20 世纪 20—60 年代关于货币政策的主流观点的演变，Goodfriend 和 King（1997）详细总结了 20 世纪 50—90 年代各学派对货币政策的作用和传导机制的研究。

[②] IS 曲线是负斜率的，向右下方倾斜。

右移，这进一步提高了本国的产出，并使利率上升到初始水平。

模型不牵涉供给方面，同时还有两个关键的假设：价格固定、资本自由流动，这使得分析大大简化。另外，模型显示，资本自由流动、固定汇率和独立的货币政策三者不可兼得，这就是著名的"不可能三角"关系。

此后，经济学家对模型进行了各种改进和拓展，比如放松资本自由流动条件、引入随机因素、进行动态化等①，这当中最著名的就是 Dornbusch 的汇率超调模型。

（2）汇率超调模型。在保持资本自由流动假设的基础上，Dornbusch 模型添加了两个关键假设：①商品市场的调整要慢于资本市场，即价格的变动要慢于利率和汇率；②当事人对汇率的理性预期，非抛补利率平价（uncovered interest rate parity）成立，即本国利率和国际利率之差等于汇率的预期变动。扩张性货币政策在初始阶段导致价格上涨压力和利率下降压力，价格调整缓慢，利率调整迅速完成。低利率导致本币贬值，同时，非抛补利率平价要求本币有升值预期，因此本币的初始贬值会超过长期均衡水平，这就是所谓汇率超调。适应货币冲击的利率和汇率的初始调整完成后，经济开始向长期均衡调整。在这个过程中，价格上涨、汇率升值、利率上升，最后利率回到国际利率水平，货币冲击的长期效应是价格上涨和汇率贬值。上述调整的一个重要前提是实际产出固定，如果产出会随着总需求发生变化，那么利率和汇率的初始调整会受到阻碍。汇率在长期仍然会贬值，但是不会有短期的超调，利率实际上有可能上升。

由于引入了新的关键假设，汇率超调模型拥有比 Mundell – Fleming 模型更丰富的内涵，对货币冲击传导机制的刻画也更加细致。不过，两个模型的主旨相当一致，都证明了开放条件下汇率是货币政策影响国内总需求的关键渠道。

（3）Redux 模型。从建模风格上看，Redux 模型与前两个模型存有巨大差异，本节第二部分已经做了充分说明。这使得模型可以考察更为复杂的问题，从而不但能厘清此前比较模糊的环节，而且能发现新的传导渠道。模型通过前定价格引入价格黏性，即本期价格在期初确定，到下期一次性调整到位。扩张性货币政策在当期有如下效应：①本币汇率迅速贬值至均衡水平，没有超调；②世界名义利率和实际利率都下降；③本国和外

---

① 可以参考雅克布·A. 弗兰克尔等（2005）、戴维·罗默（1999）。

国商品价格均固定,但汇率贬值使进口品的本币价值上涨,导致价格水平上涨;④实际余额增加和利率下降都导致居民增加消费;⑤实际余额增加使得本国产出增加;⑥本国贸易条件恶化;⑦本国经常账户出现盈余。到第二期,包括价格在内的各变量调整到位,至长期均衡水平:①本国商品的相对价格上涨;②本国贸易条件改善,就业水平下降;③本国和外国的消费均有增加;④实际利率回到长期均衡水平,即时间偏好所确定的水平。显然,货币扩张即使在长期也是非中性的,会导致实际变量的永久性变化。

上述结果一定程度上取决于模型的特殊设定和参数估值,改变这些设定和估值会得到不同的结果。比如,区分贸易和非贸易部门的小国模型能产生汇率超调,本国货币扩张对外国产出的短期影响取决于货币需求消费弹性的大小,在单位弹性情况下净效应为负,否则方向不明。Redux 模型存在很多有吸引力的拓展方向,比如价格黏性以 Calvo 式的交错形式引入,引入收入税、两国商品替代弹性不同等其他扭曲,引入技术冲击等供给面冲击,等等。这些拓展会在某些方面改变货币冲击的传导过程,从而产生新的结果和新的问题。

(4) Welfare 模型。与 Redux 模型非常相似,除了两个关键扩展和改进:①国家具有垄断力量,两国商品不能完全替代,垄断竞争的厂商形成内部扭曲,国家的垄断力量形成外部扭曲;②通过巧妙设定得到封闭解,不需要借助对数线性近似来求解模型,货币冲击不再限于小的边际量,从而大大增强了模型的分析能力。模型中的名义黏性通过前定工资合同引入,即本期的工资和价格在期初确定,到下期一次性调整到位。扩张性货币政策的当期效应在方向上和 Redux 模型相当一致,尽管在数量上可能存有不重要的差别。模型在长期均衡方面和 Redux 模型有重要差别,货币扩张在长期是中性的,只会导致名义变量的等比例上涨,实际变量在下一期都恢复到期初的均衡水平。然而,二者之间的最重要差别并不在此,而是其最终的福利含义,下面将会重点论及。

2. 货币政策的福利效应

封闭经济条件下,扩张性的货币政策至少在短期会有正的福利效应,这是宏观经济研究中的一个普遍共识。那么,在开放经济条件下情况又如何呢?

由于设定中没有效用函数,Mundell – Fleming 模型和汇率超调模型不能进行严格意义上的福利分析，只能通过产出变动情况进行粗略判断。关于开放条件下货币政策的福利含义，这两个模型的结论基本一致：①货币扩张有提高本国产出的作用，因此可以改善本国福利；②货币扩张导致本币贬值、外币升值，通过国际贸易渠道将国际需求吸引到本国，从而使外国产出下滑，是以邻为壑（beggar-thy-neighbor）的政策。

对外国来说，本国的货币扩张是一把"双刃剑"。首先，它有总需求扩张效应，通过提高全球的总需求刺激外国的生产；其次，它又有支出转换效应，通过提高外国商品的相对价格抑制外国的生产。因此，本国货币政策对外国福利的影响取决于二者的相对大小，需要在特定的理论框架下进行评估。Mundell-Fleming-Dornbusch 框架不能提供严格的评估，由于种种原因，经济学家在应用中倾向于忽视前者而强调后者，从而使"以邻为壑"的结论广为流传。Redux 模型可以对此进行严格评估。模型结果显示，总需求扩张效应要比支出转换效应重要，因此本国的货币扩张总体上可以增进外国的福利水平，这就向传统观点提出了挑战。Redux 模型的主要结论和封闭经济模型比较接近：无论货币扩张发生在哪个国家，都会提高全球各处的消费和福利。

开放条件下，货币扩张对本国也是一把"双刃剑"。首先，通过提高全球消费和外国商品相对价格，它可以刺激本国的产出，这是正的总需求外部性；其次，本国贸易条件恶化会降低本国居民的购买力，从而导致福利损失，这是负的贸易条件外部性。因为 Redux 模型假设国内外商品完全替代，没有贸易条件外部性，所以货币扩张总会增进本国福利。Welfare 模型引入两国商品的不完全替代，从而把负的贸易条件外部性纳入考虑。模型结果显示，当外国商品在本国消费指数中所占份额较大、本国厂商的垄断力量较弱时，贸易条件外部性要比总需求外部性大，本国的货币扩张不但不是以邻为壑，而且还会伤及自身（beggar-thyself）。Welfare 模型的主要结论是：开放条件下最大化本国福利的最优货币政策要比封闭条件下的更紧一些，而后者主要致力于弥合国内扭曲造成的产出缺口。

综观四个模型的货币政策国际传导机制，显然，越到后面变量越多、传导渠道越多、传导机制也越复杂。Mundell-Fleming 模型提供了最为简单明了的描述，Redux 模型和 Welfare 模型则似乎不但没有解决问题，还把问题弄得越来越复杂。不过，这种复杂显然是问题的讨论更加深入的一种表现。在这四个模型中，货币扩张都能至少在短期提高产出，但是机制却有很大差别。前两个模型需要引入一条正斜率的总供给曲线，这样总需求变动就会有实际产量效应。在后两个模型中，由于存在垄断竞争，均衡时价格过高产量过低，货币扩张可以将产量推向完全竞争水平，从而减缓经济扭曲带来的非效率。在福利效应分析方面，Redux 模型和 Welfare 模型明显要比前两个模型严格，也考虑了更多的影响因素和作用渠道。

（二）汇率动态

1973 年布雷顿森林体系崩溃之后，主要西方国家开始实行浮动汇率制。浮动汇率的支持者一般认为，在浮动汇率制下汇率水平会相对稳定。然而，事实否定了理论家的猜想。汇率制度转变之后，汇率出现了比固定汇率制度下大得多的波动。Dornbusch 总结了浮动汇率历程的三个显著特点：实际汇率的易变性、持久的背离和普遍的预测失误。[①] 汇率行为的这种剧烈变化一方面向经济主体提出了挑战，另一方面也吸引了经济学家的注意力，从而使相关理论研究的重点发生了转移。此前的研究大多关注给定汇率情况下国际收支的决定，以及汇率调整对国际贸易的影响。此后很多研究逐步转向关注汇率水平的决定，以及汇率在长期和短期的变动情况。

从长、短期不同频度考察经济变量的行为是宏观经济研究的传统做法。与封闭经济研究中的许多重要变量一样，汇率时间序列的行为也可以分解为长期趋势和短期波动。一般来说，汇率决定理论力图解释汇率的长期趋势行为，也就是汇率运动的收敛方向与长期的稳定和均衡水平；汇率动态理论则力图刻画汇率的短期波动行为，也就是汇率在中、高频度上的易变性（volatility）、持续性（persistence）和协动性（co-movement）特征。人们总是喜欢用自己熟悉的方式思考问题，因此大多数经济学家倾向于在这样的图景下解释汇率运动：一些长期的基本因素决定了汇率的均衡水平，一些短期冲击会导致汇率发生偏离，但是长期因素将会持续发挥作用，从而把汇率拉回到均衡水平。

30 多年来，围绕汇率决定和汇率动态出现了很多理论和经验研究，但是理解和解释汇率的运动仍然是一个引人注目的未解之谜。经济学家们在不同主题下、从不同角度提出了相关问题。Rogoff（1996）详细论述了

---

① 参见戴维·里维里恩、克里斯·米尔纳主编（2000）的论文集，其中第二章是由多恩布什撰写的《汇率经济学》。

购买力平价之谜。众多经验研究大致确证了如下两个事实：第一，在短期，实际汇率具有非常大的易变性，购买力平价不能成立；第二，在长期，实际汇率确实有向购买力平价收敛的趋势，但是速度非常慢，半衰期大致在4年左右。对偏好和技术的实际冲击不足以解释如此之大的短期汇率波动，因此，解释第一个事实需要引入货币和金融市场冲击。由于需要借助名义刚性发挥作用，而这些名义冲击在中长期大致是中性的，这就意味着实际汇率应该有一个相对较快的收敛速度，这和第二个事实矛盾。这就是所谓购买力平价之谜，其本质是如何解释实际汇率在短期的易变性和持续性。保罗·克鲁格曼（2000）曾经指出，"对于80年代的浮动汇率，一个最令人困惑不解，因而也是最重要的方面是汇率的大幅波动对真实经济的任何方面都只有轻微的影响"。这就涉及宏观经济变量相互之间的协动性和因果关系，要解释汇率的运动，其关键在于厘清汇率和其他变量之间的协动规律和因果关系，找出影响汇率动态的各类冲击的传导渠道和传导机制。在国际宏观经济学六大谜题的讨论中，Obstfeld 和 Rogoff（2000b）把汇率无关之谜（exchange rate disconnect puzzle）放了最后。他们认为，购买力平价之谜只是这个谜题的一个例子，其表现形式还有很多。比如，Meeze 和 Rogoff（1983）研究发现，即使是在事后基本面数据的支持下，标准的汇率理论模型在短期汇率预测中也并不好于简单的随机游走模型。到目前为止，国际宏观经济学家在汇率预测上仍然处境尴尬，因为理论模型的预测结果确实难以令人满意。在另一项研究中，Baxter 和 Stockman（1989）发现，在1973年主要发达国家转向浮动汇率后，名义汇率和实际汇率的波幅急剧增大，然而，其他主要基础宏观经济变量却没有发生任何明显的对应变化。确实，在长时段的经济周期特征事实研究中，很少有经济学家把1973年视作一个重要分野。总之，布雷顿森林体系崩溃之后，主要西方国家的短期汇率行为表现为巨大的易变性和较强的持续性，而且与其他主要实际变量缺乏明显的、有规律可循的协动关系。理解和解释汇率的这种独特行为，就成为这一时期汇率理论研究的重点。

对汇率行为的研究牵扯到很多研究传统和研究方法，因此，整个汇率理论显得纷繁而庞杂。比如，在汇率动态理论研究中有马歇尔传统和瓦尔拉斯传统，即局部均衡分析和一般均衡分析①；除了正统分析方法外，一些"非主流"方法也在汇率理论中占有一席之地，例如，用实验经济学的方法探讨汇率决定，用混沌理论模拟汇率的动态特征，用技术分析方法进行汇率预测②，等等；比较正统的汇率理论模型可以从价格设定上进行分类，即灵活价格模型、固定价格模型和黏性价格模型，还可以从分析方法上分类，即弹性方法、资产方法、货币方法和资产组合平衡方法等③；另外，在解释汇率不稳定性时还有一些显得比较"另类"的模型，比如像消息（news）模型和预期自我实现的泡沫（bubble）模型④。

在如此众多的理论中，秉承凯恩斯主义基本精神的一个研究传统一直处在重要位置。这一传统大体上从 Mundell – Fleming 模型开始，到 Dornbusch 的汇率超调模型和此后的许多扩展模型，最后一直到如今的 NOEM 模型。在有关汇率短期波动的研究中，Dornbusch 的汇率超调模型是此后几乎所有研究的一个基本参照。Dornbusch（1976）建立模型的初衷之一，就是为当时已经非常明显的汇率大幅波动提供启发性的（suggestive）见解。他认为，由于存在价格黏性，产品市场的调整要慢于资产市场，这就导致汇率会对货币供给冲击反应过度，从而出现现实中观察到的汇率大幅波动。之所以声称自己的研究只是启发性的，而不是为汇率的大幅波动提供一个解释，是因为原初的汇率超调模型在理论和经验上都有待进一步雕琢。此后，有很多研究对汇率超调模型进行了拓展和完善，使其在各方面能有更佳表现。不过总的来说，汇率超调并没有在经验研究中获得决定性的支持。⑤ 虽然汇率超调模型存有诸多不足，但是其基本思想却对后来的研究产生了很大影响，即货币冲击是汇率波动的根本原因，冲击的传寻通过价格黏性实现。从这个意义上来说，该模型确实提供了启发性的见解。

汇率超调模型之后，相继有两大事件对短期汇率波动的研究产生了巨大影响：20 世纪 80 年代 RBC 理论家创建 DSGE 框架，90 年代中期 NOEM 模型出现。对 RBC 理论家来讲，汇率波动只是他们试图解决的众多问题

---

① 参见迈克尔·宾斯托克《汇率动态》一文，这是戴维·里维里恩、克里斯·米尔纳主编（2000）论文集的第三章。

② 参见贾恩卡洛·甘道尔夫（2006）以及李荣谦（2006）。

③ 参见劳伦斯·S. 科普兰（2002）和欧阳勋、黄仁德（1993）。

④ 参见劳伦斯·S. 科普兰（2002）和李荣谦（2006）。

⑤ 关于汇率超调模型，Obstfeld 和 Rogoff（1996）提供了一个非常好的表述，在那里他们也讨论了此后对该模型的一些拓展和完善。

之一。在做了大量封闭经济的研究之后，他们的工作逐步拓展到开放领域，形成了所谓国际真实经济周期（IRBC）的研究分支（Backus et al.，1992，1995；Ambler et al.，2004）。这类模型既然致力于解释经济周期的国际方面，汇率波动就必须纳入视野。然而，对于另一派的理论家，即从Mundell - Fleming 模型一路演进过来的上述传统来说，汇率波动始终是其关注的重点，只不过随着宏观经济学研究方法不断演变，他们也在不断尝试使用新方法来回答老问题。最后，这两个研究传统就在这个问题上出现了一定程度的融合，大家开始用相同的方法研究相同的问题。

这方面研究有两个显著特点：第一，继承了 Dornbusch 汇率超调模型的基本思想，重视货币和金融冲击，以及名义黏性等各种不完全性；第二，在建模标准和经验检验上逐步向 RBC 靠拢，注重模型所产生时间序列和现实经济时间序列的各种统计性质的比较。Chari 等（2002）的研究是典型的 RBC 风格，他们的模型比较成功地解释了汇率的易变性和持续性。然而，他们同时也指出，该模型在协动性方面表现不佳：模型显示实际汇率和两国消费的比率高度相关，但是现实经济时间序列并没有表现出同样的特征。前面提及的 Redux 模型和 Welfare 模型则都是典型的开放宏观传统研究。这个领域的研究仍然非常活跃。比如，Patureau（2007）指出，解释汇率和宏观经济基本面之间的鸿沟一直是国际经济学面临的一项挑战，在引入因市定价和有限参与（Limited Participation，LP）之后，这个问题可以得到比较满意的回答。Jung（2007）的研究发现，在用谱分析方法进行的经验检验中，NOEM 模型表现不佳：模型产生的时间序列不具有现实经济时间序列的驼峰状谱密度，在所有变量中汇率的表现尤其糟糕。总的来说，这方面的理论研究有了很大进展，不过在经验检验方面还没有得到足够的支持，需要进行更深入的研究。

（三）汇率制度选择

在开放经济的讨论中，汇率制度选择是一个重要的政策问题。固定汇率和浮动汇率之争由来已久，至今悬而未决。与许多政策争论不同，这一争论不能简单地以激进对保守、国家干预对自由市场、凯恩斯主义对古典主义之类的阵营对垒来看待。因为在主要政策问题上处于同一阵营的经济学家往往在这一问题上意见分歧，而在主要政策问题上意见不一的经济学家在这一问题上又往往持相同主张，当然，其背后的理由则完全不同（克鲁格曼，2000）。同时，在这一问题上经济学家的主张也会发生根本性的转变，例如，克鲁格曼（2000）曾经谈到，"在我职业生涯的大部分时间中，我相信自由的浮动汇率是我们所能获得的最好的体制。……我现在已经改变了主意"。另外，与许多政策争论不同，在这一争论中即使是受过专业训练的经济学家有时也会出现推理谬误。麦克勒姆（2001）强调了两类常见的谬误：第一，把浮动汇率和历史上的经济混乱无序相联系，以此为论据反对浮动汇率；第二，把浮动汇率和自由市场做类比，同时，把固定汇率和政府干预、行政控制做类比，在自由市场具有更高效率这一大命题下反对固定汇率。

现代开放宏观经济学关于汇率制度选择的探讨，大体可以追溯到 Friedman（1953）和 Mundell（1963）。Friedman 认为浮动汇率可以隔离外部冲击，从而使国内经济有一个相对稳定的发展环境。Mundell 则认为，由于存在资本的跨国流动，浮动汇率隔离外部冲击的效果大大减弱，因此，在考察汇率制度优劣时需要将更多因素纳入视野。虽然二人的研究结论不同，但是在他们的研究中，名义黏性都占有非常重要的地位。以此为标准，此后关于汇率制度选择的理论研究大致可以分为两类，一类遵循 Friedman 和 Mundell 传统采用黏性价格，另一类则采用灵活价格。[1] 总的来说，随着国际货币体系的变迁和各国汇率制度的转变，以及现代宏观经济分析方法和工具的创新，以 Friedman 和 Mundell 的研究为起点，这一领域出现了很多重要的理论和经验研究成果。

正如 Carmignani 等（2008）所总结的，从布雷顿森林体系崩溃前后至今，经济学家和舆论在汇率制度选择上的主流观点历经嬗变：20 世纪 60 年代末天真地热衷于浮动汇率，80 年代早期开始偏向固定汇率，90 年代早期转向二者之间的中间体制，而在亚洲金融危机后开始拥护"两极观点"（bipolar view），即或者采行不可更改的固定汇率（比如货币局制度、美元化）或者采行真正的浮动汇率。随后，Calvo 和 Reinhart（2002）题为《浮动恐惧》的研究又向"两极观点"提出挑战。通过对 39 个国家的汇率、外汇储备和利率行为的考察，他们发现，许多宣称实行浮动汇率制度的国家好像总是害怕浮动，而在实际经济运行中采取某种形式的钉住

---

① Devereux 和 Engel（1998，1999）很好地梳理了相关研究的历史脉络，特别是提供了很多后续研究的文献。另外，Mundell 在这一问题上的贡献体现在多篇论文中，这里只引了其中一篇。

汇率。Obstfeld 和 Rogoff（1995b）在较早时候的一篇题为《固定汇率的幻想》的研究中曾经指出，现实中能坚持实行固定汇率制度的国家极少，固定汇率并不像政府宣布的那么"固定"。这两项著名研究和其他一些经验研究一起，向汇率制度选择的重要性提出质疑，即汇率制度选择无论在解释汇率行为方面还是在解释经济基本面方面似乎都无关紧要。这些研究最终又牵扯到汇率制度的定义和分类问题，许多研究发现，一国实际采行的（de facto）汇率制度与该国政府宣布的法理上的（de jure）汇率制度经常出现不一致。那些宣布钉住汇率的国家在实际经济运行过程中往往食言；反之，那些宣布汇率自由浮动的国家却似乎害怕浮动，往往通过干预措施使汇率波动局限在某个区间内。Klein 和 Shambaugh（2008）最近的研究提出了自己的汇率制度分类方法，同时也回顾了前几年出现的一些相关研究，他们的研究结果支持传统观点，即汇率制度选择是重要的。

　　总之，在开放宏观和国际金融的讨论中，汇率制度选择是一个最富争议的问题。经济学家们不但在理论研究上各持己见，而且在经验研究中也多有分歧。从近半个世纪汇率制度变迁所展现出的多样性和复杂性来看，急需强有力的理论框架来帮助人们理解和解释现实问题。一些经济学家利用 NOEM 框架对这一问题进行了初步研究，由于名义刚性在模型中的核心地位，这些研究可以说是继承了 Friedman 和 Mundell 传统。

　　在一篇重要论文中，Obstfeld 和 Rogoff（1998）将不确定性引入模型，分析在黏性价格下风险不但影响资产价格和短期利率，而且影响生产者的定价决策，从而影响期望产出和国际贸易。他们明确指出，该模型可以精确量化不同汇率制度之间的福利折中，并且使之与国家规模相联系。Devereux 和 Engel（1998，1999）很快就利用这一方法研究了固定汇率和浮动汇率的福利性质。在他们的模型中，不确定性通过货币冲击引入。研究结果显示，汇率制度选择不仅影响消费和产出的方差，而且影响其均值。另外，最优汇率制度依赖于商品以生产者通货（PCP）还是以当地通货计价（LCP）。在传统的 PCP 设定下，浮动汇率和固定汇率之间存有替换关系。浮动汇率制下的汇率调整使得消费波动较小，但是汇率变动本身会导致消费的均值减小。在 LCP 设定下，浮动汇率总是优于固定汇率。Obstfeld 和 Rogoff（2000a）在随后的研究中比较了三种理论层面上的汇率体制的优劣，结果表明，最优浮动汇率制度要优于最优固定汇率制度，最优固定汇率制度要优于 McKinnon 倡导的"国际货币主义"制度。

虽然上述研究很大程度上只是粗略的原则性探讨，还不能为解决复杂的现实问题提供具体帮助，但是，这些研究已经提供了一套建设性的方法并为后续研究指明了方向。首先，通过将不确定性引入模型，这些研究强调了风险在分析中的重要位置；其次，这些研究已经完全从单纯关注经济主体在对外贸易和资本流动中的得失转入关注政府的最优国际货币政策设计，使得分析从微观经济效率的研究转向更为广泛的宏观经济稳定问题；再次，这些研究能真正从福利分析的角度比较不同汇率制度的优劣；最后，这些研究为比较不同类型冲击下不同汇率制度的优劣提供了一个理论框架，同时，还将一些类似在 PCP 和 LCP 之间进行选择的更现实的因素纳入视野。总之，诚如 Obstfeld 和 Rogoff（2000a）所言："当然，我们的福利分析只是浅尝辄止，更复杂设定下的国际货币政策和最优政策规则等大量问题仍然悬而未决。然而，我们相信我们的方法对如何在这些领域取得进展具有指导意义。"

四　结论

经济学研究的主要目的就是为人们理解和解释现实经济问题提供好的理论框架，在现代经济学研究中，这一目的尤为突出。因此，本节从理论框架和所关注问题两个角度入手，对近年来兴起的新开放经济宏观经济学（NOEM）进行了全面综述。

从理论框架层面来看，NOEM 是 20 世纪 90 年代出现的新新古典综合（NNS）框架的一个成功范例。NNS 整合了真实经济周期（RBC）理论和新凯恩斯主义宏观经济学两方面的理论资源，在动态随机一般均衡（DSGE）模型中引入不完全竞争和名义黏性，以此来重新审视各种名义和实际冲击的传导机制和福利效应。与传统框架相比，NNS 具有诸多优势，已经在现代宏观经济研究中获得广泛应用。

从所关注的问题层面来看，NOEM 探讨的主要还是开放宏观和国际金融领域的传统问题，比如本书重点涉及的货币政策的国际传导、汇率动态和汇率制度选择。与传统分析相比，NOEM 在这些问题上都提出了新的见解。这主要得益于在 NNS 框架下可以引入许多更现实的因素，同时，许多在传统分析中相互割裂的问题也可以综合在一个框架内进行讨论。

当然，整个 NOEM 研究也存有不足之处。首先，由于整个研究基于DSGE 框架，因此也就无法避免许多对该框架的批评。比如屡遭诟病的

"典型经济主体"（representative agent）假设（Kirman，1992）和模型的参数选择问题（Lane，2001）。其次，整个研究在经验检验方面尚嫌不足，一是相关研究较少，还没有深入展开；二是有些已有的研究并不支持理论模型的结论。最后，整个研究对实际经济决策和政策制定影响不大，还没有得到实际经济部门工作者的广泛认可和接受。这其实也是当前处于前沿位置的整个主流宏观经济研究普遍面临的问题。正如 Krugman（1999）曾经谈到的，那些年轻经济学家在华盛顿和纽约待过几年之后，都发现自己要回头求助于宏观经济学 I（在 MIT 指传统凯恩斯主义理论）。这些经济学家在学校学习的都是更高深的内容，往往以轻蔑的态度看待 IS – LM 之类的模型。

第四章

中国经济周期波动事实 I：描述性事实

本章的目的是要提供一个简明的中国经济周期波动史。用经济史的方法描述新中国成立以来的经济周期波动，最紧要的问题便是，应该如何组织事实材料。经济周期波动的历史应该附属于经济史，可是，经济史的哪些内容应该包括到经济周期波动史当中呢？又应该用怎样的框架来容纳这些内容呢？

关于经济周期，维克塞尔有一个著名比喻：如果你用棍棒击打摇荡木马，木马的运动和棍棒的运动会很不相同。这个比喻巧妙提出了经济周期的传导问题和冲击问题。木马是经济本身，它决定了冲击如何被传导以及其所导致的波动形态；棍棒是外部冲击，它为经济周期波动提供动力。经济体本身的性质主要是经济体制和经济运行方式问题，这些因素决定了经济周期波动的基本形态；而一些突发的外部事件则成为经济周期波动的冲击来源。因此，本章的分析以体制为框架，以重大事件为主线，分阶段描摹中国的经济周期波动。这些重大事件大致有三类：第一类反映经济体制形成和经济体制变迁情况；第二类构成重大外部冲击；第三类反映经济周期波动本身的变化和形态。

中国的经济发展过程中有两条主线相互交织：一是经济发展问题；二是体制设计和体制转型问题。发展战略和自然禀赋状况在很大程度上影响了体制设计，而体制在意识形态方面的属性也规定了发展战略的某些方面。这两个问题的解决都是在政府主导下进行的，中国经济周期波动的基本形态大致取决于这两个问题的解决方式。当新中国成立初期体制成型、发展战略勘定之后，许多年经济周期波动的基本形态也就被决定了；而当市场导向的经济改革开始以后，经济周期波动的形态也就不可避免地发生了重大变化。下面我们把 1949—2014 年分为五个阶段，详细讨论各阶段经济周期波动的描述性特征。

第一节　初始条件的形成（1949—1957 年）

这一时期又可以分为两个阶段。1949—1952 年为第一阶段，主要是国民经济恢复和各项重大决策的酝酿期；1953—1957 年为第二阶段，大规模的经济建设由此开始，经济体制和发展战略也最终成型。这一时期为此后 50 多年的经济周期波动设定了初始条件，前 20 年经济周期波动的制度基础即在此时确立，后 30 多年虽然处于不断的变革之中，但旧体制的影响至今不衰。同时，这一时期自身的经济周期波动（尤其是 1953—1957 年）表现出来的机制和特征，又和此后的历次波动多有共性。

一　国民经济恢复时期：1949—1952 年

新中国成立前后，有三个因素需要特别注意。首先，此时中国的经济基础非常薄弱，资本稀缺，劳动力虽然丰富，但素质相对低下[1]；其次，国际环境十分严酷，在美苏争霸的冷战气氛中，中国不可能不被卷入其中；最后，是意识形态因素，苏联模式对我国当时的发展战略制定和经济体制设计之影响不可忽视。在这些因素的共同作用下，我国选择了优先发展重工业的"赶超"战略，并形成了单一公有制中央集中计划经济体制。[2]

这一时期，有两个颇具象征性的事件，对内是"三反"[3] "五反"[4]

---

[1]　武力（1999）主编的《中华人民共和国经济史》如此总结新中国成立前的经济状况：到 1949 年新中国成立前，旧中国不仅是一个人口众多、经济落后、发展极不平衡的农业国，而且是一个国民经济不断遭到破坏、消费不断下降、投资枯竭、社会财富被消耗殆尽的经济。

[2]　对于"赶超"战略和传统经济体制的形成，林毅夫等（1994）有精彩的论述。他们强调，在资本极度稀缺的资源禀赋条件下，实行优先发展重工业的发展战略，必然导致"三位一体"的传统经济体制的形成：价格扭曲的宏观政策环境；以计划为基本手段的资源配置制度；没有自主权的微观经营制度。

[3]　"三反"即反对贪污、反对浪费、反对官僚主义。该运动开始于 1951 年年底，主要目的是惩治腐败官员，历时半年左右。

[4]　"五反"即反对行贿、反对偷税漏税、反对盗骗国家财产、反对偷工减料和反对盗窃经济情报。该运动开始于 1952 年年初，主要目的是打击不法资本家。对"三反""五反"运动更详细的论述可以参考董辅礽（1999）主编的《中华人民共和国经济史》。

运动；对外则是朝鲜战争。①"三反""五反"运动虽然取得了一定的成功，但是也凸显出当时政治体制的某些弊端。以后 20 多年中的历次运动和这些弊端有着密切的联系，"三反""五反"运动只是新中国成立后这一系列运动的开端。朝鲜战争的影响是多方面的，其中之一就是强调了国际环境的险恶和政府的主导地位，这为发展战略选择和经济体制设计提供了最直接的支持。

新中国成立初期的高速通货膨胀及其治理是这一时期经济周期波动方面的最重大事件。此次通胀的主要原因是战时财政赤字严重，导致货币发行过量；其他一些原因有人民币的法定货币地位未能确立、市场混乱、投机风行和居民长期以来形成的高通胀预期等。政府在这次通货膨胀的治理中采取了果断措施，显示了管理经济的能力。首先，发行折实公债弥补赤字，有计划地回笼和冻结货币，实行紧缩性政策；其次，利用国家权力巩固人民币的法定货币地位；最后，打击投机，加强市场管理。这些措施产生了良好的效果，最终实现了物价的稳定。

二　"一五"计划：1953—1957 年

过渡时期总路线②的提出和社会主义三大改造③的完成，以及第一个五年计划④的编制和实施，构成了这一时期的主题。过渡时期总路线的实质是"一化三改"，即社会主义工业化和三大社会主义改造，它标志着经济体制向社会主义的急速转向。三大改造从 1953 年正式开始，到 1956 年年底结束，单一公有制体制至此完全确立。"一五"计划的编制和实施是

---

①　朝鲜战争于 1950 年 6 月爆发，中国志愿军于 10 月 19 日奔赴朝鲜前线。三年战争国家直接用于战场的支出共计 62 亿元，相当于 1950 年的财政收入。关于朝鲜战争的经济影响可以参考董辅礽（1999）。

②　过渡时期总路线：从中华人民共和国成立，到社会主义改造基本完成，这是一个过渡时期。党在这个过渡时期的总路线和总任务，是要在一个相当长的时期内，逐步实现国家的社会主义工业化，并逐步实现国家对农业、手工业和资本主义工商业的社会主义改造。这条总路线是照耀我们各项工作的灯塔，各项工作离开它，就要犯右倾或"左倾"的错误（董辅礽，1999）。该总路线 1953 年由毛泽东正式提出并最终在党内达成一致，据说这种急速转向毛泽东在新中国成立前就早有谋划，只是不为其他领导人所察（吴敬琏，2004）。

③　即过渡时期总路线中提出的对农业、手工业和资本主义工商业的社会主义改造。

④　"一五"计划从 1951 年 2 月试编，到 1955 年 6 月 18 日讨论通过，历时五年，数易其稿。该计划提出的基本任务围绕着过渡时期总路线的"一化三改"，即进行大规模的工业建设为社会主义工业化建立初步基础；同时，发展集体所有制和各种类型的国家资本主义，以促进三大改造的顺利完成。

我国实行集中计划经济体制的开端，虽然最后顺利超额完成，但是计划经济的弊端也充分暴露出来。

传统体制的弊端其实在建立之初就在实践中充分显现，在理论上也多有批评。1956 年经济过热的最大原因就是体制问题，表现在基本建设规模过大，职工总数增长过快，信贷突破计划、货币发行增加，以及农业生产急于求成、指标定得过高等几个方面（武力，1999）。在理论方面，吴敬琏（2004）指出，20 世纪 50 年代中期计划经济体制刚刚全面建立时，就遭到众多批评。孙冶方强调"提高利润指标在计划经济管理体制中的地位"，实行"大权独揽、小权分散"；顾准认为社会主义经济的最大问题是废除了市场制度；陈云提出了国家经营为主、个体经营为辅，计划生产为主、自由生产为辅，国家市场为主、自由市场为辅的"三为主，三为辅"方针。面对暂时的经济过热，中共党内从 1956 年到 1958 年展开了拉锯式的"冒进"与"反冒进"[①]，"反冒进"与反"反冒进"[②] 的斗争。而在理论界和更长期的实践中，试图对经济体制进行有效改革的各种探索也一直存在，但是直到 1978 年才终于回到正确的方向上来。

这一时期的经济增长绩效获得了普遍认可[③]，但是从经济周期波动的角度来看，增长并不平稳。1953 年其实就有一个小的"冒进"，GDP 增长 15.6%，货币发行（M0）增长 43%；这使农业的"瓶颈"地位凸显出来，粮食产量不能完成计划指标，纺织工业和食品工业由于缺乏原料普遍开工不足；财政收入很难满足建设要求，国家和地方财政都出现赤字；原材料普遍短缺的状况还激化了公私之间、国家与农民之间的矛盾（武力，1999）。这种情况加上 1954 年的自然灾害，使随后两年的经济增长速度明显放缓；但是，随着三大改造的逐步完成，到 1956 年又出现了新的冒进趋势，GDP 增长 15%，货币发行（M0）增长 42%，呈现出基建规模过大、职工总数增长过快和信贷突破计划的"三管齐下"的经济过热。由于各项"反冒进"措施得到了实施，到 1957 年这种情况有所缓解，GDP

---

① 指 1956 年初开始，主要由周恩来和陈云领导的，对当时出现的经济建设中急躁冒进倾向的批评和纠正。

② 指 1957 年前后，毛泽东对"反冒进"的批评，主要体现在 1957 年 9 月至 10 月召开的中共八届三中全会上。

③ 参见武力（1999）。"一五"是我国改革开放前经济效益最好的时期，与同期世界其他国家的经济增长相比毫不逊色。

增长放缓，货币发行（M0）也得到了控制。

三　小结

从这一时期内部和外部的各种因素综合来看，单一公有制集中计划经济体制在我国的最终确立有其内在逻辑。这种体制一旦形成，经济周期波动的形态和特征也就在很大程度上被确定了。在"一五"计划实施的五年中出现了两次过热，在应对过程中决策层总是存有尖锐的对立意见，这使得情况变得更为复杂，往往出现政策前后不一致、朝令夕改的状况。在政府主导的经济发展过程中，经济周期波动很大程度上也是政府导致和加剧的。

第二节　集中计划体制下的 20 年
（1958—1978 年）

从传统体制完全形成到 1978 年实施改革开放政策的 20 年中，出现了两次对经济社会发展造成巨大破坏的运动："大跃进"和"文化大革命"。这两次运动使传统体制的弊端完全暴露，到 1978 年，经济体制改革势在必行。这两次运动的展开和深化与决策层的各种尖锐对立有莫大干系，可以说，这 20 年的经济发展总是为上层的权力斗争所累，而经济周期波动则体现出非常明显的大起大落特征。下面我们分四个阶段进行讨论，分别是两次运动以及此后的调整。

一　"大跃进"：1958—1960 年

这一时期经济生活方面的关键词是所谓"三面红旗"，即社会主义建设总路线、"大跃进"和人民公社。在 1958 年 3 月召开的成都会议中，毛泽东再次批评了"反冒进"，并提出了"鼓足干劲、力争上游、多快好省地建设社会主义"的总路线，取代了中共在"八大"前后提出的"既反保守又反冒进，在综合平衡中稳步前进"的经济建设方针，用激进的"长线平衡"取代了稳健的"短线平衡"①，盲目发动群众而无视基本经

---

① "短线平衡"即"一五"期间周恩来和陈云强调的"综合平衡"，这种平衡以"短线"（短缺的）产品或产业来衡量，重视制约经济发展的"瓶颈"因素。"长线平衡"是所谓"积极平衡"，即不迁就落后指标和"瓶颈"产业，而是要这些指标和产业向那些"长线"（过剩的、供大于求的）因素看齐。"长线平衡"的思想最早由毛泽东在 1956 年提出，1958 年 2 月 28 日的《人民日报》社论《打破旧的平衡，建立新的平衡》做了全面阐发（武力，1999）。

济规律（武力，1999）。社会主义建设总路线最终成为"大跃进"的指导方针和理论基础。

"大跃进"是1957年"反冒进"动作的延续。在做了一系列准备之后，1958年5月召开的中共八大二次会议宣告了"大跃进"运动的正式开始。在农业"高指标"和工业"大炼钢铁"的三年中，国民经济遭到巨大破坏，经济结构严重失衡，人民的生活水平普遍下降。1959年7—8月召开的庐山会议是"大跃进"运动中的一个重要转折，会议前期的基调是纠"左"，决策层对"大跃进"中出现的问题做了认真反思，有望对经济工作做出积极调整；但是，会议后期的基调转为反右，"大跃进"运动也因此丧失了尽早收拾局面的机会。

伴随着"大跃进"运动的人民公社化浪潮最早在农村实行，最后竟至逐步在城市试办。人民公社在组织形式上的特点是"一大二公"、政社合一和多级管理；在生产经营上实行统一经营、集中劳动，每个公社都是自给自足的封闭生产单位；在分配上实行平均主义（董辅礽，1999）。人民公社运动严重超过了农村经济的承受能力，造成了人力、物力和财力的巨大浪费，挫伤了农民的生产积极性。虽然此后历经调整，但其基本模式却延续了20多年，对我国农村的生产力造成了不可估量的消极影响。

"大跃进"期间另一值得关注的因素是行政性分权的初步尝试。计划经济的弊端在1956年前后初步显现，为了调动地方的积极性，从1958年开始中共实行了"体制下放"和"权力下放"。正如吴敬琏（2004）指出的，"在保持计划经济用行政命令配置资源的总框架不变条件下向地方政府层层分权所形成的分权型计划经济体制，和农村的人民公社一起，构成了'大跃进'的制度基础"；而"1958—1976年的体制下放改革，毫无例外地以造成混乱和随后重新集中告终，'一放就乱'、'一管就死'，形成了'放—乱—收—死'的循环"；"因此，分权的计划经济是比集权的计划经济还要坏的计划经济"。

"大跃进"造成了国民经济的巨大波动。1958年的GDP增长达到了惊人的21.3%，这为后面几年的低增长甚至负增长埋下了伏笔；1958年全国总就业人数比1957年净增近3000万人，此后则连续三年持续大幅下降，所谓"招之即来，挥之即去"[1]；货币发行（M0）和财政收支的波动也极大，在"大跃进"的三年持续大幅上涨，此后则急剧下降。

二 国民经济调整：1961—1965 年

"大跃进"对工农业生产造成巨大破坏，许多地方由于饥馑出现大量非正常死亡[2]；到 1960 年，"大跃进"的各项政策到了破绽百出、难以为继的地步。面对这种情势，中共在 1960 年 7—8 月的北戴河会议前后提出了"调整、巩固、充实、提高"的八字方针，开始对各项政策进行调整。以 1960 年 11 月的《紧急指示信》[3] 和 1961 年 1 月中共八届九中全会[4]为标志，"大跃进"运动宣告结束，国民经济进入全面调整时期。

由于经济发展和政策实施的惯性，1961 年是调整的徘徊阶段。"大跃进"的种种恶果此时才充分显露，而各项调整政策还不能充分贯彻实施。1962 年 1 月到 2 月的"七千人大会"[5] 召开之后，局面开始有所转变。降低生产计划指标，压缩基本建设规模，精减职工、压缩城镇人口，调整失衡的产业结构等一系列措施得以实施，经济调整工作全面铺开。1953—1965 年调整工作取得了实效，产业结构得到改善，经济运行较为平稳，各项指标基本恢复到了"大跃进"前的水平。

除了"大跃进"造成的混乱，在这一时期，中苏关系全面破裂、中印边境发生武装冲突、美国对越南的战争升级，我国在外交方面也处于孤

---

[1] 其中第一产业就业人数减少约 4000 万人，第二产业增加约 5000 万人，第三产业增加约 2000 万人。

[2] 关于"大跃进"和人民公社化造成的全国非正常死亡人数，不同学者的估计大致在 1500 万—3000 万人之间（吴敬琏，2004）。

[3] 指中共 1960 年 11 月 3 日发布的《中共中央关于农村人民公社当前政策问题的紧急指示信》，该《紧急指示信》提出必须坚决反对"共产风"，并为此制定了十二条重大措施，因而又称"十二条"（武力，1999）。

[4] 1961 年 1 月 14 日至 18 日在北京召开，主要精神是正式批准了"调整、巩固、充实、提高"的八字方针，并要求在经济计划工作中按照农、轻、重的次序进行安排，以调整失衡的各部门比例关系（武力，1999）。

[5] 正式名称是"中共中央扩大的中央工作会议"，于 1962 年 1 月 11 日至 2 月 7 日在北京召开。会议围绕刘少奇的会议报告《在扩大的中央工作会议上的报告》展开讨论。该报告主要指出了几年来经济工作中的缺点和错误，强调必须做好各项调整工作（武力，1999）。

立无援的境地，呈现出内外交困的局面。在此情势下，中共在经济领域树立了两个典型，即"工业学大庆①，农业学大寨"。② 大庆和大寨强调了艰苦奋斗、自力更生的精神和思想政治工作的重要性，并获得了成功。大庆和大寨精神当然有其积极意义，但是过分地片面强调其中的精神力量无疑是不妥当的。与此相应，在经济政策制定和决策方面又出现了一些消极因素。1961 年 4 月安徽省委书记曾希圣经过毛泽东同意，率先在安徽推行"包产到田"的责任制并取得明显成效，并很快在一定范围内展开。但是，在度过了困难时期以后，由于不符合"一大二公"的要求，这项政策很快因为遭到毛泽东的批评而被迫停止（武力，1999）。在 1962 年 8 月 6 日的北戴河会议上，毛泽东提出了"以阶级斗争为纲"的论述。此后，伴随着城市中的"五反"③ 运动和农村的"四清"④ 运动，正常的生产活动屡屡受到阻碍，各种矛盾逐渐尖锐。

承接"大跃进"期间的"大起"，这一时期的头两年出现严重的"大落"，GDP 出现负增长，此后三年 GDP 增长才逐步恢复正常。从就业方面来看，大规模的"上山下乡"运动从 1962 年开始，到 1966 年上半年，全国城镇知识青年"上山下乡"人数累计有 129 万人（武力，1999）。货币发行（M0）在 1961 年达到峰值，此后逐年下降，直到 1965 年才略有回升。财政收支在 1962 年进入低谷，此后又逐步回升，到 1965 年基本与"大跃进"前持平。1961 年发生了比较严重的通货膨胀，居民消费价格指数上涨 16%，日常消费品供应十分紧张。此次通货膨胀的主要原因是商品供应不足和货币发行过量导致购买力膨胀。随着调整措施的实施，日常消费品供应赶了上来，吃穿用的问题得到缓解；同时，货币发行的逐步下降也压缩了购买力，通货膨胀遂得以控制。

---

① 大庆油田于 1959 年 9 月 26 日发现，正值新中国成立 10 周年"大庆"。此后，产量连年递增，到 1963 年达到 400 多万吨，占全国产量的近 70%，为我国在 1965 年实现石油自给做出了巨大贡献。1964 年前后中共多次号召工业企业向大庆学习（武力，1999）。

② 大寨属于山西昔阳县，陈永贵任社长和党支部书记。大寨精神具体体现在"三不要"（即不要国家的救济粮、救济款、救济物资）和"三不少"（即原计划的国家征购粮、集体储备粮、社员口粮都不少）上，在艰苦的年代创造了自力更生的奇迹。1960—1965 年，陈永贵和大寨在全省和全国获得广泛宣传，成为农业生产方面的榜样（武力，1999）。

③ 即反对贪污盗窃、反对投机倒把、反对铺张浪费、反对分散主义、反对官僚主义。这次"五反"运动的内容与 1952 年的"五反"不同，与 1951 年的"三反"则有许多相同之处。

④ 即清账目、清仓库、清财务、清工分。

三　"文化大革命"：1966—1976 年

"大跃进"结束后的经济调整使国民经济逐步走出了低谷，但 1966 年开始的"文化大革命"又一次让经济陷入谷底，遭受了巨大挫折。在"文化大革命"头三年中，揪斗"黑帮"、抄家、"破四旧"①、"大串联"②、全面"夺权"③ 和遍及全国的武斗，使正常的生产活动遭到严重破坏：经济管理机构陷入瘫痪，各种规章制度形同虚设，交通运输堵塞，能源的生产和供应下降，大批工矿企业处于停产半停产状态，正常的经济生活秩序完全被打乱。

随着 1969 年 3 月中共九大的召开，国内政局开始相对趋于稳定，达到了所谓"大乱"后的"大治"，经济工作也因而摆脱了混乱局面，重新纳入计划的轨道。1969—1972 年，为了调动地方的积极性，迅速恢复和发展经济，我国在经济管理体制方面进行了第二次"权力下放"改革。这次改革主要体现在三个方面：精简国家机构、下放企业和管理权；下放财政、物资、基建投资权；简化税收、信贷、劳动工资制度（武力，1999）。可是，"一放就乱"的逻辑立刻发生作用，1970—1971 年，即"三五"计划转向"四五"计划期间，国民经济建设出现了长达两年的"过热"，出现了所谓"三个突破"④ 的局面。

1971 年 9 月之后，周恩来主持中央工作，开始了主要针对"三个突破"的调整。这次调整的主要内容是压缩基建规模，调低了"四五"计划的一些高指标，限制"权力下放"改革并收回了部分权力（武力，1999）。经过调整以后，"三个突破"的情况得到控制，到 1973 年，经济

①　指破除旧思想、旧文化、旧风俗、旧习惯。但是关于如何"破四旧"，中共中央并没有明确的说明和限制。在"文化大革命"中，"破四旧"演变成了砸文物、打人、抄家的同义词。

②　1966 年 8 月 8 日到 11 月 16 日，毛泽东先后八次在北京接见红卫兵，总计超过 1000 万人次，形成了红卫兵和学校师生"大串联"的高潮。他们先是来到北京，然后又奔赴全国各地。当时明确规定串联者一律免费乘车，生活和交通费用由国家财政负担。1967 年 2 月 3 日和 3 月 19 日中共中央两次发出通知叫停大串联，各地接待站才陆续撤销，串联活动逐渐结束。

③　1967 年 1 月最早从上海开始，然后迅速遍及全国，原来的政府机构纷纷被打倒，新成立的各类"革命委员会"接管权力。经过长达两年的斗争，全国 29 个省、直辖市、自治区先后被"夺权"，实现了所谓"全国山河一片红"。各派在权力接收过程中不免发生摩擦，出现武斗，局面混乱不堪。

④　即职工人数突破 5000 万人，工资支出突破 300 亿元，粮食销量突破 800 亿斤（武力，1999）。

发展出现了难得的转机。但是，1974年"批林批孔"运动在全国的展开又造成了新的政治动乱，经济生活又一次受到严重冲击：工业欠产，铁路运输阻塞，港口压船严重，生产秩序混乱，财政出现赤字，市场供应紧张（董辅礽，1999）。

政治和经济上新的混乱引起了毛泽东的忧虑，于是在1975年起用了邓小平，新的经济整顿开始了。邓小平时任国务院第一副总理，四届人大之后周恩来病重，邓小平开始全面主持中央日常工作。邓小平的经济整顿取得了一定效果，但是很快就被"反击右倾翻案风"所打断。1975年11月下旬，邓小平不但被弃用，一场"批邓"运动又在全国开展起来。1976年是中国政局发生巨变的一年，也是经济形势相当严峻的一年。周恩来、朱德和毛泽东先后逝世，"四人帮"在随后的政治斗争中迅速溃败，新的力量随即登上了政治舞台，经过两年的调整和酝酿，到1978年中国经济迎来了全新的挑战。

"文化大革命"期间在经济领域还有两项重大事件需要提及，即"三线建设"① 和知识青年"上山下乡"运动。"三线建设"决策于外交形势极端严峻的1964年，1966年全面展开，到1980年才基本结束。考虑到当时的特殊情势，决策者的初衷情有可原，而且建设本身也取得了诸多成就。但是，从经济增长和投资效益的角度来看，"三线建设"的许多投资是失败的，投入和产出不成比例，造成了很大的浪费；从经济结构的角度来看，大量资金被国防工业和重工业占用，民用工业和轻工业、农业的发展受到限制，阻碍了人民生活水平的提高；从经济周期波动的角度来看，由于积累率畸高，消费深受抑制，使经济更易受到外部冲击的干扰，波动幅度也更大。

知识青年"上山下乡"运动作为解决就业问题的特殊手段，早在1955年就被提出并使用，到1957年年底，城镇下乡青年达到79000多人（董辅礽，1999）。"大跃进"后的1962—1966年是"上山下乡"的第二个高峰，人数总计超过100万人。在"文化大革命"期间这项运动达到

① 所谓三线是由沿海、边疆地区向内地划分为三条线：一线指沿海和边疆地区；三线指川、黔、陕、甘、湘、鄂等内地地区；二线指介于一、三线之间的中部地区。三线建设主要是指三线和二线地区的建设，以及一线的迁移。它经历三个五年计划，共投入2050亿元资金和几百万人力，安排了几千个建设项目（武力，1999）。

了最高峰，十年中全国城镇知识青年下乡总人数达到 1400 多万①（董辅礽，1999）。"上山下乡"运动的消极影响巨大而深远。首先，它给国家财政造成了一定的压力，1962—1979 年国家共拨付知识青年经费 75.4 亿元（武力，1999），如果计入其他间接支出则数目更为惊人；其次，它在很大程度上激化了社会矛盾，最后结果是导致了"四个不满意"：知青不满意，家长不满意，农民不满意，国家不满意（程连升，2002）；再次，它导致了人力资本的浪费和人才的断层，据估计，"文化大革命"期间我国少培养了至少 300 万大、中专毕业生（武力，1999）；最后，在政策调整以后，大批知青返城，造成了巨大的就业压力，对后来的经济发展造成了消极影响。

四　拨乱反正和经济恢复：1977—1978 年

"文化大革命"结束以后，政治和意识形态领域的斗争并没有立刻结束，而是以相对温和的方式呈现出来。华国锋坚持"两个凡是"②的思想路线，试图继续维持长期以来形成的个人崇拜和教条主义传统。1978 年展开的"真理标准大讨论"③打破了这种思想禁锢，迅速扭转局面，为此后的经济体制改革奠定了思想基础。

经济领域的形势大致反映了思想界的斗争。政局稳定以后国民经济获得了一定的恢复和发展，但是一部分领导人不能摆脱旧体制下形成的政策惯性，出现了所谓"洋跃进"。④ 总的来说，这一时期是一个过渡期，随着划时代的党的十一届三中全会⑤的召开，经济发展的新时代拉开了

---

①　从 1967 年到 1979 年，共有 1647 万知识青年"上山下乡"（武力，1999）。从 1962 到 1979 年，共有 1776.48 万知识青年"上山下乡"（袁志刚、方颖，1998）。

②　即凡是毛主席做出的决策，我们都坚决拥护；凡是毛主席的指示，我们都始终不渝地遵循。

③　1978 年 5 月 11 日《光明日报》刊登了经中共领导审阅和支持的特邀评论员文章《实践是检验真理的唯一标准》，此后各类报纸先后转载，在全国引发了一场大讨论。讨论在初期遭受了一些阻挠和压制，但在邓小平等老同志的支持下得以不断深入。这次讨论被称为一次思想解放运动，对我国后来的政治和经济社会发展产生了深远影响。

④　指在 1977 年和 1978 年两年大量引进国外先进技术设备，扩大基建规模，并为工农业制定了一些高指标。因为改变了长期的封闭局面，与 1958 年的"大跃进"相对而被称为"洋跃进"。

⑤　十一届三中全会于 1978 年 12 月 18 日至 22 日召开，会议的主题是把全党的工作重点从"以阶级斗争为纲"转变为"以经济建设为中心"。这次会议是我国经济发展过程中的一个重要转折点，此后我国经济步入改革开放的新阶段。

帷幕。

五 小结

在集中计划经济体制占统治地位的 20 年中，由于几乎一切经济决策都由中央做出或必须经过中央批准，政治斗争对经济发展产生了决定性的影响。想要解释这一时期中国的经济周期波动，不能完全局限在经济领域。

这一时期中国经济周期波动的另一特点是所谓"放—乱—收—死"循环。为了解决集中计划体制下的激励问题，中共进行了多次行政性分权尝试，即把一些权力下放到地方政府，以调动其发展经济的积极性。这些尝试无一例外地导致了经济过热，于是，在经济整顿的过程中这些权力又被逐步集中到中央，经济也随之陷入紧缩。

第三节 经济体制改革的初步探索①
(1979—1991 年)

传统经济体制有两大特点，一是所有制上的单一公有制，二是资源配置和经济管理方式上的集中计划。经济体制改革在很大程度上是针对这两个特点展开的。因此，在整个改革进程中就有两个问题在理论上特别重要、特别敏感，也争议最大，一是经济中其他所有制形式的地位问题，二是计划和市场的关系问题。到 1992 年为止，第二个问题基本得到了解决，

---

① 学者们一般都以 20 世纪 90 年代初期为界，把我国的经济改革划分为两个阶段。樊纲、张晓晶（2000）以 1992 年为界，把前期称为分权化过程，后期称为双重体制格局。吴敬琏（2004）则以 1994 年为界，把前期称为增量改革阶段，后期称为全面推进阶段。董辅礽（1999）指出，1992 年中共十四大以后，在改革方式上，不再是走一步看一步的"摸着石头过河"，而是在改革的总体方案的指导下进行整体推进和重点突破，每项改革都有具体目标，各项改革又力争内在统一，互相协调，共同构成了社会主义市场经济体制的框架。

我们明确提出要建设社会主义市场经济体制①；第一个问题也取得了很大突破，个体经济、私营经济和外资经济的地位得到肯定，并获得迅猛发展。②

这两大问题的解决方式从一个角度展现了中国经济体制改革的渐进性质。实施"休克疗法"的俄罗斯和东欧一些国家，在改革之初就有明确的目标模式，即市场化、私有化和民主化，并为达致这一目标采取了决绝的措施。我国在改革之初并没有既定的目标模式，而是"摸着石头过河"，在一些相对容易的领域率先进行改革，在取得了一定的成效后，才逐步全面推开，整体推进和重点突破相结合，注重各项改革措施的协调和配合。这种改革模式的一个特点就是始终保持了政治和意识形态上的某种连续性和一贯性，虽然各种改革措施屡屡突破一些思想局限，但是却从来没有发生激烈的政治变革和意识形态转向。

经济体制改革的渐进性质很大程度上决定了这一时期经济周期波动的

---

① 对计划和市场关系的认识历程清晰地反映在这一时期中共中央的一些重要会议上。1978年秋季国务院召开的一次理论务虚会上提出，社会主义经济体制是"计划经济和市场经济相结合"的经济；1982年9月的中共十二大明确提出了"计划经济为主，市场调节为辅"的原则，这可以看作是一种体制复归，从理论界到决策层，"计划派"占据上风；1984年10月的中共十二届三中全会指出，商品经济是社会经济发展不可逾越的阶段，我国社会主义经济是公有制基础上的有计划商品经济；1987年10月的中共十三大提出，社会主义有计划商品经济的体制应该是计划与市场内在统一的体制；1992年年初邓小平南方谈话指出，计划经济不等于社会主义，资本主义也有计划，市场经济不等于资本主义，社会主义也有市场，计划和市场都是经济手段，计划多一点还是市场多一点，不是社会主义与资本主义的本质区别；1992年10月的中共十四大，在回顾了上述各次会议和讲话的精神之后明确提出，我们要建立的社会主义市场经济体制，就是要使市场在社会主义国家宏观调控下对资源配置起基础性作用，经济改革的市场化方向从此得以确立。

② 1982年9月的中共十二大提出，在农村和城镇，都要鼓励劳动者个体经济在国家规定的范围内和工商行政管理下适当发展，作为公有制经济的必要的、有益的补充。当年的全国人大把这一精神写入宪法，个体经济的发展取得了法律和政策上的保障。1984年9月的中共十二届三中全会进一步提出，个体经济在发展社会生产力、方便人民生活和扩大劳动就业方面具有不可替代的作用，个体经济的地位得到巩固。1987年年初，中共在《关于把农村改革引向深入的决定》中指出，个体经济和少量的私人企业的存在是不可避免的，第一次提出允许私营经济发展。同年11月的中共十三大明确提出鼓励个体、私营经济发展的方针。1988年4月，七届人大修宪，宪法第十一条增加了规定：国家允许私营经济在法律规定的范围内存在和发展，私营经济是社会主义公有制经济的补充，国家保护私营经济的合法权利和利益，对私营经济实行引导、监督和管理。从而在法律上确立和肯定了私营经济的地位。1989年以后，保守思想有所抬头。1992年邓小平南方谈话以后，个体经济和私营经济重新兴起，出现了蓬勃的发展势头。同年10月的中共十四大强调，在所有制结构上以公有制为主体，个体经济、私营经济和外资经济为补充，多种经济成分长期共同发展（董辅礽，1999）。

特点。随着市场化进程的启动和进行，通货膨胀和失业这两大难题凸显出来，在这一时期的短短 14 年中，出现了三次通货膨胀和两次失业高峰。这一方面是由于传统体制下压抑着的一些矛盾在改革中得到了释放，另一方面是由于渐进改革本身的特点导致了新的问题和矛盾。下面，我们以三次通货膨胀为准，把这一时期划分为三个阶段进行详细论述。①

一　改革初期的通货膨胀和失业：1979—1983 年

我国的改革从农村和城市同时起步。农村实行的家庭联产承包责任制获得了巨大成功，宣告了在我国运行 26 年之久的人民公社体制退出历史舞台。② 城市改革的核心是放权，除了传统的行政性分权，即改革财政体制，实行中央和地方"分灶吃饭"外，还扩大了企业的自主权，实行经济责任制。另外，在城市改革过程中开始允许劳动者个体经济存在和发展。

1980 年，居民消费价格指数上涨 7.5%，形成了我国改革开放后的首次通货膨胀。此前，由于前述"洋跃进"的影响，我国经济已经出现了过热的情况，只是到 1980 年才最终反映到物价水平上。这次过热和以前传统体制下的历次过热一样，直接原因主要是政府的投资膨胀，居民消费基本保持在正常水平。对这次过热的治理早在 1979 年就提上议程，反映在当年 4 月提出的"调整、改革、整顿、提高"的八字方针中。但由于各方认识不一，直到 1981 年才得以有效进行（刘树成，2005）。治理手法主要还是利用行政命令：压缩基建规模、减少财政支出、加强银行信贷管理、冻结企业存款（吴敬琏，2004）。此后，价格水平回落，1981—1983 年居民消费价格指数上涨率均保持在 2% 左右。

随着"上山下乡"政策的调整，这一时期出现了改革开放以来的第一个失业高峰。1980 年中央提出了"三结合"的就业方针，即"在国家统筹规划和指导下，实行劳动部门介绍就业、自愿组织起来就业和自谋职业相结合"。同时，还进行了相应的所有制结构和产业结构调整，集体经济和个体经济得到很大重视，劳动密集型的第三产业和消费品工业获得了

---

① 从经济周期波动的角度划分这一时期大致如此，不同的经济学家在个别年份略有差异，可以参考吴敬琏（2004）和樊纲、张晓晶（2000）。

② 这方面的文献很多，这里不再赘述。

较大发展（程连升，2002）。从1979年到1984年，全国共安置4500多万人就业，占全国城镇劳动力总数的1/3。这次失业高峰极大地促进了所有制改革，个体经济生存和发展的最大理由就是因为它具有扩大劳动就业的作用。这次失业是传统体制的"遗产"，其治理则主要通过对传统体制的改革来完成。

二　未能完全到位的紧缩：1984—1986年

1985年，我国居民消费价格指数上涨9.3%，改革开放以来的第二次通货膨胀来临。这次通货膨胀的前兆在1984年显现出来，当年GDP增长率达到了惊人的15.2%，明显超过了潜在的产出能力，投资和消费都出现了过度膨胀，引起能源、交通运输和原材料供应的紧张。导致这次通货膨胀的主要因素有三个：（1）地方政府与企业投资自主权的扩大[①]；（2）银行信贷自主权的放开[②]；（3）企业收入分配自主权的放开[③]（樊纲、张晓晶，2000）。总之，都是源自预算软约束下对基层的放权。

对这次通货膨胀的认识和治理在理论界产生了激烈争论，由于各利益集团的压力，使压缩投资规模、控制消费基金以及收缩银根的宏观调控措施未能完全到位，为下一次的过热埋下了伏笔（吴敬琏，2004；刘树成，2005）。这次通胀在治理手法上仍主要采用行政措施，但经济措施也被引入，如央行连续两次调高利率，采取紧缩性的货币政策。于1985年2—10月展开的宏观调控措施取得了一定的效果，到1986年，经济增长回落，通货膨胀也得到控制，全年居民消费价格指数上涨6.5%。

三　挤兑、抢购风潮和保守思想回潮：1987—1991年

1986年经济增长的回落，尤其是2月出现的零增长，为放松银根和

---

① 中央和地方财政"分灶吃饭"后，地方财政可支配的收入不断增加。企业实行的利润留成和分两步实行的"利改税"，使企业可支配的资金增加。在放宽了投资审批权限之后，地方和企业在投资方面没有了障碍，在不用对投资后果负责的预算软约束下，形成了过度投资。

② 1984年我国中央银行体系正式形成。由于分权后获得权力的各主体并不承担相应的责任和义务，它们在行为动机上的扩张倾向是一致的，这就形成了企业和地方推动的货币供给的"倒逼"机制。另外，1984年年底，有关部门宣布要按各专业银行年底贷款余额作为下一年贷款计划的基数，从而导致各银行拼命放贷，造成信用过度扩张。

③ 1984—1985年进行的企业放权改革放开了企业的分配权，这导致了"工资膨胀"和"公款消费"，从而引发了消费膨胀。

减缓其他紧缩措施提供了借口。另外，当时理论界对通货膨胀之弊端的模糊认识也对决策层产生了一定的误导（吴敬琏，2004）。在紧缩性宏观调控措施没能实施到位的同时，1987年中期，对国有企业的"放权"改革发展到了全面"承包制"[①]阶段。"承包制"并没有改变企业预算软约束的状况，在只负盈、不负亏的条件下，企业的盲目扩张倾向仍然没有改变。因此，1987年经济再次出现过热征象，固定资产投资的膨胀势头明显，全年GDP增长11.6%，居民消费价格指数上涨7.3%。

1988年的"价格闯关"使过热状况急剧恶化，出现了严重的挤兑和抢购风潮。[②] 全年居民消费价格指数上涨18.8%，形成了改革开放后的第三次通货膨胀，也是最严重的一次。为了治理爆发性的通货膨胀，中央采取了一系列的决绝措施[③]，力求使经济"强行着陆"。这些措施很快见效，1989年和1990年两年，货币供给增长率明显放缓，1989年的居民消费价格指数上涨率仍高达18%，到1990年则迅速下降到3.1%。与此同时，GDP增长率也明显滑落，1989年为4.1%，1990年为3.8%。

这次严酷的紧缩性调控的另一后果是导致了改革开放以来的第二个失业高峰。从1989年开始就业形势变得严峻起来，1989年有750万城镇劳动力没有找到工作，到1990年这个数字扩大到1250万（程连升，2002）。这次失业高峰的直接原因是宏观面过紧，导致经济增长滑坡、市场疲软、乡镇企业和个体经济发展严重受阻。但是，从更深层次来分析，这次失业高峰也是改革十年来各种矛盾激化的一种表现。改革的渐进性质决定了我国的改革先从容易进行的领域入手，即先实施那些导致"帕累托改进"的政策措施（樊纲，1990）。在改革进行了十年以后，这类改革的能量已

①　从收入分配方面来看，"承包制"定死了企业的利税上缴总额，使企业能自主支配的资金增加；从经营管理上看，只要企业能保证足额上缴利税并完成一定的生产任务，国家原则上不再干预企业的经营运作。

②　1988年年初，一些大中城市的居民开始抢购肥皂、火柴、卫生纸等日用品。1988年5月，国家上调肉、糖等四种副食品的价格，上涨幅度为40%。同月，央行首次发行50元和100元面值的人民币，给一些居民造成了人民币贬值的印象。7月，国家放开了13种名烟和名酒的零售价格，市价迅速上涨200%以上。8月，"价格闯关"的消息不胫而走，居民的恐慌心理加剧，形成大范围、大规模的挤兑和抢购风潮（董辅礽，1999）。

③　1988年第三季度开始急剧压缩固定资产投资规模，停止审批计划外建设项目；清理整顿公司，尤其是信托投资公司；控制社会集团购买力；强化物价管理，对重要生产资料实行最高限价。央行也采取了紧缩性的货币和信贷政策，包括严格控制和检查贷款，一度停止了对乡镇企业的贷款；提高存款准备金率；两次提高利率；实行保值储蓄（吴敬琏，2004）。

经基本释放完毕，我们面临要触动许多利益集团利益的阻力较大的改革。这次失业的出现可以看作改革当中深层次矛盾的体现。

这一时期改革造成的最大矛盾，可能就是 1985 年实行价格"双轨制"以来在各行业出现的"官倒"和各类"寻租"腐败行为。在计划经济和市场经济因素并存的情况下，政府仍然掌握着许多资源的分配权力，这种体制安排成为腐败滋生的"温床"。另外，经济的初步市场化和货币化使贫富差距的问题凸显出来，地方和国有企业的扩张冲动导致经济结构恶化，能源、交通和基础设施建设逐步成为经济增长的"瓶颈"。经济发展陷入低谷，直到 1992 年邓小平南方谈话，这种局面才彻底改观。

四　小结

从经济增长的角度来看，这一时期平均的经济增长率为 9.45%，远远高于"文化大革命"期间的 5.94%。但是，从经济周期波动的角度来看，这一时期的波动并不比"文化大革命"期间更平稳，总的来说仍然没能摆脱大起大落的模式。

传统体制下的那种"放—乱—收—死"循环仍然发生作用，不过其内在机理和表现形式都有所改变。传统体制下扩张的主体主要是地方政府，过热主要表现在投资的膨胀上，治理主要是"收权"和压缩投资及基建规模。这一时期扩张的主体增加了国有企业和专业银行，过热表现在投资和消费双膨胀上，能源、交通和基础设施建设逐步成为增长的"瓶颈"。对过热的治理除了行政手段外，经济手段也逐渐被采用，尤其是紧缩性的货币政策。总之，经济过热成了这一时期经济周期波动的"常态"，而给经济降温，实施紧缩性的政策则是这一时期宏观调控的最主要内容（樊纲、张晓晶，2000）。

这一时期经济周期波动的另一特点是通货膨胀频仍，失业问题的严重性日益显露。促成这一特点的原因是多方面的。传统体制下通货膨胀和失业都被隐性化了，市场取向的改革使它们逐步显露出来是原因之一；理论界和决策层在改革初期对市场经济的运行缺乏深刻的理解和把握，在政策实践中容易出错，这是原因之二；另外，体制转轨和经济发展问题交织在一起，旧的计划经济体制和新的市场经济体制交织在一起，使得宏观经济问题分外复杂，单一的、常规的政策措施往往很难奏效，这是原因之三。

第四节　经济体制改革的全面推进和
经济周期波动的新阶段
（1992—2006 年）

1992 年邓小平南方谈话和中共十四大的召开，标志着我国的经济体制改革进入了一个崭新阶段。从宏观层面来看，经济至此进入一个比较平稳的高增长区间，经济周期波动的幅度明显减小，通货膨胀 1996 年后一直保持在一个很低的水平上，一度甚至出现了通货紧缩。这种态势的形成反映出我国经济体制和经济结构发生了巨大变化，而政府的宏观调控能力也有了较大提高。

首先，尤其是在 1997 年的中共十五大以后，非公有制经济获得了巨大发展，成为国民经济中的重要力量[①]；其次，随着对外开放的地域和领域的扩大，对外贸易增长迅猛，外国直接投资逐年增加；最后，产业结构趋于合理，第三产业有了很大发展。这些因素都表明我国经济中的利益主体出现了明显的多元化趋势，这对经济的稳定和繁荣来说无疑是利大于弊。另外，经过前一阶段多次宏观调控的实践之后，政府驾驭各种政策手段的技巧日趋成熟，对宏观经济状况的体认也日益精准，在稳定经济方面发挥了一定的积极作用。

下面，我们分三个阶段讨论这一时期的经济周期波动情况。

一　实现"软着陆"：1992—1996 年

在经历了三年治理整顿，以及随后的邓小平南方谈话和中共十四大之后，我国经济又迅速启动，并很快步入新一轮过热。1992—1994 年三年的 GDP 增长率分别为 14.3%、13.9% 和 13.1%[②]，而 1993—1995 年三年的居民消费价格指数上涨率则分别高达 14.7%、24.1% 和 17.1%。这次

[①] 中共十五大在所有制改革方面有所突破，指出公有制经济不仅包括国有经济和集体经济，还包括混合所有制经济中的国有成分和集体成分，强调国有经济的主导作用主要体现在控制力上。

[②] 1993 年和 1994 年的数据是 2004 年第一次全国经济普查后的修订结果，修订前公布的数据 1993 年为 13.5%，1994 年为 12.6%。

过热的状况被总结为"四热、四高、四紧、一乱"①，与前面的几次过热相比，"四热"和"一乱"可以说是新出现的情况，而"四高"和"四紧"则是普遍特征。"四热"在当时基本上都算是新事物，而经济和金融秩序混乱这"一乱"与以往的各类混乱绝对不可同日而语，它是经济体制改革加速与相应的各类市场制度缺失之间矛盾的体现。

在这次经济过热的确认上理论界发生了激烈争论（吴敬琏，2004），但与以往相比，决策层紧缩政策的出台则下手较早。1993 年 6 月 24 日，中共中央下发六号文件，强调统一认识、加强宏观调控，并提出了"十六条"相关措施②，紧缩经济正式启动。与上次紧缩伴随着保守思想的回潮不同，这次紧缩是在经济体制改革的进一步深化中进行的，改革措施的有效实施对经济稳定起到积极作用。同年 11 月召开的中共十四届三中全会通过了《中共中央关于建立社会主义市场经济体制若干问题的决定》，该《决定》提出了国有企业、财税、金融、投资体制等方面的改革措施，试图通过深化改革来消除过热的制度根源。

"十六条"和上述《决定》的效果逐步显露出来，到 1996 年，居民消费价格指数下降到 8.3%，GDP 增长率仍维持在 10%③的高位，经济实现了所谓的"软着陆"。1997 年 1 月 7 日，《人民日报》发表刘国光和刘树成的文章《论"软着陆"》，该文从理论上对"软着陆"进行了剖析，阐明了本次宏观调控成功的原因，并总结了历次宏观调控中的经验和教训。

---

① "四热"是房地产热、开发区热、集资热、股票热；"四高"是高投资膨胀、高工业增长、高货币发行和信贷投放、高物价上涨；"四紧"是交通运输紧张、能源紧张、重要原材料紧张、资金紧张；"一乱"是经济秩序混乱，特别是金融秩序混乱（刘国光、刘树成，1997）。

② 即《中共中央、国务院关于当前经济情况和加强宏观调控的意见》，"十六条"为：（1）严格控制货币发行，稳定金融形势；（2）坚决纠正违章拆借资金；（3）灵活运用利率杠杆，大力增加储蓄存款；（4）坚决制止各种乱集资；（5）严格控制信贷总规模；（6）专业银行要保证对储蓄存款的支付；（7）加快金融改革步伐，强化中央银行的金融宏观调控能力；（8）投资体制改革要与金融体制改革相结合；（9）限期完成国库券发行任务；（10）进一步完善有价证券发行和规范市场管理；（11）改进外汇管理办法，稳定外汇市场价格；（12）加强房地产市场的宏观管理，促进房地产业的健康发展；（13）强化税收征管，堵住减免税漏洞；（14）对在建项目进行审核排队，严格控制新开工项目；（15）积极稳妥地推进物价改革，抑制物价总水平过快上涨；（16）严格控制社会集团购买力的过快增长。

③ 2005 年修订后数据，修订前为 9.6%。

二　通货紧缩与扩大内需：1997—2002 年

1997 年，我国宏观经济形势出现了一些前所未有的有趣转变，经济衰退和通货紧缩成为现实威胁，启动经济较之以前似乎远为困难。首先，同年 7 月爆发的亚洲金融危机使全球经济宏观面偏紧，我国坚持人民币汇率不贬值的政策，这些都对经济造成了一些消极影响；其次，出现生产能力过剩的情况，许多商品在市场上供大于求，我国彻底告别了"短缺经济"的时代；再次，低迷的经济似乎表明，1996 年的"软着陆"并不完美，紧缩措施可能稍微有些过头；最后，同期的国有企业战略改组造成大量国有企业工人下岗，住房和社保体制改革抬高了居民的储蓄倾向，这都对总需求的形成产生了负面影响。

在这一时期，从绝对值上来看，经济增长一直保持在高位，平均 GDP 增长率为 8.42%[①]，但是与前后年份相比，这个增长率低了约 1.5%，说明经济在潜在增长率之下运行。除 1997 年外，1998—2002 年商品零售价格指数都有所下滑，这在改革开放后是绝无仅有的。另外，失业问题成为这一时期的一个主要矛盾，形成了改革开放后的第三次失业高峰。与前述的两次失业高峰相比，这次失业的情况更加复杂。首先，"下岗"工人成为城镇失业的主要群体，据程连升（2002）估算，把下岗人员计算在内，1997 年我国的实际城镇失业率是 9.36%[②]，而其中下岗职工占失业者的 2/3；其次，"民工潮"达到顶峰，据估计，这一时期流入城镇打工的农民工规模在 8000 万人到 1 亿人；最后，大学毕业生的就业形势逐年恶化，一些毕业生面临刚毕业就失业的尴尬。

从 1998 年开始，政府宏观调控的主题变为扩大内需，实施"积极的财政政策"和"稳健的货币政策"。1998—2002 年，国家累计发行长期建设国债 6600 亿元，集中投资兴建了一大批重大基础设施项目。同期，央行连续 5 次降低了存贷款利率[③]，1 年期定期存款利率从 1998 年的 5.67% 降到了 2002 年的 1.98%。在货币供给方面，广义货币（M2）和狭义货币（M1）在这 5 年中的平均增速都在 15% 左右，流通中现金的平均增速

---

① 2005 年修订后数据，修订前为 7.92%。

② 国家统计局公布的当年城镇登记失业率为 3.1%。

③ 如果从 1996 年 5 月 1 日的第一次降息算起，共有 8 次降息。

为11%，与此前年份相比，这个增速相对较低。由于国有商业银行的不良资产比例偏高、亚洲金融危机造成的国际金融动荡等原因，货币政策的实施颇多掣肘，因而财政政策在此次调控中扮演主要角色。

三　局部过热：2003—2006 年

2003—2006 年，我国的经济增长率稳定在 10%—11%，通货膨胀率稳定在 1%—4%。[①] 单从年度指标上看，宏观经济形势无疑十分理想。可是，无论理论界还是决策层都没有出现乐观情绪，因为现实的宏观经济形势远比数据复杂，也远没有数据显示的那么理想。

我国经济走出此前的通货紧缩阴影之后，出现了一些新的态势。首先，2004 年出现了比较严重的能源紧张局面，统计数据显示，当年有24 个省区拉闸限电；其次，在地方政府的主导下，上马了许多形象工程和政绩工程；再次，南方一些省份出现了所谓"民工荒"，劳动密集型的制造企业开始为"用工短缺"而犯愁；最后，在"民工荒"出现的同时，结构性失业问题依然存在，贫富差距拉大，经济社会稳定受到一定威胁。

理论界大致赞同经济已经出现局部过热的判断，决策层也对财政政策和货币政策做了相应调整。2004 年，一些在建中的工程项目被叫停，并开始减少财政赤字和长期建设国债，"积极的财政政策"淡出，转而实行"稳健的财政政策"。从 2003 年开始，央行反复强调继续执行"稳健的货币政策"，并先后出台了一些紧缩措施。存款准备金率在多次上调后[②]，从原来的 6% 调至 9%，并开始实行差别存款准备金率制度[③]，金融机构

---

① 各年的 GDP 增长率依次为 10%、10.1%、10.4% 和 10.7%，各年的居民消费价格指数上涨率依次为 1.2%、3.9%、1.8% 和 1.5%。2006 年数据来自国家统计局 2007 年 2 月 28 日公布的《中华人民共和国 2006 年国民经济和社会发展统计公报》。

② 在此期间央行共四次调高存款准备金率：（1）2003 年 8 月 23 日，宣布从同年 9 月 21 日起，将金融机构存款准备金率由原来的 6% 调高至 7%；（2）2006 年 6 月 16 日，宣布从同年 7 月 5 日起上调存款类金融机构人民币存款准备金率 0.5 个百分点，执行 8% 的存款准备金率；（3）2006 年 7 月 21 日，决定从同年 8 月 15 日起提高存款类金融机构人民币存款准备金率 0.5 个百分点，执行 8.5% 的存款准备金率；（4）2006 年 11 月 3 日，决定从同年 11 月 15 日起提高存款类金融机构人民币存款准备金率 0.5 个百分点，执行 9% 的存款准备金率。

③ 2004 年 3 月 24 日，经国务院批准，央行宣布自同年 4 月 25 日起，实行差别存款准备金率制度，将资本充足率低于一定水平的金融机构存款准备金率提高 0.5 个百分点。

的存贷款利率也经历了几次上调。① 其中 2006 年央行的动作尤为频繁，为稳定经济发挥了一定作用。

这一轮的经济周期波动出现一些新的特点，即在总量上似乎是形势喜人，在结构上却存有不少问题。首先，在能源和工业生产部门出现过热的同时，农业和第三产业似乎还稍嫌"过冷"，出现了"冷热不均"的情况；其次，各主体对政策措施的反映也有差异，当民营企业为资金成本上升叫苦不迭的时候，地方政府却仍然肆无忌惮地在"大干快上"。这些情况的出现对政府的宏观调控提出了新的要求。

四　小结

在这一时期，我国经济体制改革的方向和目标逐步明确，市场化改革取得了重大突破，市场主体呈现出多元化趋势，经济运行方式有了很大转变，政府进行宏观调控的技巧也日趋成熟。从经济增长方面来看，这一时期的增长速度惊人，经济效益也有了很大提高；从经济周期波动方面来看，我国在这一时期步入一个比较平稳的阶段，经济的波幅大幅减小，出现了微波化的趋势。

当然，我们的市场化改革还没有彻底完成，新体制还没有完全建立，其运行也很不成熟。从数据上看，这一阶段的经济运行虽然十分平稳，但是仍潜藏着一些不可忽视的危机。在以后的发展进程中，如何进一步深化改革，使市场经济体制完全建立并逐步成熟，并在此过程中化解各种危机，保持经济的持续、稳定增长，是我们面临的一项重大挑战。

第五节　全球金融危机和我国经济的
新常态（2007—2014 年）

如果说 1997 年亚洲金融危机，我国经济受到的影响较小，多少有隔

---

① 在此期间央行共三次加息：（1）2004 年 10 月 29 日，上调金融机构存贷款基准利率，一年期存款基准利率上调 0.27 个百分点，由 1.98% 提高到 2.25%，一年期贷款基准利率上调 0.27 个百分点，由 5.31% 提高到 5.58%；（2）2006 年 4 月 28 日，上调金融机构贷款基准利率，一年期贷款基准利率上调 0.27 个百分点，由 5.58% 提高到 5.85%；（3）同年 8 月 19 日，上调金融机构人民币存贷款基准利率，一年期存款基准利率上调 0.27 个百分点，由 2.25% 提高到 2.52%，一年期贷款基准利率上调 0.27 个百分点，由 5.85% 提高到 6.12%。

岸观火意味的话，那么，2007 年爆发的美国次贷危机以及最终引发的全球金融危机，我国则完全深陷其中，成为被殃及的池鱼。两次危机的范围和烈度固然不同，但是，十年之间，我国经济的全球化程度早已不可同日而语。享受对外开放红利的同时，就要承担全球经济波动的风险。

　　全球金融危机打乱了我国经济的既有节奏，带来了额外的风险。从另一个角度看，它也为我国经济的结构调整提供了新的契机和动力。危机中，我国经济表现出较好的弹性和调整能力，短期内较早实现了复苏和刺激政策退出。然而，从长期看，本次危机的影响仍未充分展开，全球经济尚未回归正常轨道，我国经济也深受羁绊。依赖廉价劳动和低环境成本的出口导向发展模式已经难以为继，大规模基础设施建设和房地产投资推动的城市化已经接近尾声。持续的去产能导致经济持续低迷，去杠杆的要求也越来越迫切。我国经济似乎永远都要面对艰难复杂的局面，而唯一的解决之道就是不断地改革和创新。

　　下面，我们分三个阶段讨论这一时期的经济周期波动情况。

一　"内外叠加"的双重冲击：2007—2008 年

　　由于遭受到"内外叠加"的双重冲击，2007 年成为我国经济的一大拐点。从国内看，2003 年以来我国经济出现一定程度的过热，政府从2006 年起开始收紧宏观经济政策，到 2007 年力度逐步加大。2007 年全年央行加息 6 次，一年期存款利率从 2.52% 升至 4.14%，一年期贷款利率从 6.12% 升至 7.47%；2007 年到 2008 年上半年，央行提高准备金率 16次，金融机构存款准备金率从 9.5% 升至 17.5% 的高位。

　　从国际看，美国"次贷危机"2007 年爆发，并很快演变为全球性的金融危机，对世界经济造成巨大负面冲击。21 世纪以来，在全球流动性过剩和美联储的低利率政策下，美国的房地产泡沫和信贷泡沫逐步膨胀。2004 年 6 月美联储开启加息周期，到 2006 年 6 月联邦基金利率从 1% 升至 5.25%。同时，美国的房地产市场也在 2006 年达到顶峰。2007 年 2月，汇丰银行率先宣布次贷头寸遭遇重大损失，标志着次贷危机爆发。4月和 8 月，新世纪金融公司（New Century Financial Corporation）和美国之家（American Home）先后申请破产。同时，摩根士丹利、贝尔斯登、美林等大投行和金融机构先后宣布遭受巨大损失。2008 年 3 月，贝尔斯登宣告破产，7 月，房地产按揭银行 IndyMac 宣告破产，标志着危机急剧恶化。2008 年 9 月，危机发展到最黑暗的时刻，雷曼兄弟倒闭，美林被美国银行收购，房地美（FreddieMac）、房利美（FannieMae）被政府接管，摩根士丹利和高盛也丧失了投行的地位。在金融机构破产倒闭、遭受巨大损失的同时，金融市场也持续大幅下跌。道琼斯指数在 2007 年 10 月到 2009 年 3 月的一年半时间里，从 14000 点上方下跌到最低的 6500 点，跌幅超过 50%。同时，上市公司总市值也蒸发过半，全部损失超过 10 万亿美元。美国的实体经济也遭受重创。2008 年下半年开始，经济出现连续 6 个季度的负增长，失业率也从 5% 左右上升到 10% 的高位。

美国次贷危机对我国经济造成巨大的负面冲击，可以说完全打乱了我国经济的调整节奏，加剧了我国经济的周期波动。在整个次贷危机的时间窗口内，中美经济表现出重大冲击下的强一致性。无论是实体经济还是资本市场，中美都经历了几乎同步的深"V"形调整。2008 年下半年，我国经济承受了巨大压力。11 月的官方 PMI 跌至 38.8% 的罕见低位，价格水平也急剧下降，PPI 从 9 月的上涨 9% 快速降至 12 月的下跌 1%。面对经济急剧下滑，宏观经济政策亟待做出调整。

二 强刺激下的快速复苏和经济政策正常化：2009—2010 年

2008 年第四季度，国际金融危机形势进一步恶化，我国经济也出现严重下滑。在 11 月的国务院常务会议上，我国政府提出要实行积极的财政政策和适度宽松的货币政策。会议出台了扩大内需的十大措施①和"四万亿元"投资计划。② 货币政策方面，2008 年年末，央行百日内连续五次降息，连续三次降准，频率和力度空前。2009 年上半年进一步加大了资金投放和信贷规模，货币环境可以说是异常宽松。

宽松的宏观经济政策迅速起效，2008 年第四季度和 2009 年第一季度成为此次周期的谷底。工业增加值、钢材产量、发电量等指标在 2009 年第二季度相继企稳向好。本次复苏有两个重要特点：（1）经济转暖主要

---

① 这十大措施包括：一是加快建设保障性安居工程；二是加快农村基础设施建设；三是加快铁路、公路和机场等重大基础设施建设；四是加快医疗卫生、文化教育事业发展；五是加强生态环境建设；六是加快自主创新和结构调整；七是加快地震灾区灾后重建各项工作；八是提高城乡居民收入；九是在全国所有地区、所有行业全面实施增值税转型改革，鼓励企业技术改造，减轻企业负担；十是加大金融对经济增长的支持力度。

② 所谓四万亿元投资，是初步匡算上述十大措施，到 2010 年年底所需的全部资金。其中既有中央投资，也包括因此而带动的地方和社会投资，总规模达到四万亿元。

是内需拉动的结果，而内需方面消费较为平稳，固定资产投资增长很快，其中"铁公基"项目的增长尤为迅猛。这种趋势不但21世纪以来绝无仅有，而且在改革开放以来也是罕见的。（2）在CPI和PPI双双终止下滑，扭转了此前轻微通缩态势的同时，资产价格出现强劲上涨。股市在2008年10月触底之后，此后9个月接近翻倍。房地产市场从2009年5月起也出现了明显的景气回升，各地土地拍卖中"地王"频现。

面对经济的快速复苏，我国政府从2009年下半年即开启了经济政策正常化进程，这主要体现为新增货币和信贷的增速下降（汪红驹、汤铎铎，2010）。不过，这种政策退出只能说是一种"暗紧"，并没有给市场明确的调整信号。正式公开的政策退出操作开始于2010年。央行在年初连续两次提高存款准备金率，全年共六次提准，年末又加息两次，开启了新一轮的加息周期。如果说此前刺激政策的出台显得大刀阔斧、毅然决然，那么政策退出则正好相反，显得小心翼翼、犹豫不决（汤铎铎、汪红驹，2011）。

三　"下限冲击波"和"下限保卫战"：2011—2014年

迅速出台的刺激政策使得我国经济顺利度过了危机阶段，较早实现了复苏。然而，政策出台和退出的时机及力度并没有做到完美，当然，也很难做到完美，这就导致了接踵而来的经济过热和通货膨胀。本轮通胀在2010年第四季度全面显现，货币政策这才开始真正发力。然而，由于政策起效的时滞，整个2011年通胀仍逐步走高，全年CPI上涨5.4%，形成了我国改革开放后的第六次通胀高峰。本次通胀的直接原因是大规模的救市政策，在政策正常化进程逐步完成后，通胀也就自然得到了抑制。2012年起CPI和PPI即双双迅速走低。

从2012年开始，全球金融危机对我国的短期影响可以说才算告一段落。从危机开始到出台救市政策，再到政策最后退出，差不多用了四年时间。此后，我国才能全力应付2007年就面临的经济结构调整和发展方式转变问题。从2012年开始，一场旷日持久的"去产能"拉锯战拉开了帷幕。从PPI和财新中国PMI[①]指标看，近四年来我国经济一直处于震荡下

---

　　①　即此前的汇丰中国PMI，最早由汇丰银行与英国研究公司Markit集团共同编制、发布。2015年8月汇丰终止冠名和赞助，财新传媒通过竞标取而代之。官方PMI由国家统计局和中国物流与采购联合会共同编制、发布，其样本综合考虑了多种因素，能反映中国经济的整体状况；汇丰和Markit集团的样本集中在出口型企业及小微企业，主要反映中小企业的发展状况。

行的状态，出现了四次明显下滑。其中，前三次下滑的时间分别是 2012年 8—9 月、2013 年 6—7 月和 2014 年 3—4 月。刘树成（2004）把这三次下滑称作三次"下限冲击波"，即经济增长下滑触及调控目标，随后政府都采取了所谓"微刺激"政策，使得经济出现小幅反弹，即所谓三次"下限保卫战"。目前，第四次下滑仍在继续。2015 年第三季度经济增速为 6.9%，创全球金融危机以来的新低。9 月财新 PMI 为 47.2%，PPI 为−5.95%，也均创出金融危机以来的新低。其中，PPI 更是创纪录地连续3 年零 7 个月为负，目前仍然看不到转正的希望。面对这种局面，政府宏观调控政策也开始逐步加码。2015 年以来，央行共降息六次，一年期存款利率从 3% 降至 1.5%，降准四次，累计降幅达到 2.5%。另外，财政政策方面也有积极措施。显然，第四次"下限冲击波"来势汹汹，第四次"下限保卫战"也已经打响，而这次无论在规模还是持续时间上，都要远超前三次。具体结果如何，尚需进一步观察。

四　小结

全球金融危机打乱了我国经济自身的调整节奏和步伐。短期看，它延迟了我国经济的结构调整和发展方式转换，增加了调整的迫切性；长期看，它对全球经济格局的影响是非常深远的，各经济体都要顺应这一大变局，积极应对挑战。

这一时期的宏观调控分两个阶段。第一阶段是应对金融危机的迅速出招和缓慢退出，可以看作对外部冲击做出的应激反应。第二阶段是配合去产能、调结构而坚持"不刺激"和"微刺激"，中间有一些体制突破和政策创新，可以看作为了解决内部问题而主动求变。

近来论及我国经济，使用频率最高的词恐怕是"新常态"。自习近平主席 2014 年 5 月和 7 月两次提及后，各种解读便纷至沓来。平心而论，最恰当的解读恐怕是更早时候提出的三期叠加论断，即我国经济正处于增长速度换挡期、结构调整阵痛期和前期刺激政策消化期。这是对这一时期我国经济形势的精辟总结。

第六节　结论

通过上面五个阶段的讨论可以看出，由于经济发展和体制转轨这两大特点，我国的经济周期波动表现出十分明显的阶段性，各阶段都表现出鲜明的特征。1949—1957 年，单一公有制集中计划经济体制最终确立，为此后 50 年的经济周期波动设定了初始条件，而这一时期的经济周期波动也多少体现了传统体制下的基本特征；1958—1978 年，传统体制占统治地位的 20 年，经济周期波动完全受制于政治斗争，并且与中央"权力下放"造成的"放—乱—收—死"循环相交织，表现出明显的大起大落；1979—1991 年，经济体制改革的初步探索阶段，"放—乱—收—死"循环的逻辑仍然发生作用，不过其内在机理和表现形式都有所改变，经济周期波动没有摆脱大起大落的模式，经济过热成了一种"常态"，通货膨胀频仍，失业问题的严重性日益显露；1992—2006 年，是经济体制改革的全面推进阶段，市场主体呈现出多元化趋势，经济运行方式有了很大转变，政府进行宏观调控的技巧日趋成熟，经济周期波动步入一个比较平稳的阶段，波幅大幅减小，出现了微波化的趋势，但是一些潜藏着的危机也不可忽视；2007—2015 年，全球金融危机对我国经济造成很大冲击，延缓了我国经济结构调整的步伐，此后，我国的宏观调控政策为了解决内部问题而主动求变，坚持"不刺激"和"微刺激"，尝试了一些体制突破和政策创新。

第五章

中国经济周期波动事实 II：特征事实

第一节 引言

什么是经济周期？经常被经济学家引用的技术性定义有两个。一个来自美国国民经济研究局（NBER）的 Burns 和 Mitchell（1946），他们认为，"一个周期包括许多经济活动大体上同时的扩张和随之而来的同样的全面衰退、紧缩和复苏，本轮的复苏迎来下一个周期的扩张阶段；这一变化序列是重复发生的，但不是定期的；在时期上，经济周期从 1 年多到 10 年或 12 年不等；它们无法划分成具有同样特征，并且振幅与其自身接近的若干个较短周期"。另一个来自 1995 年诺贝尔经济学奖得主卢卡斯，在回顾宏观经济时间序列的数量特征时，他认为（Lucas，1977），"从技术上说，任何一个国家的 GNP 围绕其趋势的运动都可以用一个很低阶的具有随机干扰项的差分方程来很好地描述，不管是在时期上还是在振幅上，这些运动都表现出非一致性，也就是说，它们并不类似于自然科学中有时会出现的确定性波动。所观察到的规律在于不同总量时间序列之间的协同运动"。

从 Burns 和 Mitchell 那里，经济学家们继承了对经济周期波长的划分。目前，许多经济学家认为，一般意义上的所谓经济周期，其波长在 6—32 个季度或者 2—8 年之间，剩下的短波成分可以看作季节因素和短期随机扰动，长波成分可以看作长期增长趋势。其实，把宏观经济运行看作是长期增长和短期波动的某种组合，在分析问题时区分长期因素和短期因素，是宏观经济学研究的传统智慧。把宏观经济时间序列分解为不同波长的成分，涉及滤波方法的选择和使用。在 RBC 理论的发展过程中，先后主要采用三种滤波方法，即 HP 滤波、BK 滤波和 CF 滤波，这三种方法都可以从原始时间序列中分离出不同波长的成分，然后再进行后续分析。

从卢卡斯开始，现代经济周期理论研究强调宏观经济时间序列的变动性（volatility）、持续性（persistence）和协动性（co - movement）。这些性质可以用方差和相关系数等统计量刻画，它们构成经济周期波动特征事实的主要方面。变动性由单个序列的方差表示，刻画该序列的变动程度；持续性由单个序列的自相关系数表示，刻画该序列前后项之间的相关关系，即该序列的持续和粘滞程度；协动性则由两个序列之间的相关系数表示，刻画这两个序列之间的变动关系和相互影响。

本书第二章曾经指出，经济周期波动的事实有三个层次，即描述性事实、统计事实和特征事实。描述性事实是指围绕特定事件展开的，主要用语言文字对经济周期波动现象进行的描述，这些描述往往是零散的，以各种方式存在，有些甚至仅仅反映了描述者的直觉和感受。本书第四章从描述性事实的角度回顾了新中国成立以来的经济周期波动。统计事实是指利用统计方法记录的宏观经济运行数据，以各种频率的时间序列形式存在。特征事实是指利用特定技术对经济周期波动的统计事实进行提炼和对比，从而发现的具有一定普遍性的经验规律。本章的目的就是从特征事实的角度刻画中国的经济周期波动。

在西方，尤其是美国，随着 RBC 理论的产生和发展，出现了许多关于经济周期波动特征事实的研究和争论。下面，我们以实际工资和价格的周期行为为例，来揭示这些研究和争论的重要意义。

对实际工资周期行为的争论是宏观经济学研究中的著名公案。争论起源于凯恩斯，在《通论》中，凯恩斯实际上假定了名义工资刚性。那么繁荣时价格上升，实际工资下降，衰退时价格下降，实际工资上升，即实际工资是逆周期的。最早提出异议的是 Dunlop（1938）和 Tarshis（1939），他们的经验研究并不支持凯恩斯的结论，这就是著名的"Dunlop 和 Tarshis 检验"。此后，许多经济学家在这个问题上进行了深入研究。到目前为止，达成了部分共识，但仍存有争议。首先，逆周期的实际工资已经为绝大多数的经验研究所否定，可以说，这已经是宏观经济学界的一个共识，其实，凯恩斯本人后来也放弃了逆周期实际工资的假定；此外，在实际工资是非周期还是顺周期上还存有争议。Lucas（1977）认为：

"观察到的实际工资在周期中并非保持不变，但它们也并不显示出一致的顺或逆周期的趋向。这说明任何想在对经济周期的解释中赋予实际工资的系统运动以中心地位的企图都将注定失败。"Lucas 的论断得到了许多经验研究的支持，但同时也有一些经验研究支持实际工资是强烈顺周期的。问题的关键就在于，选取不同国家、不同时期的数据往往得到不同的结论（Fiorito and Kollintzas，1994；Basu and Taylor，1999）。目前普遍接受的结论是二者的一个折中：实际工资的周期行为具有温和的顺周期特征。早期的 RBC 模型预言了强烈顺周期的实际工资，面对不利的经验研究结果，就有了所谓的"就业变化之谜"（employment variability puzzle），这成为后续研究的一个方向（Stadler，1994；Rebelo，2005）。

　　价格水平和通货膨胀是顺周期的，在直觉上这似乎无可争议，以至于很早以来，它就是一个被广为接受的事实。无论是货币主义的模型和新古典的货币失察模型，还是一些有凯恩斯主义特征的模型，都预言了顺周期的价格。Lucas（1977）更是把它列为经济周期波动的重要特征事实。1990 年以后，情况发生了变化。在一篇重要的论文中，Kydland 和 Prescott（1990）在对美国数据进行分析后认为，"自朝鲜战争之后，价格水平的运动是逆周期的"，因此，"任何对战后的经济周期进行解释的理论，如果给予顺周期的价格以重要地位，那它将注定失败"。此后，战后价格的逆周期行为得到了许多经验研究的支持，传统观点遭受重大挫折（Backus and Kehoe，1992；Fiorito and Kollintzas，1994；Basu and Taylor，1999）。目前的共识是，在不同国家、不同时期价格的周期行为并不一致，在主要的西方市场经济国家中，第二次世界大战前的价格水平是顺周期的，而第二次世界大战后却表现出明显的逆周期特征。对早期的 RBC 模型来说，逆周期的价格是一个有利的经验证据。简单来说，在 AD－AS框架中，技术冲击使总供给曲线沿着总需求曲线移动，因此，给技术冲击以决定性地位的早期 RBC 模型预言了逆周期的价格。

　　从上面的两个例子可以看出，对于经济周期理论研究而言，确认相关的特征事实意义重大。经济学家们在特征事实上的争执，最后都必然落脚于其在基本理论上的分歧。而一旦某些特征事实得到多方确认并且已经无可辩驳，那么理论发展的下一个方向必然就是去适应这些事实。因此，特征事实不但为以往的理论研究提供检验，也为后续的理论研究指明方向。

　　正如前面指出的，在西方，有很多关于经济周期波动特征事实的研究，其中最为典型的恐怕要算 Stock 和 Watson（1999）的论文。他们选取了美国 8 大类 71 个季度宏观经济时间序列，经过 BK 滤波后，从三个方面系统归纳了美国 1947—1996 年的经济周期波动特征。首先，他们绘制了滤波后的各序列和 GDP 序列的对比图（一共有 70 幅图），以此来形象地刻画各序列的变动性以及与 GDP 序列的协动性；其次，通过计算各序列的标准差及其与 GDP 序列的相关系数，来对上述性质进行定量化考察；最后，通过考察各序列与 GDP 序列的 Granger 因果性，来辨明各序列与 GDP 序列的领先滞后关系，并用 Quandt 似然比法考察了这种双变量关系的稳定性。

在我国，近年来也出现了有关经济周期波动特征事实的研究，这些研究大多以上述 Stock 和 Watson（1999）的典型研究为蓝本，利用中国数据，探讨中国问题。钱士春（2004）利用 HP（$\lambda = 100$）滤波器分析中国 1952—2002 年的 20 多个宏观经济时间序列，除了考察各序列的变动性和协动性以外，也考察了各序列与 GDP 序列的 Granger 因果性并进行了 Quandt 似然比检验。陈昆亭、周炎、龚六堂（2004）利用 BK 滤波器分析中国 1952—2001 年的 10 多个宏观经济时间序列，他们对 BK 滤波器进行了详尽的介绍，并且考察了中国与美国、法国、日本和韩国在经济周期波动方面的协动性。吕光明、齐鹰飞（2006）利用 CF 滤波器分析中国 1952—2003 年 20 多个宏观经济时间序列，他们还对中国和美国经济周期波动特征事实进行了比较全面的对比。总的来说，这些研究各有特色，都得出了一些有意义的结论，对我国的经济周期波动研究做出了贡献。但是，中间也存有一些不足。首先，这些研究所选取的宏观经济时间序列数量普遍不足，不能全面反映我国的经济周期波动状况。而且，序列的分类比较混乱，这就导致在讨论中有时会出现条理不清的情况。其次，这些研究对可以选取的三种滤波方法（即 HP 滤波、BK 滤波和 CF 滤波）没有进行充分的讨论和比较，最重要的是我们不知道在其他滤波器下这些研究结论是否仍然成立。再次，这些研究没有详细对比改革开放前后中国经济周期波动特征事实的深刻变化，并进行深入而全面的总结。最后，这些研究在某些细节上存在有待商榷的地方，本书在后面的讨论中会逐一提及。

本章可以看作上述研究的一个继续，我们也主要以 Stock 和 Watson 的研究为蓝本，讨论中国经济周期波动的特征事实。当然，我们希望能够克服上述文献中的不足之处。本章后面的讨论安排如下：第二节讨论滤波器的选择问题。我们发现，要从理论上论证 HP 滤波、BK 滤波和 CF 滤波的优劣并不容易，而在我们的研究中，三者的差异其实并不明显。除了 CF 滤波的个别结果会导致一些比较突出的差异外，三者的结论相当一致。第三节介绍数据来源和初步的处理。我们共选取了 47 个年度宏观经济时间序列，其中有 9 个时间序列的样本区间是 1979—2005 年，其他都是 1952—2005 年。第四节是本章的主体，我们全面归纳中国经济周期波动的特征事实。本书重点强调两个方面，一是改革开放前后经济周期波动特征事实的对比，二是对改革开放以后的状况进行更全面、更细致的总结。这些讨论主要围绕着表 5 - 2 和表 5 - 4 以及图 5 - 7 系列子图进行。第五节利用 CF 滤波器研究两个经典宏观经济关系在中国的表现。

第二节　滤波方法的评介和选择

在宏观经济研究中，如何从原始时间序列分解出长期增长趋势和短期波动成分一直是一个热门课题（布兰查德、费希尔，1998；Baxter & King，1999；Iacobucci & Noullez，2004）。随着 RBC 理论的产生和发展，有三种频率选择滤波（frequency selective filter）方法得到了广泛应用，即 HP 滤波、BK 滤波和 CF 滤波。HP 滤波可以看作一个近似的高通滤波器（High - Pass Filter），BK 滤波和 CF 滤波都是带通滤波器（Band - Pass Filter），因此，它们都是频率选择滤波，理论基础都是时间序列的谱分析。谱分析方法把时间序列看作不同波长（也即不同频率）成分的叠加。一束白光通过三棱镜，可以被分解成强度和频率不同的单色光。同样，通过频域分析对时间序列进行分解，就可以得到该序列中不同频率的成分。如果知道了一束光的频谱，我们可以通过汇总这些强度和频率不同的单色光重构该光束。同样，如果知道了一个时间序列的频谱，我们也可以通过加总频率不同的成分来重构原序列。这种时域与频域的转换通过 Fourier 变换和反变换实现。白光可以分解为赤橙黄绿青蓝紫七色，High - Pass 滤波其实就是分离出频率较高的比如说青蓝紫色光，而去掉其他低频成分；Band - Pass 滤波其实就是分离出中间频率的比如说黄绿青色光，而去掉剩下的高频和低频成分。同样，时间序列的 High - Pass 滤波其实就是分离出比如说波长小于 8 年的成分；时间序列的 Band - Pass 滤波其实就是分离出比如说波长在 6—32 个季度之间的经济周期波动成分，剩下的高频成分可以看作季节因素和随机扰动，低频成分可以看作增长趋势。下面我们先讨论这三种滤波方法的机理和特点，然后指出，对于我们的研究来说，使用这三种滤波器的结果并没有明显差异，尤其是 HP 滤波和 BK 滤波的结果更为接近。

一　HP 滤波器

HP 滤波器由 Hodrick 和 Prescott（1980）提出，此后获得了广泛应用。他们认为，虽然现代经济增长理论取得了重大进展，但是还不足以利用增长核算得出精确的长期增长趋势。在趋势分解方面，增长理论唯一能告诉我们的就是趋势是"平滑"的。据此，他们设计了一个滤波器，该滤波器从时间序列 $\{x_t\}_{t=1}^{T}$ 中得到一个平滑的序列 $\{y_t\}_{t=1}^{T}$，$\{y_t\}_{t=1}^{T}$ 是下列问题的解：

$$\min_{\{y_t\}_{t=-1}^{T}} \left\{ \sum_{t=1}^{T} (x_t - y_t)^2 + \lambda \sum_{t=1}^{T} \left[(y_t - y_{t-1}) - (y_{t-1} - y_{t-2}) \right]^2 \right\}$$

大括号中多项式的第一部分是波动成分的度量，第二部分是趋势项"平滑"程度的度量，λ 是自由参数，调节二者的权重。不难看出，当 λ 取 0 时，序列 $\{y_t\}_{t=1}^{T}$ 和原始序列重合，当 λ 趋于无穷大时，序列 $\{y_t\}_{t=1}^{T}$ 在一条直线上。

此后，Prescott（1986）曾指出，HP 滤波可以看作一个近似的 High - Pass 滤波。King 和 Rebelo（1993）证明，当 $T \to \infty$ 时，上式在频域内可解，HP 滤波器的频域反应函数为：

$$H(\omega) = \frac{4\lambda \left[1 - \cos(\omega) \right]^2}{1 + 4\lambda \left[1 - \cos(\omega) \right]^2}$$

随着 RBC 理论的迅猛发展，HP 滤波器获得了广泛的引用和认可。虽然也有一些批评和争论，但是总的来说，HP 滤波器还是经受住了各种考验，成为时间序列去趋（Detrend）方法的一个基准。任何这一领域的研究如果不提及 HP 滤波，那是不可想象的。在关于 HP 滤波器的争论中，很重要的一项就是参数 λ 的取值问题。Hodrick 和 Prescott 的研究使用季度数据，取 $\lambda = 1600$。此后，大量研究都沿用这个取值，可以说，在季度数据方面经济学家基本达成了共识。但是，当面对其他频率的数据，尤其是年度数据时，在 λ 的取值上则存有很大分歧。Ravn 和 Uhlig（2002）的研究结论是，λ 的取值应该是观测数据频率的 4 次方，即年度数据应取

$\lambda = 6.25$，季度数据应取 $\lambda = 1600$，月度数据应取 $\lambda = 129600$。他们从三个方面考察了这个结论，一是在频域上比较 HP 滤波转移方程的图像，发现 4 次方调整的效果最好；二是用分析方法讨论 HP 滤波的转移方程，发现如果假设 n 是样本频率的次方，那么 n 的取值应该在 3.8 和 4 之间；三是表明使用相同的调整规则，不同频率样本数据的趋势和周期应该非常接近，而蒙特卡洛实验显示，4 次方的调整最符合这个标准。Ravn 和 Uhlig 还发现，这种调整推翻了已有研究中的某些特征事实，该研究使用年度数据取 $\lambda = 100$。Ravn 和 Uhlig 的结论也得到了后来研究的进一步证实（Iacobucci & Noullez，2004）。

对 HP 滤波器可以有三种解释（Christiano & Fitzgerald，1999）。首先，HP 滤波可以看作一个精确设定的算法，其目的只是从数据中抽出一条平滑的曲线；其次，HP 滤波可以看作一个特殊的射影问题，其目的是从数据 $\{x_t\}_{t=1}^{T}$ 中抽取出某个信号 $\{y_t\}_{t=1}^{T}$，$\{x_t\}_{t=1}^{T}$ 被认为是 $\{y_t\}_{t=1}^{T}$ 和正交噪声 $\{\varepsilon_t\}_{t=1}^{T}$ 的叠加，即 $x_t = y_t + \varepsilon_t$；最后，HP 滤波可以看作一个近似 High-Pass 滤波器，能分离出周期在 8 年以下的高频成分。

二　BK 滤波器

BK 滤波器由 Baxter 和 King（1999）提出，该方法实际上是一个对称的固定加权移动平均，目标是满足如下六个性质：①分离出特定频率的经济周期波动成分；②不会导致相位变化；③是理想 Band-Pass 滤波的最优近似；④分离出的经济周期波动成分是平稳时间序列；⑤加权移动平均的权数固定，与样本时间无关；⑥可操作性，即注重移动平均项数的选择，项数越多就越接近理想滤波效果，但是损失的样本量就越多，这里有一个折中。

BK 滤波器的最终形式如下：

$$y_t^* = a(L)y_t = \sum_{k=-K}^{K} a_k y_{t-k}$$

$\{y_t\}$ 是原序列，$\{y_t^*\}$ 是滤波后的序列，L 是滞后算子，即 $L^k x_t = x_{t-k}$，$a(L) = \sum_{k=-K}^{K} a_k L^k$。为了保证 $\{y_t^*\}$ 是平稳时间序列，有 $a(1) = \sum_{k=-K}^{K} a_k = 0$；为了不引入相位变化，滤波器是对称的，即 $a_k = a_{-k}$；截断 K 要根据数据频率和样本大小灵活选择。

Baxter 和 King 利用 Low - Pass 滤波器设计 BK 滤波。设 $\beta(\omega)$ 为理想 Low - Pass 滤波的频率反应函数，则有：

$$\beta(\omega) = \begin{cases} 1, & \text{当 } \omega \in (-\underline{\omega}, \underline{\omega}) \\ 0, & \text{其他} \end{cases}$$

设 $b(L) = \sum_{h=-\infty}^{\infty} b_h L^h$ 为该理想滤波器在时域上的表示，则可以由频率反应函数的反 Fourier 变换得到权重 b_h：

$$b_h = \frac{1}{2\pi} \int_{-\pi}^{\pi} \beta(\omega) e^{i\omega h} d\omega$$

计算可得：$b_0 = \underline{\omega}/\pi$，当 $h = 1, 2, \cdots$ 时，$b_h = \sin(h\underline{\omega})/h\pi$。上述的理想滤波要求无穷样本量，在有限样本情况下需要进行近似，原则是使近似滤波和理想滤波的频率反应函数尽可能接近，即：

$$\min_{a_h} \frac{1}{2\pi} \int_{-\pi}^{\pi} |\beta(\omega) - \alpha_K(\omega)|^2 d\omega$$

其中，$\alpha_K(\omega)$ 是截断为 K 的近似 Low - Pass 滤波器的频率反应函数，该滤波器在时域上可以表示为 $a(L) = \sum_{h=-K}^{K} a_h L^h$。上面优化的结果是：当 $h = 0, 1, \cdots, K$ 时，$a_h = b_h$；当 $h \geq K + 1$ 时，$a_h = 0$。

Low - Pass 滤波是滤波器设计的基石，有了 Low - Pass 滤波器，很容易得到 High - Pass 和 Band - Pass 滤波器。计算可知，理想 High - Pass 滤波器的权重当 $h = 0$ 时是 $1 - b_0$，当 $h = 1, 2, \cdots$ 时是 $-b_h$。同样，如果设 Band - Pass 滤波器所通过的成分频率在 $\underline{\omega}$ 和 $\overline{\omega}$ 之间，则其权重是相应的两个 Low - Pass 滤波器权重之差。

与 HP 滤波相比，BK 滤波的优点相当明显。因为 BK 是 Band - Pass 滤波，所以，它可以将时间序列分解为三个部分，即高频的不规则扰动、低频的增长趋势和中间频率的经济周期波动。而 HP 滤波作为一个近似的 High - Pass 滤波，会遗漏高频的不规则扰动。[①] 但是，对于年度数据来说，最高频率也要 2 年，因此所有高频成分都可以看作是经济周期波动，这时三段式的分解就不必要了。在 Ravn 和 Uhlig 解决了 HP 滤波年度数据惩罚因子 λ 的取值问题以后，在年度数据上，BK 滤波和 HP 滤波的结果

---

① Iacobucci 和 Noullez（2004）设计了一个 Band - Pass 的 HP 滤波器，不过他们的主要目的是用于和其他滤波器进行比较，并没有获得广泛应用。

其实相当接近。

三　CF 滤波器

CF 滤波由 Christiano 和 Fitzgerald（2003）提出，它也是一种 Band – Pass 滤波，BK 滤波在某种程度上可以看作它的特殊情况。与 BK 滤波相比，CF 滤波有两点突破。首先，Christiano 和 Fitzgerald 发现，在有限样本情况下，对理想滤波器做最优近似要考虑被分解序列的时间序列性质。因此，在滤波之前，先要考察被滤波序列的时间序列表示。其次，CF 滤波虽然也是一种线性滤波，但是它放弃了 BK 滤波的平稳性和对称性假设。平稳性要求移动平均的权数不随时间变化，这是 BK 滤波的第 5 项要求。对称性保证滤波结果不发生相位变化，这是 BK 滤波的第 2 项要求。这两种性质当然是合意的，但是其获得以损失估计的精确性为代价。因为这使得在每个时点上只能利用前后 K 期的信息来估计理想滤波，而不能利用整个样本的信息。显然，这里面临一个折中。因此，在滤波过程中要充分考虑这个折中，并进行严格量化。总的来说，与 HP 滤波和 BK 滤波相比，CF 滤波的最大特点是充分的灵活性。不但对不同性质的时间序列采用不同的滤波公式，而且在同一时间序列不同时点的估计上也选取不同的截断和权重。

考察随机过程 x_t 的一个正交分解：

$$x_t = y_t + \widetilde{x}_t$$

其中，y_t 是频率在 $\{(a, b) \cup (-b, -a)\} \in (-\pi, \pi)$ 上的部分，$\widetilde{x}_t$ 是频率在前述集合补集上的部分，有 $0 < a \leqslant b \leqslant \pi$。可知，理想 Band – Pass 滤波器 $B(L)$ 使 $y_t = B(L)x_t$，其中：$B(L) = \sum\limits_{j=-\infty}^{\infty} B_j L^j$，$L$ 是滞后算子。该滤波器的频率反应函数为 $B(e^{-i\omega})$，有：

$$B(e^{-i\omega}) = \begin{cases} 1 & 当 \omega \in (a, b) \cup (-b, -a) \\ 0 & 其他 \end{cases}$$

现在假设有随机过程 x_t 的一个有限样本 $x = [x_1, \cdots, x_T]$，并且我们知道其总体二阶矩性质。假设对 $y = [y_1, \cdots, y_T]$ 的估计为 $\hat{y}$，则需要求解下面的问题：

$$\hat{y}_t = P[y_t \mid x] \qquad t = 1, \cdots, T$$

对每一个 t，上面问题的解是已知样本数据的线性方程，即：

$$\hat{y}_t = \sum_{j=-f}^{p} \hat{B}_j^{p,f} x_{t-j}$$

其中，$f = T - t$，$p = t - 1$，$\hat{B}_j^{p,f}$ 实际是下面优化问题的解：

$$\min_{\hat{B}_j^{p,f}, j = -f, \cdots, p} E\left[(y_t - \hat{y}_t)^2 \mid x \right]$$

据此，我们定义下面的滤波器：

$$\hat{B}^{p,f}(L) = \sum_{j=-f}^{p} \hat{B}_j^{p,f} L^j$$

其中，L 是滞后算子。在估计 $y = [y_1, \cdots, y_T]$ 的时候，因为 p 和 f 随着时间变化，因此，在每个时点 t 实际上都有不同的截断和权重。如果想要获得 BK 滤波所要求的对称性和平稳性，只需加上约束条件：$p = f = K$，其中 K 是常数。上面的优化问题在频域上可以表示为：

$$\min_{\hat{B}_j^{p,f}, j = -f, \cdots, p} \int_{-\pi}^{\pi} | B(e^{-i\omega}) - \hat{B}^{p,f}(e^{-i\omega}) |^2 f_x(\omega) d\omega$$

其中，$f_x(\omega)$ 是 x_t 的谱密度。可见，估计 $y = [y_1, \cdots, y_T]$ 依赖于 x_t 的时间序列性质。因此，在滤波以前有必要先通过样本 $x = [x_1, \cdots, x_T]$ 考察产生该样本数据的随机过程 x_t 的时间序列表示。

Christiano 和 Fitzgerald 考察了他们提出的两点突破在数量上的重要性，发现权重的非平稳性和非对称性很有价值，很大程度上提高了估计的精确性，而其导致的成本也相对较小。但是，事先知悉随机过程 x_t 的时间序列表示并不是很重要，因为其估计结果并不显著优于假设原始序列产生于一个随机游走（Random Walk）过程。据此，CF 滤波只需考虑两类样本，一类是协方差平稳过程，在进行适当的均值或者趋势调整后进行滤波；另一类是非平稳过程，可以假设其产生于随机游走，从而进行相应的滤波。因此，CF 滤波有时也被称为随机游走滤波。

CF 滤波的优点来自设计中的两个突破，可是，在一些批评者看来，这正好又是它的缺点。Iacobucci 和 Noullez（2004）在最近的研究中指出，CF 滤波的非平稳性和非对称性在某些情况下可能会导致消极后果，而假设所有非平稳过程都产生于随机游走，不但在理论上很难站住脚，而且在某些情况下会导致糟糕的近似。

四　评介与选择

在我国，应用这三种滤波方法的文献大致可以分为三类。一是利用

RBC 理论模型解释中国的经济周期波动，在模型的经验检验中要对模型数据和现实数据进行滤波（卜永祥、靳炎，2002；陈昆亭、龚六堂，2004；陈昆亭、龚六堂、邹恒甫，2004a，2004b；黄赜琳，2005）；二是讨论中国经济周期波动特征事实的研究，涉及的时间序列都要进行滤波（钱士春，2004；陈昆亭、周炎、龚六堂，2004；吕光明、齐鹰飞，2006）；三是中国经济周期波动的阶段划分和潜在经济增长率的研究，要对实际 GDP 序列进行滤波（刘树成、张晓晶、张平，2005；董进，2006）。

在所有这些研究中，使用 HP 滤波和 BK 滤波的较多，而使用 CF 滤波的似乎只有吕光明和齐鹰飞。可见，CF 滤波在我国还没有引起相应的重视。由于我国宏观数据的特点，这些研究使用的都是年度数据。使用 HP 滤波的大多数研究都没有注意到 Ravn 和 Uhlig 的调整，在研究中取 $\lambda = 100$ 而不是 $\lambda = 6.25$。使用 BK 滤波和 CF 滤波的研究所取频段一般都是 2—8 年，这其实只是一个 High – Pass 滤波而非 Band – Pass 滤波，因为对年度数据来说，2 年对应的已经是最高频率了。对于有些研究者来说，似乎 BK 滤波优于 HP 滤波，而 CF 滤波又优于 HP 滤波和 BK 滤波。其实，从频段选择的意义上来说，三者的优劣并无定论。

这三种滤波方法都可以看作是频率选择滤波，即试图从原始序列中分离出特定频段的成分。频域上的连续性对应时域上的无穷序列，因此，理想滤波需要无穷样本。在有限样本的情况下，就需要对理想滤波进行近似，HP 滤波、BK 滤波和 CF 滤波都可以看作是对相应理想滤波的近似。从这个角度来看，这三种滤波方法都远非完美。由于设计思路和近似方法的不同，三者各有其优缺点。这方面的研究仍在进行，Iacobucci 和 Noullez（2004）最近设计了一个 Hamming/Hanning 窗滤波器，各方面的性能似乎都优于上述三种，也许该滤波器会很快成为研究者的第四种选择。

在理论上考察滤波器的优劣一般通过比较频率反应函数，即观察所考察滤波器的频率反应函数与理想滤波器的频率反应函数的接近程度，越接近则滤波效果越好。但是，在上述三种滤波器的考察中，这种方法不是很适宜。首先，由于全样本的 CF 滤波具有充分的灵活性，不但对不同性质的时间序列采用不同的滤波公式，而且在同一时间序列不同时点的估计上也选取不同的截断和权重，因此，我们无法得到统一的 CF 滤波的频率反应函数来进行比较；其次，HP 滤波的频率反应函数在无穷样本下才成立，因此，在样本较小的情况下，这种对比可能会夸大 HP 滤波的滤波效果。①

　　鉴于这三种滤波器在设计方法和理论进路上各有特色，在各类研究中都获得了广泛应用，而且，要从理论上评价其优劣确实存在较大困难，故此，在这里本书转换了研究策略。我们先前的策略试图先从理论上评价这三种滤波器的优劣，然后选择最优的滤波器进行研究。转换后的策略则是先用三种滤波器分别进行研究，然后再对比其研究结论。当然，后者的工作量很大。所幸我们最终发现，至少对本书的研究来说，三种滤波器的结果差异不大，可以说，本书的大多数研究结论和滤波器的选择无关。另外，HP 滤波和 BK 滤波在结果上的接近程度也令人相当惊异。

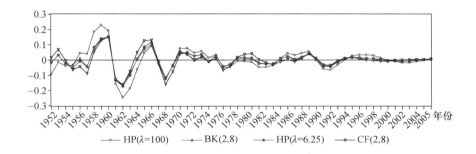

图 5 - 1　中国实际 GDP 的四种滤波结果（1952—2005 年）

资料来源：《中国统计年鉴》。

　　本书的研究使用年度数据，具体来说可用的滤波器就是取 $\lambda = 6.25$ 的 HP 滤波、截断 $K = 3$ 的 BK（2，8）滤波和全样本的 CF（2，8）滤波。频段 2—8 年的选择遵从国外的同类研究，从我国经济周期波动的阶段划分来看，这种选择也是适宜的（董进，2006）。图 5 - 1 显示了在 HP（$\lambda = 100$）滤波以及上述三种滤波下我国的实际 GDP 序列。从图中可以明显看出，除了 HP（$\lambda = 100$）滤波的结果偏离较大以外，其他三种滤波结果比较接近，而 HP（$\lambda = 6.25$）滤波和 BK（2，8）的结果最为接近。

---

　　①　Iacobucci 和 Noullez（2004）进行了各种滤波器的频率反应函数对比，不过他们选取的是固定截断的 CF 滤波，这显然违背了 CF 滤波的真意。

需要指出的是，与其他三种滤波相比，HP（$\lambda = 100$）滤波后的结果除了标准差较大以外，某些序列与实际 GDP 序列的相关关系也发生了明显变化。比如，在 HP（$\lambda = 100$）滤波下总消费与领先 1 期实际 GDP 的相关系数为 0.443，而在其他三种滤波下则分别为 0.139、0.092 和 0.104。这也一定程度上证实了 Ravn 和 Uhlig 调整的适宜性。

第三节　数据的获得和初步处理

本书选取了六大类 47 个宏观经济时间序列来刻画中国的经济周期波动，其中有 9 个序列的样本区间是 1979—2005 年，其他都是 1952—2005 年。国内数据全部来自《中国统计年鉴》和《中国金融年鉴》各期。美国的实际 GDP 数据来自美国商务部经济分析局网站。[①] 英国的实际 GDP 数据来自英国国家统计部门网站。[②] 德国的实际 GDP 数据来自德国联邦统计部门网站。[③] 德国数据断点较多。1991 年之前是前联邦德国数据；1970—1991 年的数据在 2005 年进行了重新修订，本书采用修订后的结果；1960 年前的数据不包括萨尔州和西柏林。本书取 1950 年的实际 GDP 为 100，然后利用历年增长率顺次推出以后各年的实际 GDP。虽然在断点前后 GDP 总量发生了变化，但是绝对量在本书的研究中没有意义，经济周期波动只是考察各年间的相对变动。因此，应该说本书的这种处理基本刻画了德国经济从 20 世纪 50 年代至今的经济周期波动状况。法国、日本和韩国的实际 GDP 数据来自国际货币基金组织（IMF）网站。[④]

六大类数据中的第一类是支出法 GDP 的各构成部分。除了消费和投资外，本书把进口、出口和进出口总额也列在这个部分。其中总投资是历年的资本形成总额。第二类是价格和工资。价格水平由三种价格指数衡量，并且分别考察其水平值和通货膨胀。工资是历年的在岗职工平均工资，反映历年的工资水平变动。本书没有选取历年工资总额序列。第三类是就业状况，有三次产业和城乡两个小类。第四类是财政收支，分为国家财政和地方财政两个小类。第五类是涉及金融部门的几个序列。其中，信

---

① http：//bea. gov/beahome. html.

② http：//www. statistics. gov. uk.

③ http：//www. destatis. de/e_ home. htm.

④ http：//www. imf. org.

贷总额是历年全国金融机构信贷资金实现总额，利率是一年期定期存款利率。第六类是国外部门。

我国的实际 GDP 通过历年经济增长率推出，然后再利用名义 GDP 推出 GDP 缩减指数。利率由央行的利率变动表计算而来，在变动年份按时间取加权平均值。消费、投资、进出口和财政收支都做了相应的价格调整，是实际值。工资、信贷总额、M0 和利率同时考察名义值和实际值。除了通货膨胀、工资变化率和利率外，各量都取了自然对数。1978 年前后，我国的经济体制和经济运行发生了巨大变化。从宏观经济数据上来看，这种变化是清晰可见的。而在本书第四章的分析中，我们也重点指出了这一点。因此，本章的研究考察 1952—2005 年、1952—1978 年和 1979—2005 年三个样本区间。

第四节　中国经济波动的特征事实

利用 Eviews 5.0 软件，本书对上述六大类 47 个序列在各样本区间内进行三种滤波，然后考察滤波后各序列的标准差及其与实际 GDP 序列的相关系数。结果显示在表 5-2 到表 5-5 中。表 5-2、表 5-3 和表 5-4 的结构完全相同，分别显示 38 个大样本序列在三种滤波器下的结果。表 5-2 是 HP 滤波的结果，表 5-3 和表 5-4 则分别是 BK 滤波和 CF 滤波的结果，表 5-5 显示了 9 个小样本序列在三种滤波器下的结果。各表中的相关系数一栏，x_t 代表其他各序列，y_t 代表实际 GDP 序列，k 的取值为 -2 到 2 之间的整数。在 Stock 和 Watson（1999）的研究中，k 的取值是 -6 到 6 之间的整数，这是因为该研究使用的是季度数据，他们使用的 BK（6，32）滤波的频率上限是 6 个季度。本书使用年度数据，三种滤波都可以看作频率下限为 8 年的 High-Pass 滤波，频率上限最大就是 2 年[①]，因此我们取 k 值在 -2 和 2 之间。[②] 另外，本书还在图 5-7 中列出了其他 46 个序列与实际 GDP 序列的对比图。图 5-7 一共有 46 个子图，是 HP（$\lambda=6.25$）滤波的结果，其他两种滤波的结果没有列出，因为它

---

① 设频率为 ω，波长为 l，有 $l=2\pi/\omega$，$|\omega|\in(0,\pi)$，$|l|\in(2,+\infty)$。

② 钱士春（2004）取 k 值在 -1 和 1 之间，陈昆亭等（2006）取 k 值在 -6 和 6 之间，吕光明和齐鹰飞（2006）取 k 值在 -2 和 2 之间。过少的滞后值可能会遗漏某些重要信息，而超过 3 年的滞后可能会与下一个周期重叠，从而导致虚假的相关关系。

们与图 5 - 7 的结果差别很小，不会影响本书的讨论结果。

我们发现，三种滤波的结果相当一致，尤其是 HP 滤波与 BK 滤波的结果更为接近。假设 HP 滤波下各标准差为 SD^{HP}，各相关系数为 $Corr^{HP}$；BK 滤波下各标准差为 SD^{BK}，各相关系数为 $Corr^{BK}$。比较表 5 - 2 和表 5 - 3 可知，有 $|SD^{HP} - SD^{BK}| < 1\%$，除了两个例外，即 1952—1978 年样本区间的地方财政收入和 1979—2005 年样本区间的政府消费，不过差异也在可以接受的范围内；有 $|Corr^{HP} - Corr^{BK}| < 0.15$，除了一个例外，即 1952—1978 年样本区间的名义存款利率与滞后 2 期实际 GDP 的相关系数，HP 滤波下该系数为 0.553，BK 滤波下该系数为 0.815，由于是滞后 2 期的系数而且当期系数比较接近，因此这个误差也可以接受。与此相比，CF 滤波的结果相对差异较大，但是，本书的大多数结论在 CF 滤波下并不受影响。对于少数的例外情况，我们会在讨论中逐一指出并进行简单讨论。

下面我们全面总结我国从 1952—2005 年经济周期波动的特征事实，强调 1978 年前后的对比和 1978 年后的状况。我们的讨论以 BK 滤波（见表 5 - 3）为例进行，适当的时候会引入表 5 - 5 的内容。对于 CF 滤波（见表 5 - 4）的那些例外，我们也会在讨论中适时指出。各表的主体都是分为三个部分，不过表 5 - 2 到表 5 - 4 显示的是三个样本区间的结果，而表 5 - 5 则是显示三种滤波器下的结果。各表的每个子部分都有 6 列，左侧 1 列显示对应序列的标准差，刻画该序列波动幅度的大小，也就是变动性；右侧的 5 列分别是对应序列与领先 2 期、领先 1 期、当期、滞后 1 期以及滞后 2 期的实际 GDP 的相关系数，刻画该序列与实际 GDP 的协动性。如果当期相关系数大于 0.2，我们称该序列为顺周期变量；如果当期相关系数小于 -0.2，我们称该序列为逆周期变量；如果当期相关系数在 -0.2 和 0.2 之间，我们则称该序列为非周期变量。正的相关系数越大，我们就称该序列的顺周期性越明显或越强烈，反之则称该序列的顺周期性越温和；负的相关系数越小，我们就称该序列的逆周期性越明显或越强烈，反之则称该序列的逆周期性越温和。[1] 在讨论中我们会同时参考图

---

[1]　±0.2 只是为了方便讨论而设定的一个大致的心理界限，将这个界限定为 ±0.1 或者 ±0.3 似乎也并无不妥之处。但是，如果将这个界限定为 ±0.01 或者 ±0.4，则多少有些让人难以接受。另外，这里所谓的"顺周期"和"逆周期"都是以实际 GDP 为标准的，实际 GDP 的行为决定了周期的形态和相位，其他序列的行为是通过与实际 GDP 的对比来显现的。

5-7，该图的优势在于可以观察到各年份的具体情况。

另外，对于本书下面的描述还有几点需要注意。首先，表中刻画的协动关系是去掉低频成分后剩下的经济周期波动成分之间的关系，下面讨论中所说的经济繁荣是指实际 GDP 中的经济周期波动成分的上升，而经济衰退则是指该成分的下降，如果考虑到同期的经济增长，这种说法是不准确的；其次，我们描述的各序列相位关系不含任何因果判断，即并不因为 A 序列的相位领先于 B 序列就说 A 的变动是 B 的变动的原因①；最后，我们在正文中基本上只是描述事实，对于那些有趣的变动我们在脚注中做一些简单的猜测和解释。

一　支出法 GDP

（1）消费。家庭消费一直非常稳定，在三个样本区间其标准差均在 2.5% 左右。与此相应，总消费也很稳定，其标准差在 3% 左右。政府消费的波幅明显大于家庭消费，在 1978 年以后其波幅明显减小。消费是顺周期变量，但是程度并不强烈，各相关系数基本上在 0.6 左右。1978 年后政府消费的顺周期性明显下降，相关系数降至 0.309。1978 年前后消费行为最大变化来自领先和滞后 1 期的 GDP 的相关系数：在 1952—1978 年，领先 1 期的 GDP 和消费（三个指标均包括）有较强的正相关，相关系数在 0.5 左右，而滞后 1 期的 GDP 和消费基本不相关；然而，在 1979—2005 年这个关系正好相反，领先 1 期的 GDP 和消费基本不相关，而滞后 1 期的 GDP 和消费有较强的正相关，相关系数在 0.5 以上。这说明在 1978 年以前消费的相位滞后于 GDP，此后则领先于 GDP。② 另外，消费的波幅在 1952—1978 年小于 GDP 的波幅，而在 1979—2005 年则大于 GDP 的波幅。③ 除了相位关系不易观察，上面提到的结果在图 5-7-1 至图 5-7-3 均有体现。另外，从图 5-7-3 可以看到，在 1995 年政府消费有一个明显下降，这可能是 1994 年分税制改革的影响。

---

① 本书放弃了 Granger 因果性检验。因为如果 A 序列相位领先于 B 序列，则它的领先项在对 B 序列的预测中肯定是有用的，即 A 是 B 的 Granger 原因。但这也仅仅是表明了 A 序列的变动是先于 B 序列的，并没有任何其他的信息增量。

② 这个结论很有意义。在传统体制下，优先发展重工业的战略导致积累率畸高，消费深受抑制，因此对经济的拉动作用并不明显，而改革开放以后这种情况则有了明显改观。

③ 在成熟的市场经济国家，消费的波幅一般小于 GDP 的波幅。总的来说，我国消费的波幅还是有些偏大，说明消费不是特别稳定。

（2）投资。投资的波幅明显大于 GDP 和消费的波幅。在 1952—1978 年，投资的波幅极大，在 20% 左右；而在 1979—2005 年，投资波幅下降非常明显，降至 5% 左右的水平。投资是强烈的顺周期变量，1978 年后这种顺周期性有所下降，从相关系数来看大致下降了 0.1。在 1952—1978 年，总投资和固定资产投资的行为基本一致，并且都和 GDP 同步，但在 1979—2005 年总投资的相位稍稍滞后于 GDP，而固定资产投资则稍稍领先于 GDP。除了相位关系不易观察，上面提到的结果在图 5 - 7 - 4 和图 5 - 7 - 5 均有体现。从上面的结果看，投资的周期行为基本正常。

（3）进出口。1978 年以后，各变量的波幅均明显下降。进口的波幅大于出口，进出口的波幅均远远大于 GDP 的波幅。各变量大致都是顺周期变量，但是 1978 年以后其顺周期性明显降低。出口在 1978 年前是明显的顺周期变量，但在 1978 年后变为非周期变量。① 从图 5 - 7 - 8 可以看出，在 1978 年前出口和 GDP 的同步性相当明显，但此后出口的波动十分频繁。

总之，在改革开放前后，各变量的行为变化较大。各变量的波幅都明显减小，个别变量的周期性和相位也有明显变化。

二　就业

（1）总就业。总就业人数的波幅很小，而且在改革开放前后基本保持不变。在 1952—1978 年，总就业是强烈的顺周期变量，经济繁荣时就业增长，经济衰退时就业下降，这是正常的关系。但是，在 1979—2005 年总就业却变为强烈的逆周期变量，经济繁荣时就业反而下降，经济衰退时就业反而上升，这是比较反常的关系。② 从图 5 - 7 - 9 可以明显看出上述情况。另外，从图中可以看出 1990 年就业有一个非常明显的上涨，这是因为 1990 年及以后的数据是根据第五次全国人口普查资料调整的，图 5 - 7 - 10 至图 5 - 7 - 14 也体现了这个调整。

---

① 这符合开放经济下的基本原理，本国出口与本国产出无关，而是取决于贸易国的产出和贸易条件。从美国数据来看，其出口也大致是非周期变量。

② 从图 5 - 7 - 9 可以看出，1990 年的数据调整与这一期间的衰退是造成总就业逆周期行为的部分原因，但是肯定不是主要原因。可能的原因还有：①改革开放以后，就业的方式出现多元化趋势，有些就业可能没有进入统计数据；②技术进步使经济效益提高，同时挤出了部分低技术含量的就业；③国有企业的战略性改组导致的工人下岗。这个问题需要进行更全面、更细致的研究来予以澄清。

（2）三次产业就业。第一产业就业的波幅一直比较稳定。第二、第三产业就业在 1952—1978 年的波幅很大，到 1979—2005 年则明显减小。第一产业就业一直是强烈的逆周期变量，1978 年后相位略有滞后。第二、第三产业就业在 1952—1978 年是强烈的顺周期变量，1978 年后基本变为非周期变量。从图 5 - 7 - 10 至图 5 - 7 - 12 可以明显看出，"大跃进"对三次产业就业造成了巨大影响。第一产业就业在 1958 年大幅下降，第二、第三产业就业则大幅上升。此后，第一产业就业逐步回升，第二产业就业则直线下降，第三产业就业经过 1959 年和 1960 年的缓慢上升后，在 1961 年大幅下降。

（3）农村城镇就业。农村就业的波幅一直非常稳定，城镇就业的波幅在 1978 年以前比较大，此后明显减小。农村就业在 1952—1978 年是非周期变量，与领先的 GDP 负相关，与滞后的 GDP 正相关，这意味着当年的经济繁荣一般伴随着此后一两年农村就业的降低，而农村就业的增长一般伴随着此后一两年的经济衰退。1978 年后农村就业变为强烈的逆周期变量，相位略有滞后，这与同期的一产就业十分一致，大致反映了我国的工业化和城市化趋势。城镇就业在 1952—1978 年是强烈的顺周期变量，1978 年则变为逆周期变量，相位略有滞后，这是一个比较反常的关系，其原因应该与导致总就业逆周期行为的原因一致。从图 5 - 7 - 14 来看，在"文化大革命"以前城镇就业的变动幅度相当大，在"一五"期间持续直线下降，1958 年"大跃进"急剧上升，1959 年和 1960 年出现反复，此后连续两年急剧下降，形成一个明显的"M"形，从 1963 年开始缓慢上升。

（4）城镇失业。表 5 - 5 考察了 1979—2005 年样本区间的城镇登记失业人数和失业率，三种滤波器下的行为基本一致，失业人数和失业率的行为也基本一致。城镇登记失业是非周期的，与领先的 GDP 正相关，与滞后的 GDP 负相关，这意味着当年的经济繁荣一般伴随着此后一两年城镇登记失业的下降，而城镇登记失业的上升一般伴随着此后一两年的经济衰退。从图 5 - 7 - 38 和图 5 - 7 - 39 来看，城镇登记失业有两次比较明显的下降时期：1990—1992 年和 1998—2000 年，而同期正是我国经济相对低迷，失业问题比较严重的时期，这说明城镇登记失业对于我国经济周期波动问题的考察参考价值不大。

总之，从就业来看，改革开放前后差异较大，改革开放后出现了一些值得关注的反常情况，值得进一步研究和思考。

三　价格和工资

（1）价格水平。1978年以后价格水平的波幅有所增大，但在GDP缩减指数口径上没有体现出来。1978年以前，价格水平是明显的逆周期变量，相关系数在－0.8左右。1978年以后，价格水平基本上是非周期变量，只有GDP缩减指数表现出一定的顺周期倾向。[①] 从领先和滞后系数来看，1978年以后的价格水平有明显的规律性，即与领先的GDP明显正相关，而与滞后的GDP明显负相关。也就是说，在1978年以后，经济繁荣往往预示着今后一两年的价格上涨，而价格上涨则往往预示着今后一两年的经济衰退。[②] 从图5-7-15和图5-7-16可以看出，在1964—1979年期间，我国的价格水平基本没有波动，此前和此后的波幅基本相当，而在1999—2005年期间，价格水平也十分稳定。

（2）通货膨胀。在1978年以后，通货膨胀的波幅有所增大，但在GDP缩减指数口径上没有体现出来。1978年以前，通货膨胀有轻微的逆周期倾向，但是到1978年以后，通货膨胀则成为明显的顺周期变量，相关系数在0.6以上。同时，1978年后的通货膨胀与领先1期的GDP有较大的正相关，也就是说，通货膨胀有一定的相位滞后，这与前面提到的价格水平的行为一致。[③] 从图5-7-18和图5-7-19可以清晰观察到我国经历的五次通货膨胀，即1961年、1980年、1985年、1988—1989年和1994年。

（3）工资。在改革开放后，名义量的波幅有所增加，实际量的波幅有所减小。1978年以前的名义工资是温和的逆周期变量，而1978年以后名义工资则是顺周期变量，有明显的相位滞后。也就是说，在1978年以前，经济繁荣往往伴随着名义工资的轻微下降；而1978年以后，经济繁

---

① 在这里CF滤波的结果和HP滤波、BK滤波的结果有一定差异。在HP滤波或BK滤波下，1979—2005年样本区间各个口径的价格水平大致都是温和的顺周期变量，居民消费价格指数水平和商品零售价格指数水平与同期GDP的相关系数都在0.2左右。在CF滤波下，上述各量大致都是非周期变量，只有GDP缩减指数勉强可以看作温和的顺周期，它和当期GDP的相关系数是0.177。本书这里的表述大致是一个折中的结果，在三种滤波结果下均可接受。

② 这多少符合"放—乱—收—死"循环的逻辑。

③ 这说明在这一时期，总是先有实体经济过热，过一段时间才最终反映到通货膨胀上，这个时滞在一年以内。

荣往往预示着名义工资的提高。① 名义工资变动率的行为与名义工资基本一致，但是没有相位滞后。在整个样本区间实际工资都是温和的顺周期变量，1978 年后这种顺周期性有所增强。实际工资在整个样本区间都显示出与滞后 1 期 GDP 的正相关，即有一定的相位提前，这意味着实际工资的上涨往往预示着经济繁荣。这个关系在 1978 年后更为明显，但是总的来说相关系数的值比较低，不是十分显著。实际工资变化率是非周期变量，没有特别值得关注的数量关系。另外，在整个样本区间上，实际工资和家庭消费正相关，相关系数在 0.5 以上，实际工资有相位提前。②

总之，改革开放以后，价格和工资的波幅都有所增加；改革开放以前，价格和通货膨胀大致是逆周期变量，改革开放以后，价格和通货膨胀大致是顺周期变量③；名义工资的行为在改革开放前后有明显变化，实际工资一直是温和的顺周期变量，1978 年后顺周期性有所增强。④

四 财政收支

（1）国家财政。国家财政收支的波幅在改革开放后明显减小。在 1978 年以前，国家财政收支是非常强烈的顺周期变量，与同期 GDP 的相关系数在 0.9 以上，而在 1978 年以后则基本成为非周期变量，财政支出有温和的顺周期倾向。⑤ 1978 年后，国家财政收支与滞后 1 期的 GDP 有轻微正相关。从图 5 - 7 - 25 和图 5 - 7 - 26 可以清楚地看到改革开放前后的变化。

（2）地方财政。地方财政收支的波幅在改革开放后明显减小，其波幅大于国家财政收支。地方财政收支在改革开放前都是顺周期变量，财政收入的顺周期性稍弱；改革开放后财政收入变为非周期变量，财政支出的

---

① 从第四章的分析来看，这个结论并不意外。传统体制下工资处于被抑制的状态，改革开放后逐渐开始和经济绩效挂钩。

② 这个结果后面的经济学逻辑是毋庸置疑的，实际收入的提高拉动了消费需求。

③ 本章引言曾提到：在不同国家、不同时期价格的周期行为并不一致，在主要的西方市场经济国家中，第二次世界大战前的价格水平是顺周期的，而第二次世界大战后却表现出明显的逆周期特征。对早期的 RBC 模型来说，逆周期的价格是一个有力的经验证据。可见，我国改革开放后价格的周期行为并不支持早期的 RBC 模型。

④ 这与本章引言中提到的折中结论一致。

⑤ 这大致说明改革开放后政府直接参与经济活动的情况大有改观。

顺周期性也大为减弱。① 从图 5 - 7 - 27 可以看到，1994 年分税制改革使地方财政收入下降。

总之，改革开放以后，财政收入的波幅大大减小，与 GDP 的相关性也大大减小。

五　金融部门

（1）信贷总额。1978 年以后信贷总额的波幅大幅下降。在 1978 年以前，名义值和实际值的行为基本一致②：是顺周期变量，但是相位有滞后，这意味着经济繁荣往往预示着此后的信贷扩张；与滞后 2 期的 GDP 有强烈的负相关，相关系数在 - 0.7 以上，这意味着信贷扩张往往预示着一两年后的经济衰退。在 1978 年以后，名义值是非周期的，但是与领先 1、2 期的 GDP 有比较明显的正相关③，也就是说，1978 年以前的那种实体经济状况领先于信贷变动的模式仍然存在，而且相位更加滞后。实际值则是逆周期的，而且相位略有滞后，这意味着在有些时候经济繁荣伴随着信贷的实际紧缩，经济衰退伴随着信贷的实际扩张。

（2）货币供给（M0）。1978 年以后货币供给的波幅明显变小。1978 年以前，名义值和实际值的行为基本一致④：货币供给基本上是非周期的，但是与领先 1、2 期的 GDP 有较大的正相关，尤其是领先 2 期的，相关系数达到 0.7 左右；与滞后 1、2 期的 GDP 有较大的负相关，尤其是滞后 1 期的，相关系数达到 - 0.6 以上。也就是说，经济繁荣往往预示着随后一两年的货币供给增加，而经济衰退则往往预示着随后一两年的货币供给减少；同时，货币供给的增加往往预示着随后一两年的经济衰退，而货币供给的减少往往预示着随后一两年的经济繁荣。1978 年以后，这种关系发生了根本性的变化：不管是名义值还是实际值，货币供给都变为强烈的顺周期变量，而名义值的相位稍有滞后，实际值的相位稍有提前。从图 5 - 7 - 31 和图 5 - 7 - 32 可以看到，我国 M0 口径上的货币供给的最大波

① 这说明改革开放后地方政府直接参与经济活动的情况仍然存在，第四章的讨论也支持这一结论。

② 这是因为在此期间价格水平的变动很小。

③ CF 滤波的结果是比较温和的逆周期，但是与领先 1、2 期的 GDP 的相关系数也是比较显著的正相关，因此不会影响我们的结论。

④ 这是因为在此期间价格水平的变动很小。

动出现在"大跃进"期间，1996年后有比较明显的下降。

（3）货币供给（M1、M2）。[1] 表5－5考察了1979—2005年样本区间上M1和M2的行为。各量大致都是强烈的顺周期变量，名义值和实际M1的相位有明显的滞后，这与M0口径的结果大体一致。[2]

（4）利率。1978年前后利率的波幅变动不大，从图5－7－33和图5－7－34可以观察到各个时期利率的波动情况。1978年以前名义值有微弱的逆周期倾向，但基本可以看作非周期。[3] 1978年以后，名义值是非周期变量，但是与领先1、2期的GDP有比较明显的正相关，与滞后1、2期的GDP有明显的负相关。这意味着当年的繁荣往往伴随着此后的加息，当年的衰退往往伴随着此后的降息；而加息往往预示着此后的经济衰退，降息往往预示着此后的经济繁荣。1978年以前实际利率是非周期的，但是与前两期的GDP有明显负相关，与后两期GDP有明显正相关，这意味着经济繁荣往往预示着后两年实际利率的下降，实际利率下降往往预示着后两期的经济衰退。这是与前面提到的1979—2005年样本区间的名义利率正好相反的关系。1978年后实际利率是强烈的逆周期变量，相位稍有滞后，这意味着经济繁荣伴随着实际利率的下降，而经济衰退伴随着实际利率的上涨。

六 国外部门

美、英、德三国的GDP在1978年后波幅略有下降，而且波动程度明显小于我国的GDP。在1978年以前，美、英、德三国的GDP基本上与我国的GDP无关；而在1978年以后，我们与美、英的经济周期波动表现出一定程度的同步性，在1979—1992年最为明显。另外，英国和美国的实际GDP在1952—2005年期间强烈正相关，相关系数在0.6左右；英国和德国、美国和德国的相关性要差一些，相关系数在0.4左右。

在表5－5中我们还考察了法、日、韩三国的实际GDP。法国和日本

---

① 三种滤波器下的结果较为一致，只有CF滤波下的名义M2出现一定偏差，我们在讨论中忽视了这种偏差。

② 美国的数据也表现出实体经济稍稍领先于货币供给的情况（Stock & Watson, 1999）。

③ 在与滞后2期的GDP的相关系数上，三种滤波的结果差别很大，分别为0.815（BK）、0.553（HP）和0.321（CF）。这可能和利率数据的特点有关，即变动很不规则，有时很长时间都没有变动，有时则变动比较频繁。由于CF滤波是全样本滤波，因此我们认为它的结果可能更能反映利率的波动情况。

实际 GDP 的波幅明显小于我国，韩国的则大于我国，从图 5 - 7 - 46 可以看出，1997 年的亚洲金融危机对韩国影响很大。法国和日本的 GDP 与我国的 GDP 有负相关关系，韩国则基本不相关。

七　小结

在上面的论述中，我们从 6 个方面全面总结了我国经济周期波动的特征事实。总的来看，改革开放前后各序列的行为有明显变化。从第四章的讨论中可知，改革开放前后我国经济周期波动的行为有很大差异，不过在那里我们只是从历史的角度进行了描述，在这里我们分部门、分序列，用精确的数量确认了这些不同。结果如表 5 - 1 所示。

这些变化有些显示了我国经济市场化、货币化和工业化程度的提高，符合基本的经济学常识和直觉，可以用一般的经济学原理予以解释；有些则显示了一些比较反常的关系，可能多少反映了我国经济发展过程中的一些突出问题和独有特征。参照第四章和本章的讨论，应该能对我国的经济周期波动情况有一个比较全面的认识和把握。

表 5 - 1　　　　　　改革开放前后我国经济周期特征事实对比

传统体制下	改革开放后
1. 实体经济波幅很大，价格波幅较小	1. 实体经济波幅大幅减小，价格波幅较大
2. 价格水平是逆周期的	2. 价格水平是温和顺周期的
3. 通货膨胀是温和逆周期的	3. 通货膨胀是顺周期的
4. 出口是顺周期的	4. 出口是非周期的
5. 消费的波动滞后于 GDP	5. 消费的波动领先于 GDP
6. 名义工资是温和逆周期的	6. 名义工资是顺周期的
7. 国家财政收支是顺周期的	7. 国家财政收支是非周期的
8. 信贷总额的名义值是顺周期的	8. 信贷总额的名义值是非周期的
9. 信贷总额的实际值是顺周期的	9. 信贷总额的实际值是逆周期的
10. 货币供给（M0）是非周期的	10. 货币供给（M0、M1 和 M2）是顺周期的
11. 实际利率是非周期的	11. 实际利率是逆周期的
12. 与英、美的周期无关	12. 与英、美的周期有部分同步
13. 总就业是顺周期的	13. 总就业是逆周期的

第五节　两个经典宏观经济关系
在中国的检验

Christiano 和 Fitzgerald（1999）利用他们自己设计的 CF 滤波器考察了宏观经济学研究中的两个经典关系：菲利普斯曲线关系和通货膨胀—货币增长关系。这两个关系的共同特点是，在短期和长期其表现形态有所不同。因此，用滤波的方法分解相关时间序列，然后再分析各序列之间的变动关系和相互影响，即协动性，就再自然不过了。本书采用与 Christiano 和 Fitzgerald 同样的方法，考察这两个关系在中国的情况。

一　菲利普斯曲线关系在中国的检验

菲利普斯曲线关系是现代宏观经济学研究中的一个核心问题，无论是在国外还是国内，都积累了大量文献。Friedman（1968）和 Phelps（1967）在这方面的研究是一个里程碑，他们认为，失业和通货膨胀之间的折中关系只是一种短期现象，在长期这种关系就不存在了。我们应用 CF 滤波的研究表明，中国 1978—2005 年的数据在一定程度上证实了 Friedman 和 Phelps 的命题，但是 1952—2005 年的数据则显示出了多少有些反常的关系。

菲利普斯曲线有三种表达方式，即"失业—工资"方式、"失业—物价"方式和"产出—物价"方式。由于失业率数据在我国不易获得，所以大多数研究都采用最后一种形式（刘树成，1997）。"产出—物价"形式的菲利普斯曲线涉及两个时间序列，一是产出缺口，即实际产出偏离潜在产出的部分；二是物价变化，也就是通货膨胀率。一般说来，当产出缺口为负、经济运行在潜在产出之下时，通货膨胀率下降；当产出缺口为正、经济运行在潜在产出之上时，通货膨胀率上升，这就是正常的菲利普斯曲线关系。参照 Christiano 和 Fitzgerald 的研究，我们分别用 CF（2，8）、CF（8，20）和 CF（20，40）三种滤波器对上述两个序列进行滤波，结果见图 5-2。数据是 1952—2005 年的中国年度数据，产出是实际 GDP，通货膨胀率由居民消费价格指数衡量，产出取了自然对数。

滤波后的通货膨胀率和 GDP 的散点图显示在图 5-3 上面三个小图中，我们发现，在 1952—2005 年的样本区间上，出现了和弗里德曼的命题相左的结果。在 2—8 年的频段内，GDP 和通货膨胀率几乎不相关，而随着频率的降低，二者逐渐有了不是很显著的轻微正相关：在 CF（8，20）下相关系数为 0.16，在 CF（20，40）下相关系数为 0.25。应该说，这个结果并不意外。由于在改革开放前的很长一段时间内，我国实行固定物价的政策，通货膨胀率一直保持在极低水平，这就造成了通货膨胀率和产出即使在短期内也没有相关性，而这种反常则最终导致了整个样本区间内的反常关系。其实，从图 5－2 可以很容易观察到，在 1978 年前后，两个序列的协动关系发生了较大变化。

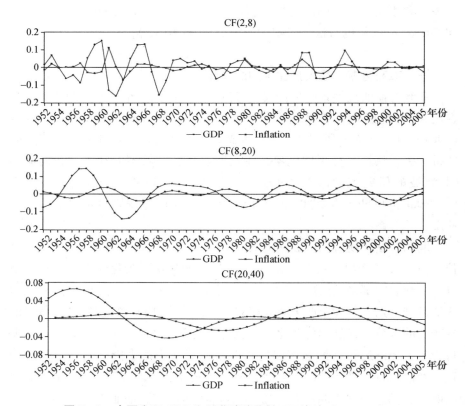

图 5－2 中国实际 GDP 和通货膨胀率的 CF 滤波（1952—2005）

资料来源：《中国统计年鉴》。

改革开放以后，随着市场化和货币化进程的不断加快，我国的物价水平开始活跃起来。从 1978 年至今，我国共发生了四次比较严重的通货膨胀，而在 1997 年亚洲金融危机之后，又出现了一定程度的通货紧缩。因此，考察这一时期的通货膨胀率和 GDP 的关系应该是我们研究的重点所在。图 5 - 3 下面的三个小图显示了 1978—2005 年样本区间内通货膨胀率和 GDP 之间的关系，结果表明，改革开放以后，中国在短期内明显存在菲利普斯曲线关系，但是在长期这种关系逐渐减弱。在 2—8 年的频段内，GDP 和通货膨胀率显著正相关，相关系数为 0.59；而在 8—20 年和 20—40 年的频段内，虽然仍然存有正相关关系，但是相关系数明显减小，分别为 0.29 和 0.15。这在一定程度上证实了 Friedman 和 Phelps 的命题，即失业和通货膨胀之间的折中关系只是一种短期现象，在长期这种关系就不存在了。然而，由于我们使用的是"产出—物价"形式的菲利普斯曲线，更准确的表述应该是，改革开放以来的中国宏观经济，短期和长期总供给曲线都向右上方倾斜，但是长期总供给曲线的斜率要大得多，极端一些甚至可以看作垂直于横轴。

这个结论具有很强的理论和政策含义。Friedman 和 Phelps 命题成立的关键在于，在长期人们会调整其通货膨胀预期，因此，政府政策无法使通货膨胀率长期高于预期通货膨胀率，同时也就无法使失业率长期低于自然失业率（或者说使实际产出长期高于潜在产出）。从我国改革开放以来的数据看，成熟市场经济的这一规律在我国完全适用。另外，如果长期总供给曲线垂直于横轴，那实际上就意味着在长期货币是中性的。因为，如果长期总供给曲线垂直，那么名义货币存量的变化就不会导致产出和就业变化，而只会导致价格水平的同比例变化，此时，实际货币余额也就不会变化，因而利率也保持不变。这一结论对我国宏观调控中货币政策的制定无疑具有重要的指导和借鉴意义。

二　通货膨胀—货币增长关系在中国的检验

货币是不是通货膨胀的原因？这是宏观经济学研究中的一个老问题。弗里德曼的回答成为被广泛引用的格言：通货膨胀无时无处不是一种货币现象（Inflation is always and everywhere a monetary phenomenon[①]）。实际上，这个问题在短期和长期有不同表现，关于货币增长和通货膨胀关系的

[①]　出自弗里德曼 1963 年的著作《通货膨胀：原因和结果》（*Inflation：Causes and Consequences*），也参见其和施瓦兹（A. Schwartz）合著的《美国货币史：1867—1960》（*A Monetary History of the United States*，1867 - 1960）。此后获得广泛引用，有论文甚至直接用这句话做题目，比如，Burdekin 和 Weidenmier（2001）、Grauwe 和 Polan（2005）。

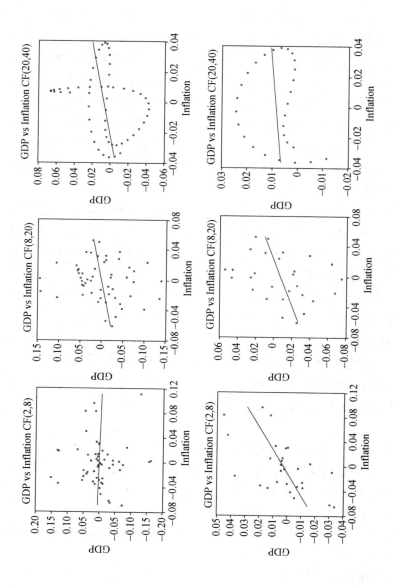

图 5 - 3　CF 滤波后的中国 GDP 和通货膨胀率的散点图

注：上面三图的样本区间是 1952—2005 年，下面三图的样本区间是 1978—2005 年。

资料来源：《中国统计年鉴》。

一个命题是：货币增长和通货膨胀在长期高度相关，而在短期这种相关性不显著（Christiano & Fitzgerald，1999）。下面我们用中国的数据来检验上述命题。

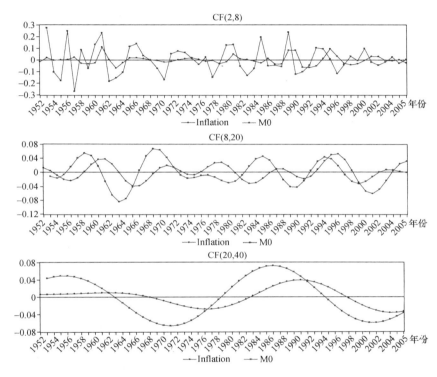

图 5 - 4　中国货币增长率（M0）和通货膨胀率的 CF 滤波（1952—2005）

资料来源：《中国统计年鉴》《中国金融年鉴》。

　　本书先在 1952—2005 年的样本区间考察这个问题，货币增长率用 M0 衡量，通货膨胀率用居民消费价格指数衡量。经过 CF（2，8）、CF（8，20）和 CF（20，40）滤波后，结果显示在图 5 - 4。图中一个很明显的特征是，无论在哪个频段，M0 在相位上都领先于通货膨胀率。这说明至少从时间关系上来看，货币投放的扩张和收缩先于通货膨胀率的变化。从相关系数来看，在 2—8 年的频段，领先 1 期的 M0 与通货膨胀率的相关系数是 0.53，而当期的相关系数只有 0.24；在 8—20 年的频段，领先 2 期的 M0 与通货膨胀率的相关系数是 0.67，领先 1 期的是 0.52，而当期只有

0.14；在20—40年的频段内，领先1—5期的M0与通货膨胀率的相关系数都在0.7以上，最高是领先2期的0.8，而当期M0与通货膨胀率的相关系数是0.67。当期M0与通货膨胀率的散点图显示在图5-5的上面三个小图中。据此，可以说中国1952—2005年的数据在一定程度上证实了上面的命题，但是，结果远非完美。因为，8—20年频段只是在领先相关系数上大于2—8年频段，而在当期相关系数上却低于2—8年频段，这与命题的论述多少有些矛盾。

造成上述结果的原因可能有两个：一是改革开放前我国的物价基本固定，从而通货膨胀率变化不大，这从图5-4可以观察出来，而在2—8年频段和20—40年频段尤为明显；二是改革开放后，尤其是20世纪90年代以后，随着各种支付手段和金融工具的发展，M0已经不能很好地代表中国的货币总量了。我们先从第一个原因入手，讨论1978—2005年样本区间内M0和通货膨胀的关系，结果显示在图5-5中间的三个小图中。虽然与上面三个小图相比变化很小，但是结果却有了一些改进。从相关系数来看，在2—8年的频段内，领先1期的M0与通货膨胀率的相关系数是0.61，而当期的相关系数是0.11；在8—20年的频段，领先2期的M0与通货膨胀率的相关系数是0.64，领先1期的是0.55，而当期是0.20；在20—40年的频段内，领先2期的M0与通货膨胀率的相关系数是0.75，领先1期是0.76，而当期是0.70。可见，8—20年频段当期的相关系数要大于2—8年频段，前面提到的矛盾似乎已经不存在了。我们没有考察这个改进在统计上的显著性，但是，由于CF滤波本身的近似性质，我们认为这种改进并不强健。因此，单从M0和通货膨胀率的关系来看，改革开放前后其实没有重大变化。通过图5-4、图5-5和上面的分析可以看出，即使在物价受到严格控制的传统体制下，通货膨胀率与货币增长率仍然具有较高的相关性，通货膨胀果然"无时无处不是一种货币现象"。

下面我们再从第二个原因入手，在1978—2005年的样本区间内讨论用M1衡量的货币增长率与通货膨胀率（仍然用居民消费价格指数）的关系，滤波结果显示在图5-6中。从图中来看，2—8年频段比较混乱，没有可以观察的明显特征；8—20年频段M1有一定的相位提前；20—40年频段二者的变化相当一致，几乎观察不到M1的相位提前。从相关系数来看，在2—8年的频段内，领先1期的M1与通货膨胀率的相关系数是0.54，而当期的相关系数为-0.11；在8—20年的频段，领先2期的M1

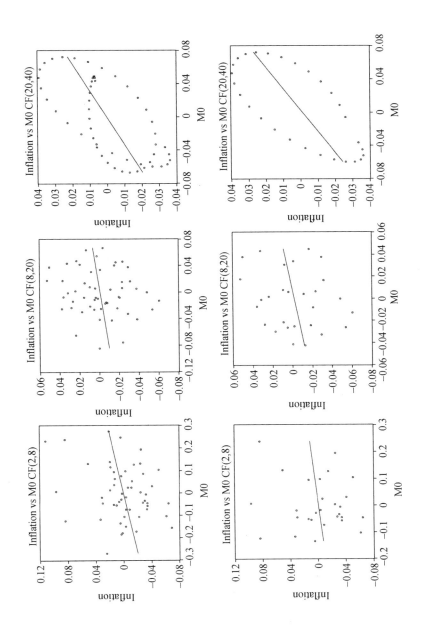

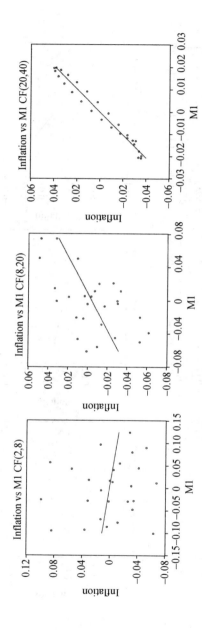

图 5 - 5　CF 滤波后的中国通货膨胀率和货币增长率的散点图

注：上面三图的样本区间是 1952—2005 年，货币总量是 M0；中间三图和下面三图的样本区间都是 1978—2005 年，货币总量分别是 M0 和 M1。

资料来源：《中国统计年鉴》和《中国金融年鉴》。

与通货膨胀率的相关系数是 0.64，领先 1 期的是 0.72，而当期是 0.56；在 20—40 年的频段内，领先 1 期的 M1 与通货膨胀率的相关系数是 0.79，当期则高达 0.98，而滞后 1 期的相关系数也高达 0.87。当期 M1 与通货膨胀率的散点图显示在图 5 - 5 下面的三个小图中。应该说，这个结果对上面命题的验证堪称完美。另外，如果货币增长率的度量是 M1 或者 M2，通货膨胀率的度量是居民消费价格指数商品零售价格指数，或者 GDP 缩减指数，在样本区间 1978—2005 年验证所有的六种组合，我们发现所有结果几乎同样完美。据此，本书得出如下结论：改革开放以后，在短期我国的通货膨胀率与货币增长率相关性较小，存在 1—2 年的滞后；在长期通货膨胀率与货币增长率高度相关，几乎没有滞后。

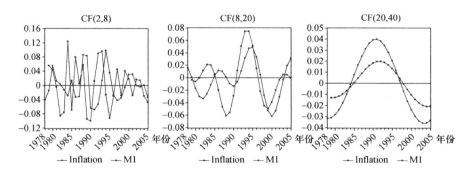

图 5 - 6　中国货币增长率（M1）和通货膨胀率的 CF 滤波（1978—2005）
资料来源：《中国统计年鉴》、《中国金融年鉴》。

上面的讨论无疑为货币的长期中性提供了进一步的支持。改革开放以后，在 20—40 年的频段内，通货膨胀率和货币增长率的当期相关系数高达 0.98，并且几乎没有滞后，这说明在长期货币增长的效应最终几乎全部传导到物价变动上了，从而不能给实际变量造成实质性的影响。比较改革开放前后二者的关系我们还发现，改革开放以后通货膨胀与货币增长的相关性更显著，滞后期也更短。另外，改革开放以后 M0 的行为与理论的符合程度远没有 M1 和 M2 那么理想。这些情况都说明在改革开放以后，我国的市场化和货币化程度有了很大提高，货币流通和货币政策的传导更为通畅，各类支付手段和金融工具也有了很大发展。

利用我国数据对这两对关系进行考察以后，有三个结论需要明确提出：

表5-2 中国经济周期波动的特征事实 HP(λ=6.25) (1952—2005)

时间序列	1952—2005年						1952—1978年						1979—2005年					
	标准差(%)	和GDP的交叉相关系数 $[corr(x_t, y_{t+k})]$					标准差(%)	和GDP的交叉相关系数 $[corr(x_t, y_{t+k})]$					标准差(%)	和GDP的交叉相关系数 $[corr(x_t, y_{t+k})]$				
		-2	-1	0	1	2		-2	-1	0	1	2		-2	-1	0	1	2
实际GDP	5.59	-0.334	0.417	1.00	0.417	-0.334	7.74	-0.345	0.407	1.00	0.407	-0.345	1.92	-0.144	0.544	1.00	0.544	-0.144
总消费	3.13	-0.147	0.354	0.607	0.139	-0.113	3.25	-0.116	0.483	0.721	0.07	-0.187	3.05	-0.346	0.044	0.587	0.574	0.181
家庭消费	2.57	-0.099	0.308	0.561	0.198	0.002	2.62	-0.075	0.399	0.64	0.158	-0.007	2.57	-0.257	0.179	0.699	0.567	0.112
政府消费	7.41	-0.199	0.347	0.542	0.015	-0.279	8.62	-0.163	0.463	0.638	-0.061	-0.392	6.12	-0.418	-0.19	0.27	0.464	0.27
总投资	14.25	-0.368	0.369	0.974	0.446	-0.338	19.89	-0.38	0.356	0.985	0.455	-0.348	4.40	-0.171	0.611	0.777	0.213	-0.206
固定资产投资	13.77	-0.322	0.248	0.917	0.379	-0.28	18.90	-0.326	0.246	0.924	0.365	-0.3	5.40	-0.335	0.302	0.818	0.549	-0.012
进出口总额	10.14	-0.148	0.288	0.642	0.276	-0.319	13.39	-0.145	0.296	0.674	0.308	-0.312	5.44	-0.208	0.205	0.405	0.036	-0.269
进口	12.59	-0.118	0.36	0.622	0.199	-0.371	15.69	-0.089	0.378	0.658	0.214	-0.407	8.73	-0.354	0.301	0.549	0.17	-0.127
出口	9.19	-0.16	0.157	0.572	0.332	-0.207	12.01	-0.203	0.187	0.654	0.402	-0.175	5.21	0.175	-0.108	-0.099	-0.195	-0.382
总就业人数	1.62	-0.116	-0.03	0.293	0.326	0.109	1.58	-0.195	0.095	0.604	0.538	0.08	1.69	0.059	-0.515	-0.612	-0.166	0.333
第一产业就业人数	3.15	-0.006	-0.305	-0.642	-0.283	0.242	3.79	0.007	-0.26	-0.656	-0.295	0.245	2.41	-0.118	-0.694	-0.806	-0.288	0.334

续表

时间序列	1952—2005年						1952—1978年						1979—2005年					
	标准差(%)	和GDP的交叉相关系数 [corr(x_t, Y_{t+k})]					标准差(%)	和GDP的交叉相关系数 [corr(x_t, Y_{t+k})]					标准差(%)	和GDP的交叉相关系数 [corr(x_t, Y_{t+k})]				
		-2	-1	0	1	2		-2	-1	0	1	2		-2	-1	0	1	2
第二产业就业人数	12.52	-0.054	0.253	0.63	0.35	-0.13	17.74	-0.062	0.26	0.651	0.356	-0.138	2.15	0.228	0.074	0.115	0.155	0.11
第三产业就业人数	8.08	-0.008	0.375	0.718	0.278	-0.334	11.31	-0.014	0.384	0.742	0.276	-0.356	2.24	0.155	0.151	0.254	0.252	0.063
农村就业人数	1.52	-0.263	-0.405	-0.08	0.41	0.476	1.38	-0.448	-0.497	0.058	0.719	0.67	1.68	0.051	-0.516	-0.621	-0.17	0.354
城镇就业人数	5.40	0.128	0.435	0.581	0.067	-0.389	7.50	0.13	0.489	0.648	0.08	-0.428	1.78	0.081	-0.481	-0.556	-0.146	0.261
CPI(水平)	3.20	0.321	-0.003	-0.381	-0.319	-0.022	2.52	0.364	-0.275	-0.79	-0.432	0.137	3.80	0.581	0.736	0.215	-0.426	-0.472
CRPI(水平)	3.15	0.353	0.007	-0.406	-0.36	-0.04	2.49	0.432	-0.254	-0.836	-0.509	0.107	3.74	0.568	0.728	0.222	-0.42	-0.479
GPD(水平)	2.49	0.369	0.139	-0.321	-0.312	-0.072	2.13	0.49	-0.017	-0.718	-0.508	-0.026	2.85	0.428	0.768	0.496	-0.08	-0.274
CPI(通胀)	3.57	0.299	0.362	-0.061	-0.27	-0.242	2.99	0.562	0.455	-0.329	-0.488	-0.327	4.12	-0.149	0.535	0.65	0.051	-0.287
CRPI(通胀)	3.47	0.323	0.397	-0.046	-0.309	-0.275	2.91	0.607	0.517	-0.303	-0.558	-0.377	4.00	-0.155	0.524	0.652	0.06	-0.302
GPD(通胀)	2.82	0.212	0.439	-0.019	-0.204	-0.196	2.81	0.412	0.573	-0.188	-0.361	-0.266	2.89	-0.353	0.301	0.611	0.219	-0.101

续表

时间序列	1952—2005年						1952—1978年						1979—2005年					
	标准差(%)	和GDP的交叉相关系数 $[corr(x_t, y_{t+k})]$					标准差(%)	和GDP的交叉相关系数 $[corr(x_t, y_{t+k})]$					标准差(%)	和GDP的交叉相关系数 $[corr(x_t, y_{t+k})]$				
		-2	-1	0	1	2		-2	-1	0	1	2		-2	-1	0	1	2
名义工资	3.81	-0.098	-0.083	-0.021	0.079	0.304	3.56	-0.262	-0.351	-0.201	0.127	0.57	4.11	0.328	0.764	0.586	0.007	-0.275
名义工资变化率	4.49	-0.025	-0.056	-0.075	-0.157	0.006	4.00	0.083	-0.152	-0.301	-0.354	0.007	4.99	-0.408	0.172	0.558	0.278	0.015
实际工资	3.65	-0.384	-0.085	0.312	0.362	0.337	4.06	-0.456	-0.137	0.315	0.38	0.416	3.26	-0.265	0.104	0.488	0.506	0.204
实际工资变化率	4.20	-0.268	-0.352	-0.054	0.031	0.199	4.66	-0.283	-0.406	-0.072	-0.021	0.207	3.79	-0.34	-0.345	-0.001	0.271	0.296
国家财政收入	10.41	-0.336	0.367	0.879	0.276	-0.411	14.47	-0.331	0.389	0.92	0.266	-0.453	3.37	-0.316	-0.066	0.183	0.331	0.266
国家财政支出	11.64	-0.301	0.405	0.882	0.232	-0.453	15.93	0.436	0.436	0.932	0.221	-0.497	4.47	-0.318	-0.108	0.213	0.328	0.147
地方财政收入	18.45	-0.153	0.443	0.534	0.007	-0.635	25.12	-0.138	0.503	0.59	-0.003	-0.703	8.61	-0.295	-0.236	-0.078	0.075	0.082
地方财政支出	15.83	-0.223	0.441	0.85	0.238	-0.405	21.78	-0.216	0.456	0.884	0.229	-0.448	6.03	-0.198	0.154	0.37	0.293	0.182
名义信贷总额	8.17	0.395	0.627	0.447	-0.206	-0.736	11.27	0.381	0.64	0.475	-0.209	-0.776	2.99	0.533	0.466	0.022	-0.126	-0.069

续表

时间序列	1952—2005年						1952—1978年						1979—2005年					
	标准差(%)	和GDP的交叉相关系数 [corr(x_t, y_{t+k})]					标准差(%)	和GDP的交叉相关系数 [corr(x_t, y_{t+k})]					标准差(%)	和GDP的交叉相关系数 [corr(x_t, y_{t+k})]				
		-2	-1	0	1	2		-2	-1	0	1	2		-2	-1	0	1	2
实际信贷总额	8.50	0.271	0.562	0.524	-0.107	-0.686	11.79	0.276	0.615	0.584	-0.108	-0.738	2.89	0.13	-0.275	-0.466	-0.052	0.199
名义 M0	7.76	0.58	0.37	-0.142	-0.568	-0.339	9.64	0.722	0.384	-0.268	-0.693	-0.352	5.44	-0.315	0.392	0.713	0.21	-0.261
实际 M0	7.07	0.506	0.357	-0.043	-0.513	-0.346	8.57	0.691	0.436	-0.124	-0.654	-0.389	5.33	-0.55	-0.011	0.462	0.256	-0.119
名义存款利率	1.29	-0.065	-0.178	-0.185	0.142	0.452	1.63	-0.121	-0.279	-0.229	0.206	0.553	0.87	0.311	0.552	0.097	-0.282	-0.173
实际存款利率	3.39	-0.342	-0.433	-0.01	0.327	0.421	3.51	-0.533	-0.507	0.151	0.494	0.537	3.33	0.245	-0.462	-0.701	-0.132	0.266
美国实际GDP	1.39	0.083	0.088	0.114	0.047	-0.18	1.54	0.101	0.01	0.067	0.051	-0.16	1.26	0.15	0.468	0.415	0.003	-0.438
英国实际GDP	1.22	0.041	0.174	0.075	-0.115	-0.171	1.26	-0.011	0.104	0.012	-0.154	-0.119	1.21	0.428	0.531	0.399	-0.08	-0.549
德国实际GDP	1.20	-0.124	-0.032	0.09	0.035	-0.121	1.41	-0.122	0.008	0.169	0.08	-0.147	0.98	-0.138	-0.338	-0.324	-0.207	-0.02

注：其中CPI是居民消费价格指数，CRPI是商品零售价格指数，GPD是GDP缩减指数。

表 5 - 3　中国经济周期波动的特征事实 BK(2,8)(1952—2005)

时间序列	1952—2005年 标准差(%)	和GDP的交叉相关系数 [corr(x_t, y_{t+k})] -2	-1	0	1	2	1952—1978年 标准差(%)	和GDP的交叉相关系数 [corr(x_t, y_{t+k})] -2	-1	0	1	2	1979—2005年 标准差(%)	和GDP的交叉相关系数 [corr(x_t, y_{t+k})] -2	-1	0	1	2
实际GDP	5.57	-0.35	0.389	1.00	0.389	-0.35	7.74	-0.357	0.381	1.00	0.381	-0.357	1.87	-0.201	0.5	1.00	0.5	-0.201
总消费	2.83	-0.173	0.409	0.638	0.092	-0.121	3.22	-0.124	0.528	0.7	0.004	-0.17	2.45	-0.456	-0.023	0.68	0.665	0.144
家庭消费	2.45	-0.105	0.322	0.548	0.16	0.022	2.57	-0.069	0.428	0.607	0.103	0.031	2.37	-0.33	0.103	0.721	0.579	0.066
政府消费	6.97	-0.233	0.419	0.573	-0.047	-0.32	8.88	-0.185	0.509	0.624	-0.121	-0.395	4.49	-0.523	-0.274	0.309	0.57	0.264
总投资	14.31	-0.377	0.329	0.978	0.427	-0.359	19.57	-0.388	0.312	0.987	0.441	-0.365	4.26	-0.203	0.674	0.817	0.118	-0.276
固定资产投资	14.20	-0.302	0.209	0.915	0.355	-0.299	20.00	-0.305	0.206	0.922	0.344	-0.315	5.33	-0.344	0.269	0.822	0.502	-0.092
进出口总额	10.15	-0.206	0.238	0.633	0.269	-0.334	13.20	-0.202	0.25	0.679	0.313	-0.33	6.01	-0.247	0.143	0.341	-0.055	-0.344
进口	12.72	-0.188	0.321	0.609	0.184	-0.384	15.64	-0.167	0.337	0.658	0.217	-0.417	9.26	-0.36	0.29	0.493	0.029	-0.24
出口	9.13	-0.192	0.095	0.568	0.341	-0.217	11.74	-0.227	0.131	0.661	0.409	-0.196	5.66	0.075	-0.212	-0.1	-0.133	-0.367
总就业人数	1.68	-0.086	-0.058	0.261	0.329	0.149	1.61	-0.185	0.03	0.552	0.537	0.136	1.78	0.175	-0.436	-0.571	-0.117	0.359
第一产业就业人数	3.14	0.028	-0.215	-0.609	-0.284	0.201	3.84	0.026	-0.166	-0.619	-0.302	0.188	2.31	0.016	-0.617	-0.772	-0.246	0.371
第二产业就业人数	12.76	-0.048	0.178	0.589	0.356	-0.076	18.12	-0.057	0.184	0.609	0.364	-0.083	2.05	0.272	0.015	0.023	0.15	0.168

续表

时间序列	1952—2005年						1952—1978年						1979—2005年					
	标准差(%)	和GDP的交叉相关系数 [corr(x_t, y_{t+k})]					标准差(%)	和GDP的交叉相关系数 [corr(x_t, y_{t+k})]					标准差(%)	和GDP的交叉相关系数 [corr(x_t, y_{t+k})]				
		-2	-1	0	1	2		-2	-1	0	1	2		-2	-1	0	1	2
第三产业就业人数	7.83	-0.046	0.306	0.705	0.275	-0.285	10.95	-0.057	0.314	0.733	0.277	-0.303	2.30	0.211	0.117	0.172	0.204	0.06
农村就业人数	1.62	-0.194	-0.38	-0.083	0.4	0.455	1.46	-0.376	-0.488	0.033	0.687	0.631	1.79	0.174	-0.424	-0.568	-0.116	0.38
城镇就业人数	5.31	0.107	0.383	0.554	0.082	-0.321	7.36	0.102	0.433	0.622	0.095	-0.357	1.86	0.175	-0.438	-0.542	-0.114	0.278
CPI(水平)	3.22	0.328	0.011	-0.386	-0.281	0.006	2.54	0.409	-0.231	-0.789	-0.363	0.153	3.84	0.503	0.704	0.19	-0.429	-0.38
CRPI(水平)	3.18	0.351	0.018	-0.403	-0.325	-0.015	2.52	0.46	-0.215	-0.819	-0.445	0.118	3.77	0.486	0.697	0.2	-0.422	-0.39
GPD(水平)	2.50	0.365	0.133	-0.363	-0.273	-0.032	2.12	0.504	-0.004	-0.767	-0.424	0.023	2.88	0.384	0.713	0.414	-0.139	-0.222
CPI(通胀)	3.67	0.286	0.372	-0.091	-0.267	-0.207	3.16	0.537	0.469	-0.357	-0.439	-0.244	4.19	-0.195	0.526	0.633	-0.045	-0.341
CRPI(通胀)	3.55	0.306	0.401	-0.071	-0.294	-0.24	3.04	0.584	0.524	-0.328	-0.492	-0.295	4.06	-0.207	0.513	0.639	-0.031	-0.358
GPD(通胀)	2.90	0.208	0.45	-0.081	-0.225	-0.162	2.97	0.391	0.572	-0.265	-0.351	-0.183	2.90	-0.344	0.333	0.605	0.099	-0.214
名义工资	3.79	-0.033	-0.057	-0.052	0.04	0.298	3.61	-0.158	-0.285	-0.217	0.089	0.539	4.04	0.342	0.733	0.502	-0.085	-0.256
名义工资变化率	4.61	0.024	0.02	-0.073	-0.207	-0.054	4.10	0.15	-0.034	-0.291	-0.398	-0.058	5.13	-0.354	0.209	0.543	0.165	-0.093

续表

时间序列	1952—2005 年						1952—1978 年						1979—2005 年					
	标准差（%）	和 GDP 的交叉相关系数 $[corr(x_t, Y_{t+k})]$					标准差（%）	和 GDP 的交叉相关系数 $[corr(x_t, Y_{t+k})]$					标准差（%）	和 GDP 的交叉相关系数 $[corr(x_t, Y_{t+k})]$				
		-2	-1	0	1	2		-2	-1	0	1	2		-2	-1	0	1	2
实际工资	3.63	-0.326	-0.069	0.287	0.291	0.306	4.12	-0.391	-0.108	0.296	0.302	0.379	3.16	-0.173	0.084	0.412	0.411	0.134
实际工资变化率	4.36	-0.214	-0.271	-0.021	-0.016	0.114	4.92	-0.227	-0.304	-0.03	-0.071	0.11	3.85	-0.236	-0.284	0.013	0.239	0.219
国家财政收入	10.72	-0.34	0.34	0.886	0.249	-0.439	14.93	-0.34	0.356	0.928	0.245	-0.476	3.43	-0.233	0.003	0.149	0.232	0.178
国家财政支出	12.03	-0.248	0.404	0.85	0.207	-0.397	16.50	-0.315	0.402	0.937	0.202	-0.509	4.85	-0.23	-0.051	0.192	0.253	0.056
地方财政收入	19.21	-0.22	0.402	0.57	0.032	-0.655	26.16	-0.213	0.453	0.626	0.025	-0.723	9.07	-0.294	-0.187	-0.041	0.073	0.051
地方财政支出	16.02	-0.248	0.404	0.85	0.207	-0.397	22.07	-0.246	0.413	0.886	0.205	-0.434	6.09	-0.127	0.217	0.325	0.18	0.128
名义信贷总额	7.92	0.334	0.57	0.492	-0.13	-0.707	10.88	0.314	0.582	0.529	-0.129	-0.756	3.16	0.543	0.449	-0.027	-0.118	0.028
实际信贷总额	8.30	0.209	0.505	0.579	-0.041	-0.665	11.51	0.204	0.551	0.641	-0.044	-0.719	2.87	0.212	-0.221	-0.445	0.009	0.254

续表

时间序列	1952—2005年						1952—1978年						1979—2005年					
	标准差(%)	和GDP的交叉相关系数 [corr(x_t, y_{t+k})]					标准差(%)	和GDP的交叉相关系数 [corr(x_t, y_{t+k})]					标准差(%)	和GDP的交叉相关系数 [corr(x_t, y_{t+k})]				
		−2	−1	0	1	2		−2	−1	0	1	2		−2	−1	0	1	2
名义M0	7.70	0.591	0.364	−0.161	−0.52	−0.264	9.29	0.758	0.384	−0.305	−0.646	−0.26	5.84	−0.308	0.403	0.719	0.138	−0.327
实际M0	7.05	0.516	0.351	−0.047	−0.471	−0.277	8.33	0.718	0.43	−0.145	−0.613	−0.296	5.64	−0.516	0.054	0.534	0.214	−0.226
名义存款利率	0.94	−0.028	−0.207	−0.234	−0.001	0.568	1.00	−0.105	−0.402	−0.333	0.074	0.815	0.89	0.274	0.556	0.047	−0.329	−0.128
实际存款利率	3.24	−0.336	−0.462	0.032	0.29	0.393	3.17	−0.569	−0.579	0.226	0.443	0.504	3.37	0.289	−0.449	−0.694	−0.036	0.338
美国实际GDP	1.39	0.049	0.077	0.071	0.025	−0.19	1.55	0.063	−0.004	0.014	0.035	−0.163	1.25	0.131	0.497	0.407	−0.047	−0.484
英国实际GDP	1.26	−0.003	0.157	0.085	−0.084	−0.164	1.34	−0.052	0.098	0.036	−0.107	−0.12	1.21	0.379	0.492	0.376	−0.072	−0.514
德国实际GDP	1.48	−0.097	0.033	0.13	0.026	−0.173	1.25	−0.098	0.083	0.211	0.065	−0.209	1.00	−0.067	−0.292	−0.299	−0.206	−0.042

注：其中CPI是居民消费价格指数，CRPI是商品零售价格指数，GPD是GDP缩减指数。

表 5-4　中国经济周期波动的特征事实 CF(2,8)(1952—2005)

时间序列	1952—2005 年						1952—1978 年						1979—2005 年					
	标准差(%)	和 GDP 的交叉相关系数 $[corr(x_t, y_{t+k})]$					标准差(%)	和 GDP 的交叉相关系数 $[corr(x_t, y_{t+k})]$					标准差(%)	和 GDP 的交叉相关系数 $[corr(x_t, y_{t+k})]$				
		-2	-1	0	1	2		-2	-1	0	1	2		-2	-1	0	1	2
实际 GDP	6.13	-0.406	0.413	1.00	0.413	-0.406	8.39	-0.411	0.398	1.00	0.398	-0.411	1.42	-0.515	0.317	1.00	0.317	-0.515
总消费	3.30	-0.161	0.373	0.607	0.104	-0.24	3.13	-0.106	0.545	0.765	-0.006	-0.388	3.09	-0.486	-0.123	0.52	0.528	0.06
家庭消费	2.50	-0.099	0.341	0.56	0.115	-0.181	2.15	-0.058	0.48	0.709	0.024	-0.265	2.43	-0.458	-0.058	0.602	0.464	-0.067
政府消费	8.23	-0.226	0.37	0.587	0.072	-0.298	9.27	-0.162	0.521	0.703	-0.025	-0.458	6.49	-0.443	-0.196	0.315	0.537	0.237
总投资	15.68	-0.45	0.358	0.978	0.455	-0.38	21.63	-0.458	0.344	0.989	0.458	-0.39	4.00	-0.339	0.599	0.724	-0.135	-0.508
固定资产投资	14.69	-0.416	0.238	0.919	0.387	-0.326	20.05	-0.416	0.234	0.927	0.369	-0.345	5.36	-0.386	0.302	0.882	0.363	-0.427
进出口总额	11.06	-0.042	0.411	0.672	0.192	-0.487	12.86	-0.079	0.369	0.71	0.23	-0.488	5.05	-0.312	0.227	0.446	0.027	-0.223
进口	13.95	-0.039	0.45	0.639	0.132	-0.501	15.78	-0.015	0.446	0.67	0.129	-0.555	8.15	-0.444	0.381	0.594	0.05	-0.207
出口	9.34	-0.03	0.321	0.643	0.248	-0.424	10.78	-0.16	0.249	0.722	0.346	-0.368	4.91	0.129	-0.181	-0.062	0.022	-0.166
总就业人数	1.56	-0.215	-0.092	0.295	0.356	0.11	1.55	-0.403	-0.031	0.606	0.6	0.095	1.66	0.293	-0.416	-0.552	-0.024	0.482
第一产业就业人数	3.05	0.145	-0.281	-0.707	-0.34	0.261	3.78	0.159	-0.23	-0.719	-0.37	0.232	1.81	0.319	-0.458	-0.653	-0.077	0.544
第二产业就业人数	12.43	-0.198	0.213	0.664	0.382	-0.159	17.64	-0.22	0.204	0.683	0.402	-0.152	2.02	0.032	-0.273	-0.185	0.189	0.397

续表

时间序列	1952—2005年						1952—1978年						1979—2005年					
	标准差(%)	和GDP的交叉相关系数 [corr(x_t, y_{t+k})]					标准差(%)	和GDP的交叉相关系数 [corr(x_t, y_{t+k})]					标准差(%)	和GDP的交叉相关系数 [corr(x_t, y_{t+k})]				
		-2	-1	0	1	2		-2	-1	0	1	2		-2	-1	0	1	2
第三产业就业人数	7.74	-0.191	0.342	0.801	0.354	-0.34	10.80	-0.225	0.34	0.842	0.383	-0.334	2.09	0.243	-0.077	-0.144	-0.048	0.028
农村就业人数	1.49	-0.299	-0.506	-0.153	0.405	0.498	1.38	-0.527	-0.662	-0.056	0.702	0.68	1.64	0.331	-0.389	-0.567	-0.067	0.459
城镇就业人数	5.33	0.004	0.452	0.665	0.12	-0.408	7.41	-0.049	0.48	0.744	0.165	-0.42	1.78	0.207	-0.446	-0.487	0.071	0.505
CPI(水平)	3.01	0.414	0.052	-0.401	-0.355	-0.025	2.47	0.451	-0.234	-0.798	-0.431	0.221	3.65	0.543	0.68	-0.026	-0.748	-0.531
CRPI(水平)	3.01	0.454	0.061	-0.432	-0.405	-0.042	2.49	0.528	-0.208	-0.845	-0.517	0.189	3.61	0.534	0.668	-0.026	-0.748	-0.54
GPD(水平)	2.16	0.547	0.278	-0.336	-0.404	-0.16	2.10	0.662	0.12	-0.683	-0.552	-0.054	2.32	0.514	0.77	0.177	-0.606	-0.538
CPI(通胀)	3.68	0.306	0.394	-0.037	-0.283	-0.259	3.07	0.553	0.468	-0.316	-0.51	-0.32	4.36	-0.1	0.679	0.67	-0.225	-0.594
CRPI(通胀)	3.63	0.338	0.434	-0.027	-0.334	-0.3	3.06	0.613	0.54	-0.294	-0.601	-0.387	4.24	-0.109	0.668	0.682	-0.204	-0.612
GPD(通胀)	2.82	0.216	0.491	0.051	-0.188	-0.225	2.95	0.409	0.599	-0.109	-0.353	-0.298	2.79	-0.215	0.559	0.72	-0.067	-0.537
名义工资	3.71	-0.034	-0.028	0	0.064	0.222	3.10	-0.133	-0.407	-0.337	0.015	0.543	3.78	0.366	0.779	0.43	-0.331	-0.459
名义工资变化率	4.67	-0.015	-0.032	-0.034	-0.106	0.036	4.08	0.224	-0.065	-0.26	-0.377	-0.037	4.88	-0.332	0.359	0.674	0.088	-0.293
实际工资	3.71	-0.37	-0.07	0.325	0.353	0.242	3.34	-0.458	-0.205	0.277	0.332	0.341	3.27	-0.182	0.143	0.526	0.451	0.062

时间序列	1952—2005 年						1952—1978 年						1979—2005 年					
	标准差 (%)	和 GDP 的交叉相关系数 $[corr(x_t, y_{t+k})]$					标准差 (%)	和 GDP 的交叉相关系数 $[corr(x_t, y_{t+k})]$					标准差 (%)	和 GDP 的交叉相关系数 $[corr(x_t, y_{t+k})]$				
		-2	-1	0	1	2		-2	-1	0	1	2		-2	-1	0	1	2
实际工资变化率	4.46	-0.253	-0.339	-0.033	0.087	0.242	4.58	-0.165	-0.347	-0.045	-0.015	0.184	3.89	-0.291	-0.316	0.061	0.337	0.291
国家财政收入	11.62	-0.42	0.362	0.903	0.33	-0.399	15.89	-0.37	0.429	0.959	0.298	-0.485	3.46	-0.429	-0.188	0.092	0.318	0.333
国家财政支出	12.88	-0.381	0.407	0.91	0.282	-0.451	17.46	-0.33	0.465	0.958	0.242	-0.535	4.22	-0.438	-0.189	0.232	0.422	0.287
地方财政收入	19.44	-0.231	0.476	0.623	0.088	-0.591	26.35	-0.185	0.582	0.698	0.058	-0.702	9.17	-0.535	-0.315	0.064	0.373	0.323
地方财政支出	16.51	-0.38	0.41	0.908	0.317	-0.385	22.79	-0.342	0.447	0.94	0.295	-0.447	5.57	-0.397	-0.032	0.234	0.226	0.321
名义信贷总额	8.14	0.357	0.662	0.454	-0.277	-0.808	10.92	0.284	0.672	0.526	-0.237	-0.818	2.66	0.589	0.247	-0.426	-0.43	-0.023
实际信贷总额	8.27	0.209	0.58	0.535	-0.168	-0.755	11.18	0.153	0.634	0.641	-0.128	-0.789	3.05	0.122	-0.369	-0.505	0.086	0.388
名义 M0	8.24	0.61	0.396	-0.182	-0.635	-0.384	10.18	0.727	0.378	-0.32	-0.758	-0.367	5.73	-0.408	0.456	0.833	0.1	-0.503
实际 M0	7.33	0.525	0.364	-0.106	-0.595	-0.384	8.79	0.684	0.41	-0.208	-0.747	-0.413	5.68	-0.622	0.147	0.769	0.348	-0.288

续表

时间序列	1952—2005 年						1952—1978 年						1979—2005 年					
	标准差（%）	和 GDP 的交叉相关系数 [$corr(x_t, y_{t+k})$]					标准差（%）	和 GDP 的交叉相关系数 [$corr(x_t, y_{t+k})$]					标准差（%）	和 GDP 的交叉相关系数 [$corr(x_t, y_{t+k})$]				
		−2	−1	0	1	2		−2	−1	0	1	2		−2	−1	0	1	2
名义存款利率	1.95	−0.023	−0.118	−0.074	0.171	0.245	2.58	−0.069	−0.178	−0.092	0.239	0.321	1.03	0.484	0.602	−0.133	−0.656	−0.349
实际存款利率	3.71	−0.317	−0.436	−0.004	0.36	0.382	3.98	−0.469	−0.468	0.162	0.53	0.46	3.47	0.252	−0.594	−0.785	0.069	0.56
美国实际 GDP	1.40	0.069	0.127	0.16	0.068	−0.191	1.53	0.271	0.157	0.097	−0.029	−0.328	1.06	−0.337	0.266	0.399	0.127	−0.231
英国实际 GDP	1.15	0.071	0.28	0.17	−0.09	−0.215	1.24	0.195	0.309	0.08	−0.233	−0.303	0.88	0.102	0.284	0.277	−0.097	−0.391
德国实际 GDP	1.30	−0.154	0	0.138	0.073	−0.058	1.39	−0.065	0.079	0.174	−0.004	−0.253	0.83	−0.133	−0.218	−0.085	0.13	0.321

注：其中 CPI 是居民消费价格指数，CRPI 是商品零售价格指数，GPD 是 GDP 缩减指数。

表5-5　中国经济周期波动的特征事实(1979—2005)

时间序列	HP滤波						BK滤波						CF滤波					
	标准差(%)	和GDP的交叉相关系数 $[corr(x_t, y_{t+k})]$					标准差(%)	和GDP的交叉相关系数 $[corr(x_t, y_{t+k})]$					标准差(%)	和GDP的交叉相关系数 $[corr(x_t, y_{t+k})]$				
		-2	-1	0	1	2		-2	-1	0	1	2		-2	-1	0	1	2
实际GDP	1.92	-0.144	0.544	1.00	0.544	-0.144	1.87	-0.201	0.5	1.00	0.5	-0.201	1.42	-0.515	0.317	1.00	0.317	-0.515
法国实际GDP	0.73	0.123	-0.276	-0.558	-0.657	-0.274	0.76	0.084	-0.175	-0.564	-0.694	-0.305	0.48	0.155	0.03	-0.159	-0.357	-0.005
日本实际GDP	0.96	0.309	-0.023	-0.352	-0.598	-0.29	1.10	0.119	-0.102	-0.303	-0.538	-0.221	0.89	0.239	-0.098	-0.406	-0.479	0.018
韩国实际GDP	2.05	0.142	0.014	0.117	0.105	-0.103	2.31	0.181	-0.077	0.001	0.105	-0.073	2.21	0.34	-0.006	-0.038	-0.06	-0.224
城镇登记失业人数	6.44	0.619	0.607	-0.051	-0.543	-0.435	6.78	0.51	0.648	-0.085	-0.497	-0.274	5.73	0.664	0.747	-0.017	-0.585	-0.29
城镇登记失业率	16.91	0.443	0.567	0.089	-0.347	-0.364	17.00	0.437	0.613	-0.033	-0.39	-0.23	29.72	0.427	0.602	0.099	-0.355	-0.169
名义M1	4.44	0.358	0.798	0.545	-0.013	-0.284	4.63	0.21	0.823	0.604	-0.054	-0.282	4.29	0.323	0.781	0.344	-0.384	-0.494
名义M2	2.93	0.487	0.726	0.493	0.08	-0.259	3.05	0.297	0.597	0.533	0.136	-0.161	2.22	0.309	0.45	0.128	-0.222	-0.265
实际M1	4.56	-0.127	0.46	0.569	0.154	-0.165	4.87	-0.21	0.508	0.635	0.068	-0.245	4.76	-0.085	0.597	0.596	-0.078	-0.446
实际M2	2.62	-0.281	0.254	0.61	0.377	-0.094	2.70	-0.404	0.177	0.71	0.37	-0.14	2.74	-0.406	0.183	0.605	0.285	-0.219

第一，改革开放前后这两对关系的表现变化很大，说明我国的市场化和货币化进程取得了重大进展；第二，改革开放后，我国在长期内存在货币中性；第三，改革开放后，在短期内货币增长对实体经济的作用十分明显。由于一直实行利率管制政策，到目前为止，利率市场化的改革仍在进行中，因此，长期以来我国货币政策的主要手段是控制信贷规模和货币投放。后两个结论肯定了调节货币供给的积极作用，但也为此设定了界限。我国在此期间的货币政策实践也印证了后两个结论，每次扩大货币供给启动经济总能在短期内见效，但却也总要面对此后的通货膨胀压力。

由于下面两个原因，我们对第二个结论持谨慎态度。第一，我们的结论来自对滤波结果的简单相关分析，要充分证明货币中性这样的命题，需要更全面和更有说服力的研究；第二，我们的结论只是一个经验研究，要更深入地讨论货币中性命题，需要进行理论研究来阐明其内在机理。虽然如此，我们认为本书的研究仍然是有意义的。首先，我们展示了如何用频率选择滤波来研究宏观经济学中涉及长期和短期的问题，这类研究在国内还不多见；其次，我们的结论可以为先前的这个领域的研究提供一些证据，也可以为后续的研究提供一个思路。

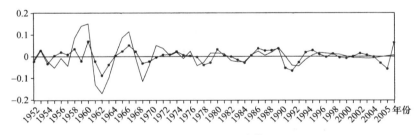

图 5 - 7 - 1　总消费

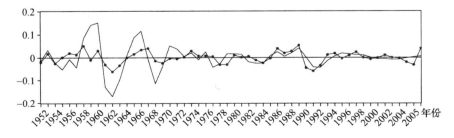

图 5 - 7 - 2　家庭消费

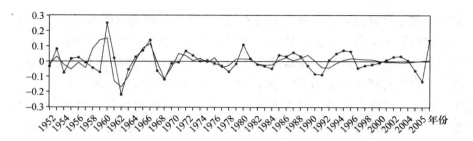

图 5 - 7 - 3　政府消费

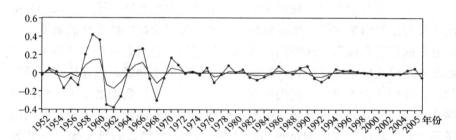

图 5 - 7 - 4　总投资

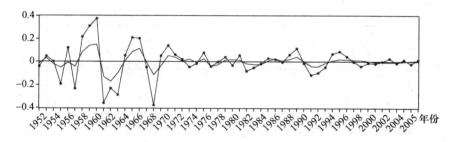

图 5 - 7 - 5　固定资产投资

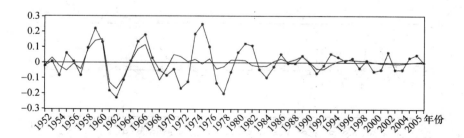

图 5 - 7 - 6　进出口总额

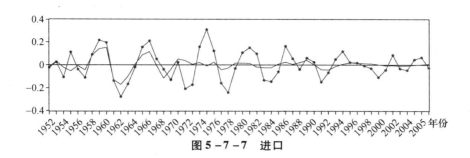

图 5 - 7 - 7　进口

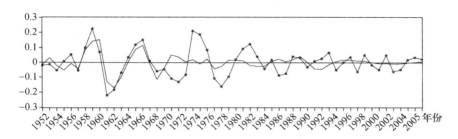

图 5 - 7 - 8　出口

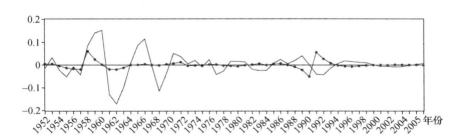

图 5 - 7 - 9　总就业人数

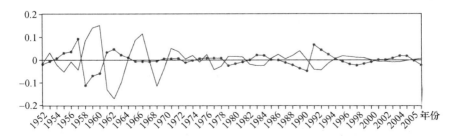

图 5 - 7 - 10　第一产业就业人数

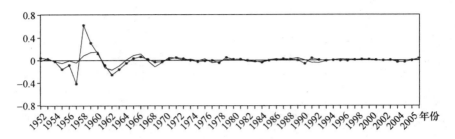

图 5 - 7 - 11   第二产业就业人数

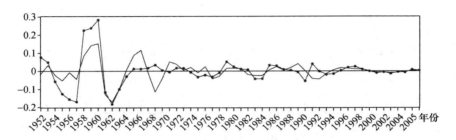

图 5 - 7 - 12   第三产业就业人数

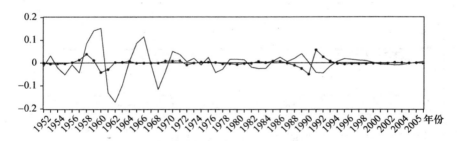

图 5 - 7 - 13   农村就业人数

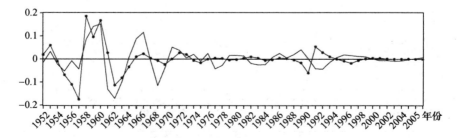

图 5 - 7 - 14   城镇就业人数

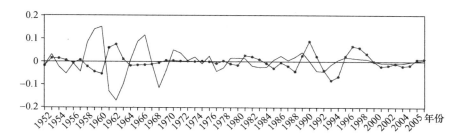

图 5 - 7 - 15　居民消费价格指数 CPI（水平）

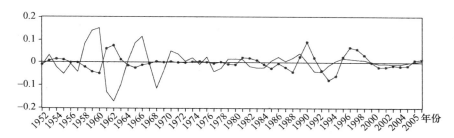

图 5 - 7 - 16　商品零售价格指数 CRPI（水平）

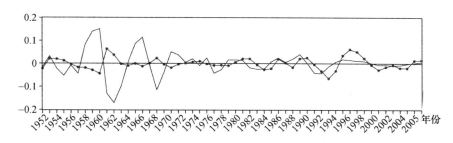

图 5 - 7 - 17　GDP 缩减指数 GPD（水平）

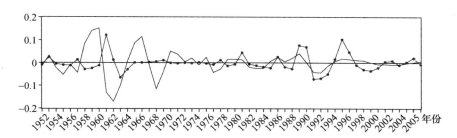

图 5 - 7 - 18　居民消费价格指数 CPI（通胀）

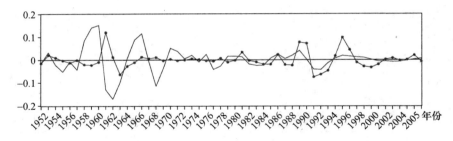

图 5 - 7 - 19　商品零售价格指数 CRPI（通胀）

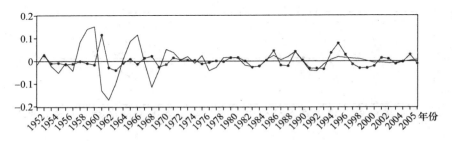

图 5 - 7 - 20　GDP 缩减指数 GPD（通胀）

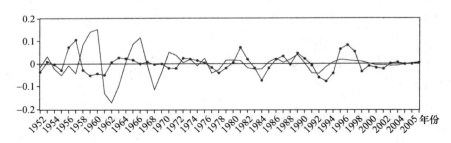

图 5 - 7 - 21　名义工资

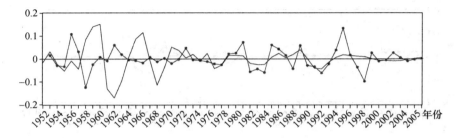

图 5 - 7 - 22　名义工资变化率

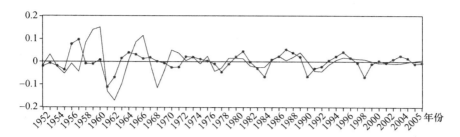

图 5 - 7 - 23 实际工资

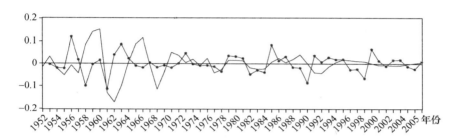

图 5 - 7 - 24 实际工资变化率

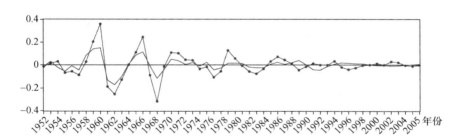

图 5 - 7 - 25 国家财政收入

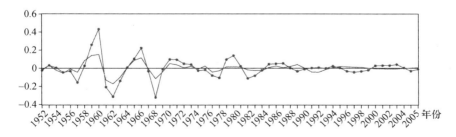

图 5 - 7 - 26 国家财政支出

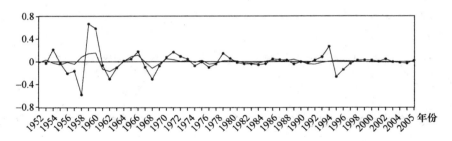

图 5 - 7 - 27　地方财政收入

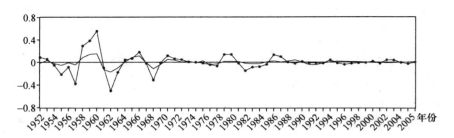

图 5 - 7 - 28　地方财政支出

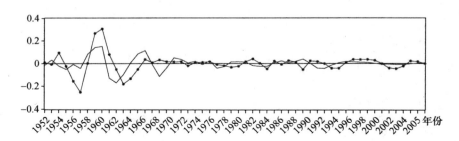

图 5 - 7 - 29　名义信贷总额

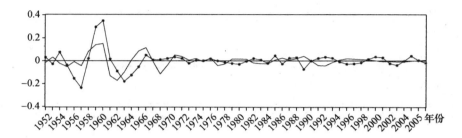

图 5 - 7 - 30　实际信贷总额

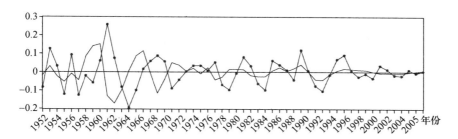

图 5 – 7 – 31　名义 M0

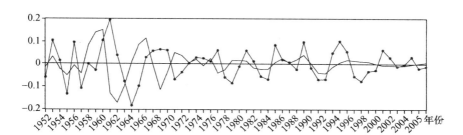

图 5 – 7 – 32　实际 M0

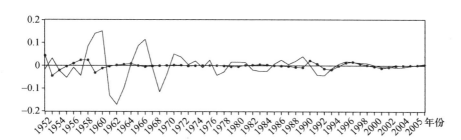

图 5 – 7 – 33　名义存款利率

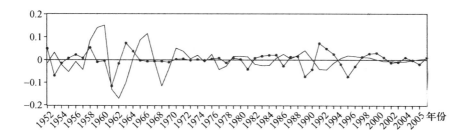

图 5 – 7 – 34　实际存款利率

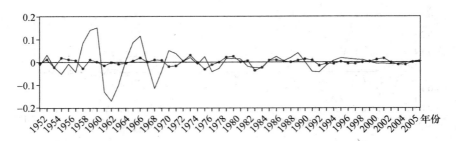

图 5 – 7 – 35　美国实际 GDP

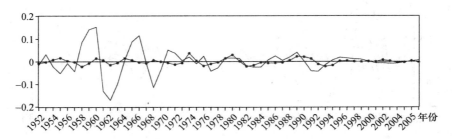

图 5 – 7 – 36　英国实际 GDP

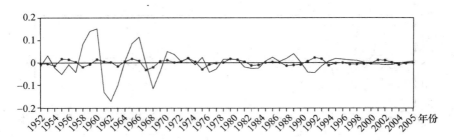

图 5 – 7 – 37　德国实际 GDP

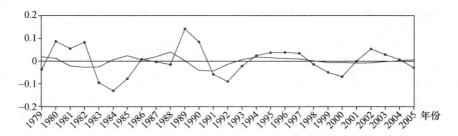

图 5 – 7 – 38　城镇登记失业人数

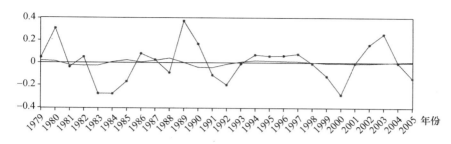

图 5 - 7 - 39　城镇登记失业率

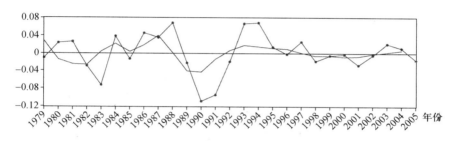

图 5 - 7 - 40　名义 M1

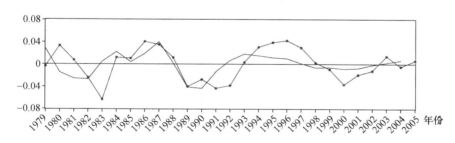

图 5 - 7 - 41　名义 M2

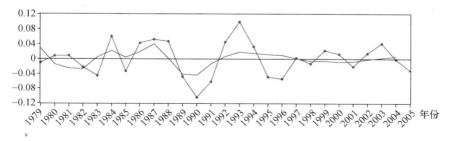

图 5 - 7 - 42　实际 M1

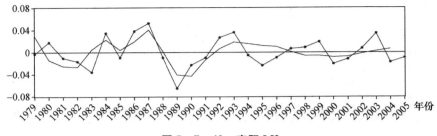

图 5 - 7 - 43　实际 M2

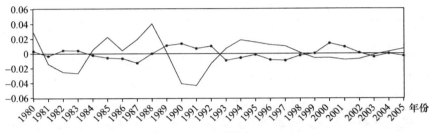

图 5 - 7 - 44　法国实际 GDP

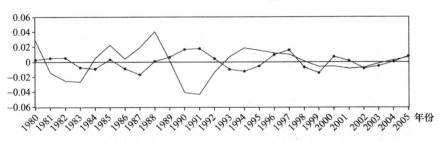

图 5 - 7 - 45　日本实际 GDP

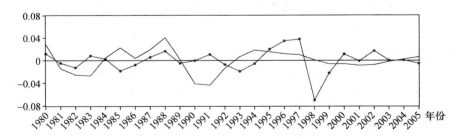

图 5 - 7 - 46　韩国实际 GDP

　　注：图 5 - 7 - 1 至图 5 - 7 - 46 是我国实际 GDP 与其他序列波动成分对比图，滤波器为 HP（λ = 6.25），其中，不加数据点的曲线是我国实际 GDP，加数据点的曲线为其他序列。

第六章

总　　结

中国的经济周期波动到底是什么样子的？本书从两方面回答了这个问题。从描述性事实的角度来看，我国的经济周期波动表现出十分明显的阶段性，各阶段都表现出鲜明的特征。造成这种状况的原因主要有两个：第一，新中国成立前后我国基本上是一个封闭的农业经济，现代化和工业化是一项长期任务，经济发展过程的阶段性导致了经济周期波动的阶段性；第二，新中国成立后我国迅速建立了单一公有制集中计划经济体制，这种体制的弊端很快就显现出来，此后，对经济体制进行修正和改革的各种尝试不断进行，尤其是在 1978 年以后进行的市场导向的经济体制改革，使经济结构和经济运行方式发生了根本变化，因此，体制转轨的阶段性造成了经济周期波动的阶段性。

从特征事实的角度来看，改革开放前后我国宏观经济时间序列的行为差异很大，本书一共总结出 13 条重要变化。这些变化中的大多数大体符合基本的经济学常识和直觉，体现了我国经济市场化、货币化和工业化程度的提高，比如，实体经济和价格的波幅变化、出口的周期性质的变化、名义工资的周期性质的变化、国家财政收支的周期性质的变化、货币供给的周期性质的变化、与英美经济的同步性的变化等，而这些情况又都和经济发展和体制转轨这两大因素密切相关。然而，有些变化却显得比较怪异和反常，比如：价格和通货膨胀周期性质的变化、总就业的周期性质的变化、实际利率周期性质的变化等，这类变化很难用一般原理简单进行解释，它需要从各个方面进行更深入细致的分析。除了这些突出的变化以外，还有极少数在改革开放前后周期行为相对一致的序列，比如家庭消费和实际工资。因此，新中国成立以来中国经济周期波动的最大"特征事实"就是特征事实的几乎所有方面在改革开放后都发生了重大变化。

　　本书在回答了一个问题的同时，又提出了另一个问题，即中国的经济周期波动为什么是这样的？这个问题其实又可以分解为若干个子问题，比如，为什么改革开放后我国的总就业是逆周期的？为什么改革开放后我国的物价水平和通货膨胀是顺周期的？为什么改革开放后我国的总消费与实际 GDP 的协动关系发生了变化？……特征事实只是提供了一些经验规律，这些规律并不能解释任何东西；相反，它们本身却需要真正的理论来予以解释。从经济周期波动理论研究的发展来看，理论的标准是不断变化的，卢卡斯之后，"好"的经济周期波动理论似乎必须满足两个要求：第一，符合两个 Adelman 的标准，即设定一个完备的模型经济，该模型能够很好地模拟现实经济周期波动的主要特征；第二，有选择性微观基础，能够避开"卢卡斯批判"。用因果分析和简单的动态机制来解释经济周期波动，现在已经显得粗糙和过时了。从实用的角度来看，"理论经济学的功能之一，就是提供一个完全清晰设定的人工经济体系，该体系可以作为一个实验室，在非常低的成本下检验各种经济政策的效果，由于代价过高，这种实验无法在现实经济中实施"（Lucas，1980）。作为当前的主流，RBC 研究纲领完全满足这些要求，其倡导者最为得意的事情也许就是，"作为现代宏观经济分析赖以进行的实验室，DSGE 方法牢固地建立了其地位"（King and Rebelo，2000）。因此，如果要解释我国的经济周期波动，RBC 研究纲领无疑是最具吸引力的理论资源。然而，这当中存有一些重大困难，当前所有利用 RBC 研究纲领解释中国经济周期波动的研究，都没有真正严肃地考虑这些困难。

　　改革开放前后明显的阶段性特征，给我国经济周期波动的理论研究造成了很大困难。Mankiw（1989）认为，一个好的理论有两个特征：内部一致性（internal consistency）和外部一致性（external consistency）。一个内部一致的理论是普适的，不需要非正式的或特别的公理。一个外部一致的理论是契合现实的，它可以提出能够进行经验检验的正确预测。可是，这两个特征是此消彼长的，越是追求普适的理论就越有可能背离现实，而越是符合现实的理论就越要借助于特定的假设和公理，从而只能适用于特殊情况。如果给我国经济周期波动的每个阶段和每个重要特征事实都提出一个理论的话，那么我们其实是把那些子问题分开来进行回答，这需要很多理论，而这些理论应该会具有良好的外部一致性，能够很好地解释和预测现实。但是，这些理论肯定都会有特殊假设，从而只能适用于相应的阶段和相应的序列，没有普适性和一般性。如果我们用一个统一的理论来解释这 50 多年经济周期波动的所有重要特征，那么这个理论就具有良好的内部一致性，它是普适的。但是，这个理论能否完成是一个问题，因为在一个统一的框架内解释前后如此不一致的事实是非常困难的。从本书第四章和第五章的分析可以看出，对于我国的问题来说，关键就是如何使经济发展和体制转轨因素进入模型。任何不在模型中引入经济发展和体制转轨因素，而要统一解释中国经济周期波动的企图都注定要失败。一些研究者显然忽略了这一点，他们对标准 RBC 模型进行了有限的改进，希望借此来理解中国的经济周期。虽然也取得了一些成绩，但是他们显然遗漏了最重要的因素。

给我国的经济周期波动提供理论解释是我们下一步研究的方向，这个问题可以从两个层面来回答。第一个层面侧重于理论的外部一致性，逐一回答那些重要的子问题，以达至对我国经济发展和运行的透彻理解。当然，从严格意义上来讲，这个层面的回答不能称为真正的理论。第二个层面侧重于理论的内部一致性，构建符合两个 Adelman 标准的具有选择性微观基础的模型，以此来统一解释我国的经济周期波动。目前来看，RBC 研究纲领应该是最佳选择。这类模型一般不可能解释所有的特征事实，但是一定要以几个确凿的重要特征事实为基础；最关键的是，在符合这几个重要特征事实的前提下，这类模型要能预测新的事实，从而为进一步的经验研究提供指导，使理论研究和经验研究形成良好互动。当然，这类模型还可以作为经济政策的实验室，为评价和预测政策效果提供指导。另外，正如前文强调过的，要统一解释中国的经济周期波动，鉴于改革开放前后特征事实的决绝断裂状况，必须使经济发展和体制转轨因素进入模型。从数学建模的角度来看，这无疑是一个艰巨的任务。

参考文献

［爱尔兰］托马斯·A. 博伊兰、帕斯卡尔·F. 奥戈尔曼：《经济学方法论新论——超越经济学中的唯名论与唯实论》，经济科学出版社 2002 年版。

［奥］恩斯特·马赫：《认识与谬误——探究心理学论纲》，李醒民译，华夏出版社 2000 年版。

［奥］路德维希·冯·米塞斯：《经济学的认识论问题》，经济科学出版社 2001 年版。

［美］R. 卡尔纳普：《科学哲学导论》，中山大学出版社 1987 年版。

［美］保罗·A. 萨缪尔森、威廉·D. 诺德豪斯：《经济学》（第 12 版），中国发展出版社 1992 年版。

［美］保罗·法伊尔阿本德：《反对方法——无政府主义知识论纲要》，上海译文出版社 1992 年版。

［美］保罗·克鲁格曼：《汇率的不稳定性》，北京大学出版社、中国人民大学出版社 2000 年版。

［美］贝内特·T. 麦克勒姆：《国际货币经济学》，中国金融出版社 2001 年版。

［美］布兰查德、费希尔：《宏观经济学》（高级教程），刘树成等译，经济科学出版社 1998 年版。

［美］戴维·里维里恩、克里斯·米尔纳主编：《国际货币经济学前沿问题》，中国税务出版社、北京腾图电子出版社 2000 年版。

［美］戴维·罗默：《高级宏观经济学》，商务印书馆 1999 年版。

［美］哈伯勒：《繁荣与萧条》，朱应庚、王锟、袁绩藩译，商务印书馆 1963 年版。

［美］贾恩卡洛·甘道尔夫：《国际金融与开放经济的宏观经济学》，上海
　　财经大学出版社 2006 年版。

［美］劳伦斯·S. 科普兰：《汇率与国际金融》，中国金融出版社 2002
　　年版。

［美］米尔顿·弗里德曼：《弗里德曼文萃》，北京经济学院出版社 1991
　　年版。

［美］米契尔：《商业循环问题及其调整》，陈福生、陈振骅译，商务印书
　　馆 1962 年版。

［美］托马斯·库恩：《科学革命的结构》，北京大学出版社 2003 年版。

［美］雅克布·A. 弗兰克尔、阿萨夫·雷兹恩、阮志华：《世界宏观经济
　　学：全球一体化下的财政政策与经济增长》，经济科学出版社 2005 年
　　版。

［美］约瑟夫·熊彼特：《经济发展理论》，商务印书馆 1991 年版。

［美］约瑟夫·熊彼特：《经济分析史》（第一、二、三卷），商务印书馆
　　1991 年版。

［美］邹至庄：《中国经济转型》，中国人民大学出版社 2005 年版。

［英］弗里德里希·A. 哈耶克：《科学的反革命——理性滥用之研究》，
　　译林出版社 2003 年版。

［英］卡尔·波普尔：《猜想与反驳——科学知识的增长》，上海译文出版
　　社 1986 年版。

［英］凯恩斯：《就业利息和货币通论》，徐毓枏译，商务印书馆 1983
　　年版。

［英］罗杰·E. 巴克豪斯编：《经济学方法论的新趋势》，经济科学出版
　　社 2000 年版。

［英］马克·布劳格：《经济学方法论》，商务印书馆 1992 年版。

［英］马歇尔：《经济学原理》（上、下册），商务印书馆 1964 年版。

［英］伊姆雷·拉卡托斯：《科学研究纲领方法论》，上海译文出版社
　　2005 年版。

［英］约翰·沃特金斯：《科学与怀疑论》，上海译文出版社 1991 年版。

［英］约翰·伊特韦尔、［美］默里·米尔盖特、彼得·纽曼主编：《新帕
　　尔格雷夫经济学大词典》，经济科学出版社 1996 年版。

卜永祥、靳炎：《中国实际经济周期：一个基本解释和理论扩展》，《世界

经济》2002 年第 7 期。

陈昆亭、龚六堂：《中国经济增长的周期与波动的研究——引入人力资本后的 RBC 模型》，《经济学（季刊）》2004 年第 3 卷第 4 期。

陈昆亭、龚六堂、邹恒甫：《什么造成了经济增长的波动，供给还是需求：中国经济的 RBC 分析》，《世界经济》2004 年第 4 期。

陈昆亭、龚六堂、邹恒甫：《基本 RBC 方法模拟中国经济的数值试验》，《世界经济文汇》2004 年第 2 期。

陈昆亭、周炎、龚六堂：《中国经济周期波动特征分析：滤波方法的应用》，《世界经济》2004 年第 10 期。

程连升：《中国反失业政策研究（1950—2000）》，社会科学文献出版社 2002 年版。

董辅礽主编：《中华人民共和国经济史》，经济科学出版社 1999 年版。

董进：《宏观经济波动周期的测度》，《经济研究》2006 年第 7 期。

樊纲：《论改革过程》，载盛洪主编《中国的过渡经济学》，上海三联书店、上海人民出版社 1990 年版。

樊纲、张晓晶：《面向新世纪的中国宏观经济政策》，首都经济贸易大学出版社 2000 年版。

黄赜琳：《中国经济周期特征与财政政策效应——一个基于三部门 RBC 模型的实证分析》，《经济研究》2005 年第 6 期。

姜波克、陆前进编著：《国际金融学》，上海人民出版社 2003 年版。

李荣谦编著：《国际货币与金融》（第三版），中国人民大学出版社 2006 年版。

林毅夫、蔡昉、李周：《中国的奇迹：发展战略与经济改革（增订版）》，上海三联书店、上海人民出版社 1999 年版。

刘国光、刘树成：《论"软着陆"》，《人民日报》1997 年 1 月 7 日第 9 版，载刘树成《繁荣与稳定》，社会科学文献出版社 2000 年版。

刘红忠、张卫东：《蒙代尔—弗莱明模型之后的新开放经济宏观经济学模型》，《国际金融研究》2001 年第 1 期。

刘树成：《论中国经济周期波动的新阶段》，《经济研究》1996 年第 11 期，载刘树成《繁荣与稳定》，社会科学文献出版社 2000 年版。

刘树成：《论中国的菲利普斯曲线》，《管理世界》1997 年第 6 期。

刘树成：《繁荣与稳定》，社会科学文献出版社 2000 年版。

刘树成：《中国经济波动的新轨迹》，《经济研究》2003 年第 3 期。

刘树成：《中国五次宏观调控比较分析》，《经济学动态》2004 年第 9 期。

刘树成：《经济周期与宏观调控》，社会科学文献出版社 2005 年版。

刘树成：《再论与其守住“下限”不如把握“中线”》，《中国经济时报》2014 年 6 月 16 日。

刘树成、张晓晶、张平：《实现经济周期波动在适度高位的平滑化》，《经济研究》2005 年第 11 期。

刘树成主编：《中国经济周期研究报告》，社会科学文献出版社 2006 年版。

吕光明、齐鹰飞：《中国经济周期波动的典型化事实：一个基于 CF 滤波的研究》，《财经问题研究》2006 年第 7 期。

欧阳勋、黄仁德编著：《国际金融理论与制度》，台湾三民书局 1993 年版。

钱士春：《中国宏观经济波动实证分析：1952—2002》，《统计研究》2004 年第 4 期。

盛洪主编：《中国的过渡经济学》，上海三联书店、上海人民出版社 1994 年版。

汤铎铎：《真实经济周期理论综述》，硕士学位论文，中国社会科学院研究生院，2004 年。

汤铎铎：《中国经济周期波动的经验研究：描述性事实和特征事实（1949—2006）》，博士学位论文，中国社会科学院研究生院，2007 年。

汤铎铎：《从西斯蒙第到普雷斯科特——经济周期理论 200 年》，《经济理论与经济管理》2008 年第 8 期。

汤铎铎：《政策稳定夯实复苏基础，适度微调促可持续增长》，《经济学动态》2009 年第 8 期。

汤铎铎：《长期增长依然可期政策不宜反应过度——2012 年我国宏观分析及展望》，《经济学动态》2012 年第 9 期。

汤铎铎、汪红驹：《治理通胀需要坚持紧缩性货币政策》，《经济学动态》2011 年第 8 期。

汤铎铎、张晓晶：《冷静看待增长放缓着力推进结构改革——2011 年宏观经济总结及 2012 年展望》，《经济学动态》2012 年第 1 期。

汪红驹、汤铎铎：《经济政策正常化与未来增长情景》，《经济学动态》2010 年第 5 期。

汪红驹、汤铎铎、张晓晶：《2010 年宏观经济形势回顾与 2011 年展望》，《经济学动态》2010 年第 1 期。

王诚：《中国宏观经济分析面临新挑战》，《经济研究》2004 年第 11 期。

王诚：《从零散事实到典型化事实再到规律发现——兼论经济研究的层次划分》，《经济研究》2007 年第 3 期。

王胜：《新开放经济宏观经济学理论研究》，武汉大学出版社 2006 年版。

王胜、邹恒甫：《"新开放经济宏观经济学"发展综述》，《金融研究》2006 年第 1 期。

王志伟、范幸丽：《新开放经济中的宏观经济学及其研究进展》，《经济学动态》2004 年第 3 期。

吴敬琏：《当代中国经济改革》，上海远东出版社 2004 年版。

武力主编：《中华人民共和国经济史》，中国经济出版社 1999 年版。

姚斌：《国家规模、对外开放度与汇率制度的选择——基于福利的数量分析》，《数量经济技术经济研究》2006 年第 9 期。

姚斌：《人民币汇率制度选择的研究——基于福利的数量分析》，《经济研究》2007 年第 11 期。

袁志刚、方颖：《中国就业制度的变迁》，山西经济出版社 1998 年版。

Adelman, I. and F. L. Adelman, "the Dynamic Properties of the Klein – Goldberger Model", *Econometrica*, Vol. 27, No. 4, 1959, pp. 596 – 625.

Ambler, Steve; Cardia, Emanuela and Zimmermann, Christian, "International Business Cycles: What Are the Facts?" *Journal of Monetary Economics*, Vol. 51, 2004, pp. 257 – 276.

Backus, David K. and Patrick J. Kehoe, "International Evidence on the Historical Properties of Business Cycles", *American Economic Review*, Vol. 82, No. 4, 1992, pp. 864 – 888.

Backus, David; Kehoe, Patrick and Kydland, Finn, "International Real Business Cycles," *Journal of Political Economy*, Vol. 100, No. 4, 1992, pp. 745 – 775.

Backus, David; Kehoe, Patrick and Kydland, Finn, "International Real Business Cycles: Theory and Evidence", In Thomas F. Cooley ed. , *Fron-

tiers of Business Cycle Research, Princeton: Princeton University Press, 1995, pp. 1 – 38.

Barro, Robert J. (ed.), *Modern Business Cycle Theory*, Cambridge, Mass: Harvard University Press, 1989.

Basu, Susanto and A. M. Taylor, "Business Cycles in International Historical Perspective", *Journal of Economic Perspectives*, Vol. 13, No. 2, 1999, pp. 45 – 68.

Basu, Susanto, John Fernald, and Miles Kimball, "Are Technology Improvements Contractionary?", *International Finance Discussion Papers*, No. 625, Board of Governors of the Federal Reserve System, 1998.

Baxter, M. and R. G. King, "Measuring Business – cycles: Approximate Band – Pass Filters for Economic Time Series", *Review of Economics and Statistics*, Vol. 81, No. 4, 1999, pp. 575 – 593.

Baxter, Marianne and Stockman, Alan C, "Business Cycles and the Exchange Rate Regime: Some International Evidence", *Journal of Monetay Economics*, Vol. 23, 1989, pp. 377 – 400.

Benhabib, J., and Roger E. A. Farmer, "Indeterminacy and Sunspots in Macroeconomics", In *Handbook of Macroeconomics*, Taylor, J. B. and M. Woodford (eds.), Vol. 1A, 2000, pp. 387 – 448.

Benhabib, J., R. Rogerson, and R. Wright, "Homework in Macroeconomics: Household Production and Aggregate Fluctuations", *Journal of Political Economy*, Vol. 99, No. 6, 1991, pp. 1166 – 1187.

Benigno, Gianluca and Benigno, Pierpaolo, "Designing Targeting Rules for International Monetary Policy Cooperation", *Journal of Monetary Economics*, Vol. 53, 2006, pp. 473 – 506.

Betts, Caroline and Devereux, Michael B., "The Exchange Rate in a Model of Pricing – to – Market", *European Economic Review*, Vol. 40, 1996, pp. 1007 – 1021.

Betts, Caroline and Devereux, Michael B., "Exchange Rate Dynamics in a Model of Pricing – to – Market", *Journal of International Economics*, Vol. 50, 2000, pp. 215 – 244.

Blanchard, Oliver J, "Debt, Deficits, and Finite Horizons", *Journal of Po-*

litical Economy, Vol. 93, 1985, pp. 223 – 247.

Blanchard, Olivier J. and Kiyotaki, Nobuhiro, "Monopolistic Competition and the Effects of Aggregate Demand", *American Economic Review*, Vol. 77, No. 4, 1987, pp. 647 – 666.

Blanchard, Olivier J. and Stanley Fischer, *Lectures in Macroeconomics*, MIT Press, Cambridge, 1989.

Blanchard, Olivier J., Giovanni Dell' Ariccia and Paolo Mauro, "Rethinking Macroeconomic Policy", *Journal of Money, Credit and Banking*, Vol. 42, 2010, pp. 199 – 215.

Buiter, Willem H., "The Unfortunate Uselessness of Most 'State of the Art' Academic Monetary Economics", *Willem Buiter's Maverecon*, http: // blogs. ft. com/maverecon/2009/03/.

BurdekinRichard C. K., Marc D. Weidenmier, "Inflation Is Always and Everywhere a Monetary Phenomenon: Richmond vs Houston in 1864", *American Economic Review*, Vol. 91, No. 5, 2001, pp. 1621 – 1630.

Burns, A. F., and W. C. Mitchell, *Measuring Business Cycles*, New York: National Bureau of Economic Research, 1946.

Burnside, Craig, and Martin Eichenbaum, "Factor – Hoarding and the Propagation of Business – Cycle Shocks", *American Economic Review*, Vol. 86, No. 5, 1996, pp. 1154 – 1174.

Burnside, Craig, Martin Eichenbaum, and Sergio Rebelo, "Labor Hoarding and the Business Cycle", *Journal of Political Economy*, Vol. 101, No. 2, 1993, pp. 245 – 273.

Caballero, Ricardo J., "Macroeconomics after the Crisis: Time to Deal with the Pretense – of – KnowledgeSyndrome", *Journal of Economic Perspectives*, Vol. 24, 2010, pp. 85 – 102.

Calvo, Guillermo A., "Staggered Prices in a Utility – Maximizing Framework", *Journal of Monetary Economics*, Vol. 12, No. 3, 1983, pp. 383 – 398.

Calvo, Guillermo A. and Reinhart, Carmen M., "Fear of Floating", *Quarterly Journal of Economics*, Vol. 117, 2002, pp. 379 – 408.

Campbell, John Y., and Sydney Ludvigson, "Elasticities of Substitution in

Real Business Cycle Models with Home Production", Harvard Institute of Economic Research, Discussion Paper, No. 1900, 2000.

Canzoneri, Matthew B. ; Cumby, Robert E. and Diba, Behzad T, "The Need for International Policy Coordination: What's Old, What's New, What's Yet to Come?", *Journal of International Economics*, Vol. 66, 2005, pp. 363 – 384.

Carmignani, Fabrizio; Colombo, Emilio and Tirelli, Patrizio, "Exploring Different Views of Exchange Rate Regime Choice", *Journal of International Money and Finance*, Vol. 27, 2008, pp. 1177 – 1197.

Chang Yongsung and Jay H. Hong, "On the Employment Effect of Technology: Evidence from US Manufacturing for 1958 – 1996", Manuscript, 2003.

Chari, V. V. and Patrick J. Kehoe, "Modern Macroeconomics in Practice: How Theory Is Shaping Policy", *Journal of Economic Perspectives*, Vol. 20, 2006, pp. 3 – 28.

Chari, V. V. ; Kehoe, Patrick J. and McGrattan, Ellen R. , "Monetary Shocks and Real Exchange Rates in Sticky Price Models of International Business Cycles", *NBER Working Paper*, No. 5876, 1997.

Chari, V. V. ; Kehoe, Patrick J. and McGrattan, Ellen R. , "Sticky Price Models of the Business Cycle: Can the Contract Multiplier Solve the Persistence Problem?", *Econometrica*, Vol. 68, No. 5, 2000, pp. 1151 – 1179.

Chari, V. V. ; Kehoe, Patrick J. and McGrattan, Ellen R. , "Can Sticky Price Models Generate Volatile and Persistent Real Exchange Rates?", *Review of Economic Studies*, Vol. 69, No. 3, 2002, pp. 533 – 563.

Christiano, L. J. , and Martin Eichenbaum, "Current Real Business Cycle Theory and Aggregate Labor Market Fluctuations", *American Economic Review*, Vol. 82, No. 3, 1992, pp. 430 – 450.

Christiano, L. J. , Martin Eichenbaum and Robert Vigfusson, "What Happens after a Technology Shock?", *NBER Working Paper*, No. 9819, 2003.

Christiano, L. J. , Martin Eichenbaum and Robert Vigfusson, "The Response of Hours to a Technology Shock: Evidence Based on Direct Measure of Technology", Manuscript, 2003.

Christiano, L. J. , and T. J. Fitzgerald, "The Band Pass Filter", *NBER Working Paper*, No. 7257, 1999.

Christiano, L. J. , and T. J. Fitzgerald, "The Band Pass Filter", *International Economic Review*, Vol. 44, 2003, pp. 435 – 465.

Clower, R. , "A Reconsideration of the Microfoundations of Monetary Theory", *Western Economic Journal*, Vol. 6, No. 1, 1967, pp. 1 – 9.

Colander, David, Peter Howitt, Alan Kirman, Axel Leijonhufvud and Perry Mehrling, "Beyond DSGE Models: Toward an Empirically Based Macroeconomics", *American Economic Review*, Vol. 98, 2008, pp. 236 – 240.

Cooley, Thomas F. (ed.), *Frontiers of Business Cycle Research*, Princeton: Princeton University Press, 1995.

Cooley, Thomas F. , and Edward C. Prescott, "Economic Growth and Business Cycles", In Thomas F. Cooley ed. , *Frontiers of Business Cycle Research*, Princeton: Princeton University Press, 1995, pp. 1 – 38.

Corsetti, Giancarlo and Pesenti, Paolo, "Welfare and Macroeconomic Interdependence", *Quarterly Journal of Economics*, Vol. 116, No. 2, 2001, pp. 421 – 446.

Corsetti, Giancarlo and Pesenti, Paolo, "International Dimension of Optimal Monetary Policy", *Journal of Monetary Economics*, Vol. 52, 2005a, pp. 281 – 305.

Corsetti, Giancarlo and Pesenti, Paolo, "The Simple Geometry of Transmission and Stabilization in Closed and Open Economy", *NBER Working Paper*, No. 11341, 2005b.

Corsetti, Giancarlo, "New Open Economy Macroeconomics", *CEPR Discussion Papers*, No. 6578, 2007.

Corsetti, Giancarlo; Dedola, Luca and Leduc, Sylvain, "Optimal Monetary Policy and the Sources of Local – Currency Price Stability", *NBER Working Paper*, No. 13544, 2007.

Danthine, J. P. , and J. B. Donaldson, "Methodological and Empirical Issues in Real Business Cycle Theory", *European Economic Review*, Vol. 37, 1993, pp. 1 – 36.

Den Haan, Wouter J. and Steven Sumner, "The Co – movements between Real

Activity and Prices in G7", *NBER Working Paper*, No. 8195, 2001.

Den Haan, Wouter J., "The Co – movement between Output and Prices", *Journal of Monetary Economics*, Vol. 46, 2000, pp. 3 – 30.

Devereux, Michael, B. and Engel, Charles, "Fixed versus Floating Exchange Rates: How Price Setting Affects the Optimal Choice of Exchange – rate Regime", *NBER Working Paper*, No. 6867, 1998.

Devereux, Michael, B. and Engel, Charles, "The Optimal Choice of Exchange – rate Regime: Price – setting Rules and Internationalized Production", *NBER Working Paper*, No. 6992, 1999.

Devereux, Michael, B. and Engel, Charles, "Expenditure Switching versus Real Exchange Rate Stabilization: Competing Objectives for Exchange Rate Policy", *Journal of Monetary Economics*, Vol. 54, 2007, pp. 2346 – 2374.

Dixit, Avinash K. and Stiglitz, Joseph E., "Monopolistic Competition and Optimum Product Diversity", *American Economic Review*, Vol. 67, No. 3, 1977, pp. 297 – 308.

Dornbusch, Rudiger, "Expectations and Exchange Rate Dynamics", *Journal of Political Economics*, Vol. 84, 1976, pp. 1161 – 1176.

Dornbusch, Rudiger, Stanley Fischer and Richard Startz, *Macroeconomics* (9th *edition*), McGraw – Hill/Irwin, 2004.

Duarte, Margarida, "International Pricing in New Open – Economy Models", *Federal Reserve Bank of Richmond Economic Quarterly*, Vol. 87, 2001, pp. 53 – 70.

Dunlop John T., "The Movement of Real and Money Wage Rates", *The Economic Journal*, Vol. 48, No. 191, 1938, pp. 413 – 434.

Eichenbaum, Martin, "Real Business Cycle Theory: Wisdom or Whimsy?", *NBER Working Paper*, No. 3432, 1990.

Engel, Charles, "The Responsiveness of Consumer Prices to Exchange Rates and the Implications for Exchange – Rate Policy: A Survey of a Few Recent New Open – Economy Macro Models", *NBER Working Paper*, No. 8725, 2002.

Engle, Robert F, andClive W. J. Granger, "Co – integration and Error Correction: Representation, Estimation, and Testing", *Econometrica*, Vol. 55, 1987, pp. 251 – 276.

Farmer, Roger E. A. , "Money in a Real Business Cycle Model", *Journal of Money, Credit and Banking*, Vol. 29, 1996, pp. 568 – 611.

Fiorito R. and T. Kollintzas, "Stylized Facts of Business Cycle in the G7 from a Real Business Cycle Perspective", *European Economic Review*, Vol. 38, No. 2, 1994, pp. 235 – 270.

Fisher Jonas D. M. , "Technology Shocks Matter", *Manuscript*, 2003.

Fisher, Irving, "What is Capital?", *The Economic Journal*, Vol. 6, No. 24, 1896, pp. 509 – 534.

Fleming, J. Marcus, "Domestic Financial Policies under Fixed and under Floating Exchange Rates", *IMF Staff Paper*, Vol. 9, 1962, pp. 369 – 379.

Francis, Neville, and Valerie A. Ramey, "Is the Technology – driven Real Business Cycle Hypothesis Dead? Shocks and Aggregate Fluctuations Revisited", Manuscript, UCSD, 2003.

Friedman, Milton, "The Case for Flexible Exchange Rates", in Milton Friedman, ed. , *Essays in Positive Economics*, Chicago: University of Chicago Press, 1953.

Friedman, Milton, "The Role of Monetary Policy", *American Economic Review*, Vol. 58, 1968, pp. 1 – 17.

Friedman, Milton, and Anna Schwartz, *A Monetary History of the United States 1867 – 1960*, Princeton: Princeton University Press, 1963.

Frisch, Ragnar, "Propagation Problems and Impulse Problems in Dynamic Economics", in *Economics Essays in Honor of Gustav Cassel*, London: George Allen & Unwin, 1933, pp. 171 – 205.

Gali, Jordi, "Technology, Employment, and the Business Cycle: Do Technology Shocks Explain Aggregate Fluctuations?", *American Economic Review*, Vol. 89, No. 1, 1999, pp. 249 – 271.

Gali, Jordi, "On the Role of Technology Shocks as a Source of Business Cycles: Some New Evidence", Manuscript, 2003.

Ganelli, Giovanni, "The New Open Economy Macroeconomics of Government

Debt", *Journal of International Economics*, Vol. 65, No. 1, 2005, pp. 167 – 184.

Ganelli, Giovanni, and Lane, Philip R., "Dynamic General Equilibrium A-nalysis: The Open Economy Dimension", in Dynamic Macroeconomic A-nalysis: Theory and Policy in General Equilibrium (Sumru Altug, Jagjit S. Chadha, and Charles Nolan Eds.), Cambridge University Press, 2003, pp. 308 – 334.

Gomme, Paul, Finn E. Kydland, and Peter Rupert, "Home Production Meets Time to Build", *Journal of Political Economy*, Vol. 109, No. 5, 2001, pp. 1115 – 1131.

Goodfriend, M. and King, Robert G., "The New Neoclassical Synthesis and the Role of Monetary Policy", In: Bernanke, B., and Rotemberg, J. (Eds.), *NBER Macroeconomics Annual*. MIT Press, Cambridge, MA, 1997, pp. 231 – 295.

Granger, C. W. J., "the Typical Spectral Shape of an Economic Variable", *Econometrica*, 1966, pp. 150 – 161.

Grauwe Paul De, MagdalenaPolan, "Is Inflation Always and Everywhere a Mo-netary Phenomenon", *Scand Journal of Economics*, Vol. 107, No. 2, 2005, pp. 239 – 259.

Greenword, Jeremy, R. Rogerson, and R. Wright, "Household Production in Real Business Cycle Theory", In Thomas F. Cooley ed., *Frontiers of Busi-ness Cycle Research*, Princeton: Princeton University Press, 1995, pp. 157 – 174.

Hamilton, James, *Time Series Analysis*, Princeton University Press, Prince-ton, New Jersey, 1994.

Hansen, Gary D., "Indivisible Labor and the Business Cycle", *Journal of Monetary Economics*, Vol. 16, 1985, pp. 309 – 327.

Hansen, Gary D., and Edward C. Prescott, "Did Technology Cause the 1990 – 1991 Recession?", *American Economic Review*, Vol. 83, No. 2, 1993, pp. 280 – 286.

Hansen, Lars L., and James J. Heckman, "The Empirical Foundations of Calibration", *Journal of Economic Perspectives*, Vol. 10, No. 1, 1996, pp. 87 – 104.

Haubrich, Joseph, G. , and Robert G. King, "Sticky Prices, Money, and Business Fluctuations", *Journal of Money, Credit and Banking*, Vol. 23, No. 2, 1991, pp. 243 – 259.

Hicks, John, "Mr. Keynes and the Classics. A Suggested Interpretation", *Econometrica*, Vol. 5, 1937, pp. 147 – 159.

Hodrick, Robert, and Edward Prescott, "Post – war Business Cycles: An Empirical Investigation", *Working Paper*, Carnegie – Mellon University, 1980 (Published in *Journal of Money, Credit and Banking*, 1997, Vol. 29, No. 1, pp. 1 – 16.)

Hoover, Kevin D. , "Man and Machine in Macroeconomics", Center for the History of Political Economy Working Paper Series 2012 – 07, Center for the History of Political Economy.

Horning, Bruce C. , "Labor Hoarding and the Business Cycle", *International Economic Review*, Vol. 35, No. 1, 1994, pp. 87 – 100.

Iacobucci, Alessandra and Alain Noullez, "a Frequency Selective Filter for Short – Length Time Series", *OFCE Working Paper*, 2004.

Judd, John P. and Bharat Trehan, "The Cyclical Behavior of Prices: Interpreting the Evidence", *Journal of Money, Credit and Banking*, Vol. 27, No. 3, 1995, pp. 789 – 797.

Jung, Yongseung, "Can the New Open Economy Macroeconomic Model Explain Exchange Rate Fluctuations?", *Journal of International Economics*, Vol. 72, 2007, pp. 381 – 408.

Kaldor, Nicholas, "Capital Accumulation and Economic Growth", in F. A. Lutz and D. C. Hague, eds. , T*he Theory of Capital*, St. Martins Press, 1961, pp. 177 – 222.

Keynes, John Maynard, *The General Theory of Employment, Interest, and Money*, London: Macmillan, 1936.

Kimball, M. , "The Quantitative Analytics of the Basic Neomonetarist Model", *Journal of Money, Credit and Banking*, Vol. 27, 1995, pp. 1241 – 1277.

King, Robert G. , and Charles I. Plosser, "Money, Credit, and Prices in a

Real Business Cycle", *American Economic Review*, Vol. 74, No. 3, 1984, pp. 363 – 380.

King, Robert G., and Mark W. Watson, "Money, Prices, Interesting Rates and the Business Cycle", *The Review of Economics and Statistics*, Vol. 78, No. 1, 1996, pp. 35 – 53.

King, Robert G., and Sergio T. Rebelo, "Low Frequency Filtering and Real Business Cycles", *Journal of Economic Dynamics and Control*, Vol. 17, No. 1 – 2, 1993, pp. 207 – 231.

King, Robert G., and Sergio T. Rebelo, "Resuscitating Real Business Cycles", *NBER Working Paper*, No. 7534, 2000.

King, Robert G., Charles I. Plosser, and Sergio T. Rebelo, "Production, Growth and Business Cycles: I. The Basic Neoclassical Model", *Journal of Monetary Economics*, Vol. 21, 1988a, pp. 195 – 232.

King, Robert G., Charles I. Plosser, and Sergio T. Rebelo, "Production, Growth and Business Cycles: II. New Directions", *Journal of Monetary Economics*, Vol. 21, 1988b, pp. 309 – 341.

King, Robert G., Charles I. Plosser, and Sergio T. Rebelo, "Production, Growth and Business Cycles: I. The Basic Neoclassical Model, Technical Appendix", *Working Paper (University of Rochester)*, 1988c.

King, Robert G.; Plosser, Charles I. and Rebelo, Sergio T., "Production, Growth and Business Cycles: Technical Appendix", *Computational Economics*, Springer, Vol. 20, No. 1 – 2, 2002, pp. 87 – 116.

Kirman, Alan P., "Whom or What Does the Representative Individual Represent?", *Journal of Economic Perspectives*, Vol. 6, No. 2, 1992, pp. 117 – 136.

Kirman, Alan P., "The Economic Crisis is a Crisis for Economic Theory", *CESIFO Economic Studies*, Vol. 56, 2010, pp. 498 – 535.

Klein, Lawrence Robert and Arthur Stanley Goldberger, *An Econometric Model of the United States, 1929 – 1952*, Amsterdam: North Holland Publish Company, 1955.

Klein, Michael W., and Shambaugh, Jay C., "The Dynamics of Exchange Rate Regimes: Fixes, Floats, and Flips", *Journal of International Eco-*

nomics, Vol. 75, 2008, pp. 70 – 92.

Kollmann, Robert, "The Exchange Rate in a Dynamic – Optimizing Business Cycle Model with Nominal Rigidities: A Quantitative Investigation", *Journal of International Economics*, Vol. 55, No. 2, 2001, pp. 243 – 262.

Krugman, Paul R. and Obstfeld, Maurice, *International Economics: Theory and Policy* (6th ed.), Addison Wesley, 2003.

Krugman, Paul R., "There's Something about Macro", http: // web. mit. edu/krugman/www /islm. html, 1999.

Kydland, Finn E., "Business Cycles and Aggregate Labor Market Fluctuations", In Thomas F. Cooley ed., *Frontiers of Business Cycle Research*, Princeton: Princeton University Press, 1995, pp. 126 – 155.

Kydland, Finn E., "Quantitative Aggregate Theory", Nobel Prize lecture, 2004.

Kydland, Finn E., and Edward C. Prescott, "Rules Rather than Discretion: The Inconsistency of Optimal Plans", *Journal of Political Economy*, Vol. 85, 1977, pp. 473 – 492.

Kydland, Finn E., and Edward C. Prescott, "Time to Build and Aggregate Fluctuations", *Econometrica*, Vol. 50, No. 6, 1982, pp. 1345 – 1370.

Kydland, Finn E., and Edward C. Prescott, "Hours and Employment Variation in Business Cycle Theory", Institute for Empirical Economics, *Discussion Paper*, No. 17, 1989.

Kydland, Finn E., and Edward C. Prescott, "Business Cycles: Real Facts and A Monetary Myth", *Federal Reserve Bank of Minneapolis Quarterly Review*, Vol. 14, No. 2, 1990, pp. 3 – 18.

Kydland, Finn E., and Edward C. Prescott, "The Computational Experiment: An Econometric Tool", *Journal of Economic Perspectives*, Vol. 10, No. 1, 1996, pp. 69 – 85.

Lane, R. Philip, "The New Open Economy Macroeconomics: A Survey", *Journal of International Economics*, Vol. 54, 2001, pp. 235 – 266.

Laxton, Douglas and Pesenti, Paolo, "Monetary Rules for Small, Open, Emerging Economies", *Journal of Monetary Economics*, Vol. 50, 2003, pp. 1109 – 1146.

Lenz Carlos and Manuel Walti, "Technology Shocks and Employment Shifts in Open Economies A Multi – country Study", Manuscript, 2004.

Ljungqvist, Lars, and Thomas J. Sargent, *Recursive Macroeconomic Theory*, Cambridge, Mass: The MIT Press, 2000.

Long, John B., and Charles I. Plosser, "Real Business Cycles", *Journal of Political Economy*, Vol. 91, No. 1, 1983, pp. 39 – 69.

Lucas, R. E., Jr., "Econometric Policy Evaluation: A Critique", in K. Brunner and A. H. Meltzer (eds.), *The Phillips Curve and Labor Markets*, Carnegie – Rochester Conference Series on Public Policy, Amsterdam: North Holland, 1976, pp. 19 – 46.

Lucas, R. E., Jr., "Understanding Business Cycles", In *Carnegie – Rochester Conference Series on Public Policy*, Vol. 5, 1977, pp. 7 – 29.

Lucas, R. E., Jr., "Methods and Problems in Business Cycle Theory", *Journal of Money, Credit and Banking*, Vol. 12, 1980, pp. 696 – 715.

Lucas, R. E., Jr., and Thomas Sargent, "After Keynesian Macroeconomics", in *After the Phillips Curve: Persistence of High Inflation and High Unemployment*, Boston, MA: Federal Reserve Bank of Boston, 1978.

Mankiw, N. Gregory and Romer, David (eds.), *New Keynesian Economics*, Cambridge: MIT Press, 1991.

Mankiw, N. Gregory, "Small Menu Costs and Large Business Cycles: A Macroeconomic Model of Monopoly", *Quarterly Journal of Economics*, Vol. 100, No. 2, 1985, pp. 529 – 537.

Mankiw, N. Gregory, "Real Business Cycles: A New Keynesian Perspective", *Journal of Economic Perspectives*, Vol. 3, No. 3, 1989, pp. 79 – 90.

Mankiw, N. Gregory, "The Inexorable and Mysterious Tradeoff between Inflation and Unemployment", *The Economic Journal*, May, 2001, pp. 45 – 61.

Mankiw, N. Gregory, *Macroeconomics* (6th edition), Worth Publishers, 2007.

McCallum, B. T., "Real Business Cycle Models", In Robert J. Barroed. *Modern Business Cycle Theory*, Oxford: Basil Blachwell, 1989, pp.

16 – 50.

McGrattan, Ellen R. , Richard Rogerson, and Randall Wright, "An Equilibrium Model of the Business Cycle with Household Production and Fiscal Policy", *International Economic Review*, Vol. 38, No. 2, 1997, pp. 267 – 290.

Meese, R. and Rogoff, Kenneth, "Empirical Exchange Rate Models of the Seventies: Do They Fit out of Sample?", *Journal of International Economics*, Vol. 14, 1983, pp. 3 – 24.

Mitchell, Wesley, C. , *Business Cycles*, Berkeley: University of California Press, 1913.

Mitchell, Wesley, C. , *Business Cycles: The Problem and Its Setting*, New York: National Bureau of Economic Research, 1927.

Mundell, Robert A. , "Capital Mobility and Stabilization Policy under Fixed and Flexible Exchange Rates", *Canadian Journal of Economics and Political Science*, Vol. 29, 1963, pp. 475 – 485.

Nelson, C. R. , and Charles I. Plosser, "Trends and Random Walks in Macroeconomic Time Series: Some Evidence and Implications", *Journal of Monetary Economics*, Vol. 10, 1982, pp. 139 – 162.

Obstfeld, Maurice and Rogoff, Kenneth, "Exchange Rate Dynamics Redux", *Journal of Political Economics*, Vol. 103, No. 3, 1995a, pp. 624 – 660.

Obstfeld, Maurice and Rogoff, Kenneth, "The Mirage of Fixed Exchange Rates", *Journal of Economic Perspectives*, Vol. 9, No. 4, 1995b, pp. 73 – 96.

Obstfeld, Maurice and Rogoff, Kenneth, *Foundations of International Macroeconomics*, Cambridge MA: MIT Press, 1996.

Obstfeld, Maurice and Rogoff, Kenneth, "Risk and Exchange Rates", NBER Working Paper, No. 6694, 1998.

Obstfeld, Maurice and Rogoff, Kenneth, "New Directions for Stochastic Open Economy Models", *Journal of International Economics*, Vol. 50, 2000a, pp. 117 – 153.

Obstfeld, Maurice and Rogoff, Kenneth, "The Six Major Puzzles in International Macroeconomics: Is There a Common Cause?", *NBER Macroeco-*

nomics Annual, Vol. 15, 2000b, pp. 339 – 390.

Obstfeld, Maurice, "Exchange Rates and Adjustment: Perspectives from the New Open – Economy Macroeconomics", *Monetary and Economic Studies*, *Institute for Monetary and Economic Studies*, Bank of Japan, Vol. 20, No. S1, 2002, pp. 23 – 46.

Patureau, Lise, "Pricing – to – market, Limited Participation and Exchange rate Dynamics", *Journal of Economic Dynamics and Control*, Vol. 31, 2007, pp. 3281 – 3320.

Pesavento Elena and Barbara Rossi, "Do Technology Shocks Drive Hours Up or Down: A Little Evidence from an Agnostic Procedure", Manuscript, 2003.

Phelps, Edmund. S. , "Phillips Curves, Expectations of Inflation and Optimal Unemployment over Time", *Economica*, Vol. 34, No. 135, 1967, pp. 254 – 281.

Phillips A. W. , "The Relation between Unemployment and the Rate of Change of Money Wage Rates in the United Kingdom, 1861 – 1957", *Economica*, Vol. 25, 1958, pp. 283 – 299.

Piketty, Thomas, *Capital in the 21st Century*, Harvard University Press, 2014.

Plosser, Charles I, "Understanding Real Business Cycles", *Journal of Economic Perspectives*, Vol. 3, No. 3, 1989, pp. 51 – 78.

Prescott, Edward C. , "Theory Ahead of Business Cycle Measurement", *Federal Reserve Bank of Minneapolis Quarterly Review*, Vol. 10, No. 4, 1986, pp. 9 – 22.

Prescott, Edward C. , "The Transformation of Macroeconomic Policy and Research", Nobel Prize Lecture, 2004.

Priestley, M. B. , *Spectral Analysis and Time Series*, New York: Academic Press, 1981.

Ravn, M. and H. Uhlig, "On Adjusting the HP – Filter for the Frequency of Observations", *Review of Economics and Statistics*, Vol. 84, No. 2, 2002, pp. 371 – 376.

Rebelo, Sergio, "Real Business Cycle Models: Past, Present, and Future", *NBER Working Paper*, No. 11401, 2005.

Rogerson, R. , "Indivisible Labor, Lotteries and Equilibrium", *Journal of Monetary Economics*, Vol. 21, 1988, pp. 3 – 16.

Rogoff, Kenneth, "The Purchasing Power Parity Puzzle", *Journal of Economic Literature*, Vol. 34, No. 2, 1996, pp. 647 – 668.

Romer, D. Christina and David H. Romer, "The Evolution of Economic Understanding and Postwar Stabilization Policy", *NBER Working Paper*, No. 9274, 2002.

Romer, David H. , *Advanced Macroeconomics* (2*nd* edition), London: McGraw – Hill, 2001.

Romer, David H. , *Advanced Macroeconomics* (4*th* edition), McGraw – Hill/ Irwin, 2012.

Samuelson, Paul A. , "Interactions between the Multiplier Analysis and the Principle of Acceleration", *Review of Economic Statistics*, Vol. 21, No. 2, 1939, pp. 75 – 78.

Samuelson, Paul A. , *Economics* (3*rd* edition), New York: McGraw – Hill, 1955.

Sarno, Lucio, "Towards a New Paradigm in Open Economy Modeling: Where Do We Stand?" , *Federal Reserve Bank of St. Louis Review*, Vol. 83, No. 3, 2001, pp. 21 – 36.

Shea, John, "What Do Technology Shock Do?", *NBER Working Paper*, No. 6632, 1998.

Sidrauski, M. , "Rational Choices and Patterns of Growth in a Monetary Economy", *American Economic Review*, Vol. 57, 1967, pp. 534 – 544.

Sims, Christopher A. , "Macroeconomics and Reality", *Econometrica*, Vol. 48, 1980, pp. 1 – 48.

Sims, Christopher A. , "Macroeconomics and Methodology", *Journal of Economic Perspectives*, Vol. 10, No. 1, 1996, pp. 105 – 120.

Slutzky, Eugen, "The Summation of Random Causes as the Source of Cycle Processes", *Econometrica*, Vol. 5, 1937, pp. 105 – 146.

Snowdon, Brian, and Howard R. Vane, *Modern Macroeconomics: Its Origins, Developmentand Current State*, Cheltenham: Edward Elgar, 2005.

Solow, Robert M. , "Is There a Core of Usable Macroeconomics We Should All

Believe In", *American Economic Review*, Vol. 87, No. 2, 1997, pp. 230 – 232.

Solow, Robert M., "Toward a Macroeconomics of the Medium Run", *Journal of Economic Perspectives*, Vol. 14, No. 1, 2000, pp. 151 – 158.

Solow, Robert M., "Thomas Piketty Is Right: Everything you need to know about 'Capital in the Twenty – First Century'", http://www. newrepublic. com/node/117429, 2014.

Stadler, George W., "Real Business Cycles", *Journal of Economic Literature*, Vol. 32, No. 4, 1994, pp. 1750 – 1783.

Stock, James H. and Mark W. Watson, "Business Cycle Fluctuations in US Macroeconomic Tme Series", In Taylor and Woodford, *Handbook of Macroeconomics*, Vol. 1A, 1999, pp. 3 – 64.

Stocky, Nancy L., Robert E. Lucas, and Edward C. Prescott, *Recursive Methods in Economic Dynamics*, Cambridge, Mass: Harvard University Press, 1989.

Summers, Lawrence H., "Some Skeptical Observations on Real Business Cycle Theory", *Federal Reserve Bank of Minneapolis Quarterly Review*, Vol. 10, No. 4, 1986, pp. 23 – 27.

Svensson, Lars E. O. and Wijnbergen, Sweder van, "Excess Capacity, Monopolistic Competition, and International Transmission of Monetary Disturbances", *Economic Journal*, Vol. 99, 1989, pp. 785 – 805.

Tarshis Lorie, "Changes in Real and Money Wages", *The Economic Journal*, Vol. 49, No. 193, 1939, pp. 150 – 154.

Taylor, John B., "Staggered Price and Wage Setting in Macroeconomics", in *Handbook of Macroeconomics* (Eds. John B. Taylor and Michael Woodford), 1999, pp. 1009 – 1050.

Taylor, John B., "Macroeconomic Lessons from the Great Deviation", *NBER Macroeconomics Annual*, Vol. 25, No. 1, 2010, pp. 387 – 395.

Williamson, Stephen D., *Macroeconomics* (*3rd edition*), Pearson/Addison Wesley, 2008.

Woodford, Michael, "Revolution and Evolution in Twentieth – Century Macroeconomics", Manuscript, Princeton University, 1999.

Woodford, Michael, *Interest and Prices: Foundations of a Theory of Monetary Policy*, Princeton, NJ: Princeton University Press, 2003.

Woodford, Michael, "Convergence in Macroeconomics: Elements of the New Synthesis", *American Economic Journal: Macroeconomics*, Vol. 1, 2009, pp. 267 – 279.

Zimmermann, Christian, "A Real Business Cycle Bibliography", *CREFE Working Paper*, No. 43, Université du Québec à Montréal, 1996.

索　引